Steven Callahan
Im Atlantik verschollen

SERIE PIPER
Band 1798

Zu diesem Buch

Steven Callahan ist ein begeisterter Segler – und eigentlich liebt er das Abenteuer. Dieses allerdings ist er nicht freiwillig eingegangen: Schiffbrüchig 76 Tage auf einer aufblasbaren, nur eineinhalb Meter großen Rettungsinsel im Atlantik zu treiben, ausgesetzt den sturmgepeitschten Wassermassen, der sengenden Sonne, der Einsamkeit, dazu unerträglichem Hunger und Durst, aller Voraussicht nach dem Tod näher als dem Leben. Was geht in einem vor, der auf so einer kleinen Gummi-Insel im endlosen Wasser Tag und Nacht dahinschwimmt, sieht und spürt, wie sein geschundener Körper immer schwächer wird, wie ihm jeder Handgriff mehr Energie abverlangt? Und dann die physische Bewältigung dieser Extremsituation, als die Notration Wasser und Nahrung aufgezehrt ist, Haie seinem Floß gefährlich werden, das am 44. Tag so beschädigt wird, daß ein Überleben ausgeschlossen scheint. Ist das der Punkt, um endlich diese sinnlose Hoffnung auf Rettung zu begraben? Aber Callahans Reise ist noch nicht zu Ende ..

Steven Callahan wurde 1952 in Needham, Massachusetts, geboren. Seit seinem 14. Lebensjahr ist er vom Segeln besessen. Nach dem Philosophie- und Psychologiestudium begann er selbst Boote zu entwerfen. 1980 baute er die »Napoleon Solo«, mit der er den Atlantik überquerte und 1982 Schiffbruch erlitt.

Steven Callahan

Im Atlantik verschollen

Der 76tägige Überlebenskampf eines schiffbrüchigen Seglers

Aus dem Amerikanischen von
Werner Waldhoff

Piper
München Zürich

SERIE PIPER
ABENTEUER
Herausgegeben von Harald Eggebrecht

Außerdem liegen vor:
Joe Simpson, Sturz ins Leere (1247)
Bettina Selby, Ah Agala! (1257)
Lucy Irvine, Eva und Mister Robinson (1274)
Herbert Rittlinger, Ich hatte Angst (1340)
Reinhold Messner, Die Freiheit, aufzubrechen, wohin ich will (1362)
Jean Domalain, Panjamon (1383)
Wilfried Thesiger, Die Brunnen der Wüste (1407)
Jeana Yeager/Dirk Rutan, Voyager (1435)
Peter Fleming, Brasilianisches Abenteuer (1436)
Mario Richner, Urwald, Gold und Indios (1474)
Tété M. Kpomassie, Ein Afrikaner in Grönland (1523)
Leosch Schimanek/Cestmir Sebesta,
Durch die Wildnis zum Eismeer (1578)
Harry E. Rieseberg, Ich tauche nach Schätzen (1688)
Rüdiger Nehberg, Abenteuer am Blauen Nil (1796)

Die Originalausgabe erschien 1986 unter dem Titel
»Adrift« bei Houghton Mifflin Company, Boston.

ISBN 3-492-11798-8
Februar 1994
R. Piper GmbH & Co. KG, München
Lizenzausgabe mit Genehmigung des SV international/
Schweizer Verlagshaus AG, Zürich

Umschlag: Federico Luci
Foto: Tony Stone Worldwide, München
Foto Umschlagrückseite: Benjamin Mendlowitz
Druck und Bindung: Clausen & Bosse, Leck
Printed in Germany

Dieses Buch ist all jenen Menschen gewidmet,
die Leiden,
Verzweiflung und Einsamkeit erfahren,
erfahren haben oder erfahren werden.

INHALTSVERZEICHNIS

EINFÜHRUNG

Es ist immer schwierig zu entscheiden, wo eine Geschichte anfängt und wo sie endet Manche Erfahrungen jedoch — ein romantischer Abend, ein einsames Wochenende oder eine Reise — haben Wegweiserfunktion. Ich bezeichne sie als «Ganzheits-Erfahrungen». Die ersten neunundzwanzig Jahre meines Lebens repräsentieren größtenteils eine Ganzheits-Erfahrung, die außerhalb des Rahmens dieses Buches bleibt. Die Leute fragen mich oft genug, wie ich mich überhaupt in so eine Zwangslage bringen konnte. Und woher wußte ich, was dann zu tun war? War das Boot, das ich verlor, neu oder gebraucht? Warum segelte ich in solch einem kleinen Boot aufs offene Meer hinaus? Die Antworten auf diese Fragen bilden einen Bestandteil der Geschichte, sozusagen ihr Fundament. Das Fundament wurde im Jahre 1964 gelegt, als ich im Alter von zwölf zu segeln begann.

Das Segeln wurde sofort zu meiner großen Liebe. Mir fallen eine Million Gründe ein, weshalb es mich so sehr reizte — die direkte Beziehung zur Natur, der vereinfachte Lebensstil ohne all die «modernen Unannehmlichkeiten» (wie es Marineingenieur Dick Newick formuliert), die reine Schönheit — doch die Gründe können kurz und bündig zusammengefaßt werden: Alles daran scheint zu stimmen.

Bevor ich das erstemal segelte, hatte ich immer geglaubt, daß ich, hätte ich im 17. Jahrhundert gelebt, ein Mann der Berge oder so was Ähnliches gewesen wäre. Dann begann mich die Geschichte der Segelschiffe zu faszinieren, Rahsegler, die sich um Kap Hoorn herumkämpften. Ich sehnte mich nach der Romantik und den Abenteuern vergangener Zeiten. Kurz nachdem ich selbst zu segeln begonnen hatte, las ich ein Buch von Robert Manry mit dem Titel *Tinkerbelle*. Im Juni 1965 war Manry mit seinem 13.5 Fuß großen Boot in achtundsiebzig Tagen über den Atlantik gesegelt, zu der Zeit ein Rekord. Die Schlichtheit von Manrys Boot und die Tatsache, daß er mit so wenig so viel vollbracht hatte, ließ eine Saite in meinem Herzen erklingen. Er zeigte mir, daß auch noch in der zweiten Hälfte des 20. Jahrhunderts ein abenteuerliches Leben möglich war.

Von jener Zeit an träumte ich davon, den Atlantik in einem kleinen Boot zu überqueren. Im Laufe der Jahre lernte ich die Fertigkeiten, die notwendig waren, um diese Aufgabe zu vollbringen. Ich las alle Bücher über die großen Seefahrten: die Pazifiküberquerungen im Floß durch Heyerdahl und Willis, die Weltumsegelungen von Slocum, den Hiscocks und Guzzwell. Ich hatte die High School noch nicht hinter mir, da hatte ich bereits beim Bau eines 40-Fuß-Bootes geholfen; 1977 entwarf ich Boote und wagte mich bis zu den Bermudas aufs Meer hinaus; 1979 konstruierte ich und unterrichtete ganztägig Konstruktion. Während der ganzen Zeit spukten mir Manry und *Tinkerbelle* im Hinterkopf herum und dienten mir als Inspiration, als eine Möglichkeit, alles zusammenzufassen und meinem Leben Ziel und Sinn zu geben.

1980 verkaufte ich meinen 28-Fuß-Trimaran und steckte mein gesamtes Geld in den Bau der *Napoleon Solo,* eines kleinen Seglers. Ich war auf die Hilfe meiner Ex-Frau, Frisha Hugessen, angewiesen, auf meinen guten Freund Chris Latchem und eine Unmenge anderer Leute. Das Design war ungewöhnlich, wenn auch alles andere als revolutionär. Wir gaben uns sehr viel Mühe, ein handliches, peinlich genau konstruiertes und in Kaltform gegossenes Schiff zu bauen, hervorragend ausgewogen bei leichten Winden und widerstandsfähig bei schwerem Wetter. *Solo* wurde für mich viel mehr als nur ein Boot. Ich kannte jeden Nagel und jede Schraube, jeden Holzspan. Es war, als hätte ich ein lebendes Wesen geschaffen. Matrosen empfinden ihren Schiffen gegenüber diese Art von Gefühlen. Chris und ich unterzogen *Solo* einem harten Tausend-Meilen-Test durch die spätherbstlichen Stürme von Annapolis nach Massachusetts. Im Frühjahr 1981 war ich bereit, Manrys Kielwasser zu folgen.

Ich war nicht daran interessiert, einen Rekord aufzustellen, wie Manry es getan hatte. *Solo* war gerade knapp über einundzwanzig Fuß lang. Nicht viele Boote dieser Größe hatten eine Atlantiküberquerung geschafft, obwohl darunter auch welche gewesen waren, die nur eine Länge von zwölf Fuß gehabt hatten. Für mich stellte sich die Überquerung mehr als eine innere Fahrt dar, eine Art Pilgerfahrt. Außerdem würde sie als Maßstab dienen für meine Fähigkeiten als Seemann, als Bootsbauer und Handwerker. Wenn ich England sicher erreichte, so stellte ich mir vor, dann hatte ich bereits den größten Teil meiner Ziele erreicht, die ich mir selbst gesteckt hatte. Von England aus würde ich weiter nach Süden und Westen steuern und *Solos* Fähigkeiten in einem Einhand-Transatlantik-Rennen namens «Mini-Transat» testen. Das würde mich nach Antigua bringen. Im Frühjahr würde ich dann, unter Vollendung meiner Nordatlantikumsegelung, nach New England zurückkehren. Um mich für das Mini-Transat zu qualifizieren, mußte ich mit der *Solo* allein sechshundert Meilen zurückgelegt haben, deshalb machte ich beim «Bermuda-1-2-Rennen» mit. Ich segelte von Newport nach Bermuda und wollte von dort aus mit Chris die Atlantiküberquerung nach England machen.

Als ich mich von den Vereinigten Staaten verabschiedete, hatte ich mit Ausnahme einiger Werkzeuge alles bei mir, was ich besaß. Nur wenige Versicherungsagenten hatten sich mit mir unterhalten wollen, und die wenigen, die es taten, setzten so irrsinnig hohe Prämien fest, daß es billiger gewesen wäre, Material für ein zweites Boot zu kaufen. Ich beschloß, das Risiko einzugehen. Ich erklärte den Leuten, schlimmstenfalls könnte ich bei der Sache umkommen, und in diesem Fall würde ich mich nicht mehr sonderlich um die Eintreibung der Versicherungssumme kümmern können. Das Zweitschlimmste wäre, die *Solo* zu verlieren. Es würde eine Weile dauern, sich von diesem Schlag zu erholen, aber ich kannte eine Menge Leute, die ihre Boote verloren hatten und wieder auf die Beine gekommen waren.

Viele meiner Freunde konnten immer noch nicht begreifen, weshalb ich solch eine Reise unternehmen wollte, weshalb ich mich nicht auch ohne Atlantiküberquerung testen konnte. Aber hinter der Überquerung steckte mehr, als mich lediglich selbst einem Test zu unterwerfen. Schon beim erstenmal, als ich mit einem Boot vom Ufer ablegte, spürte ich, daß mein Geist davon nicht unberührt blieb. Bei meiner ersten Hochseefahrt nach Bermuda begann ich die See als meine Kirche zu betrachten. Es war meine Seele, die mich zu dieser Pilgerfahrt rief.

Ein Freund schlug vor, ich solle meine Gedanken für jene niederschreiben, die mich für verrückt hielten. Während ich in Bermuda auf Chris wartete, saß ich unter einer Palme und schrieb folgende Worte: «Ich wollte, ich könnte das Gefühl beschreiben, auf hoher See zu sein: Schmerz, Frustration und Furcht, die Schönheiten drohender Naturschauspiele, die geistige Verbindung mit Kreaturen, in deren Domäne ich segle. Das Leben gewinnt eine wunderbare Intensität, wenn wir die Dinge nicht beherrschen, sondern nur reagieren, leben, überleben. Ich bin von Haus aus kein religiöser Mensch. Meine eigene Kosmologie windet und dreht sich und stimmt mit keiner speziellen Kirche oder Philosophie überein. Zur See zu fahren heißt für mich, einen Blick auf das Antlitz Gottes zu erhaschen. Auf See werde ich ständig an meine eigene Bedeutungslosigkeit erinnert — an die Bedeutungslosigkeit aller Menschen. Es ist ein wunderbar demütiges Gefühl.»

Die Atlantiküberquerung mit Chris nach England war ein Genuß — Stürme, hohes Tempo, Wale, Delphine. Das war der Stoff, aus dem Abenteuer gemacht sind. Und als wir uns der Küste Englands näherten, wußte ich, daß all die Erfahrungen, die ich seit meiner Geburt gemacht hatte, hier ein Ende fanden und ich von neuem begann.

DAS LOGBUCH DER *NAPOLEON SOLO*

57
57
57

ES IST SPÄT in der Nacht. Seit Tagen dichter Nebel. Die *Napoleon Solo* durchschneidet weiterhin das Meer auf die Küste Englands zu. Wir müßten den Scilly Isles sehr nahe sein. Äußerste Vorsicht ist geboten. Die Gezeitenunterschiede sind groß, die Strömungen heftig und die Schiffahrtsstraßen stark befahren. Sowohl Chris als auch ich halten scharf Ausschau. Plötzlich ragt der Leuchtturm auf den felsigen Inseln auf, sein Lichtstrahl hoch über dem Wasser. Sofort sehen wir die weißen Schaumkronen der Brecher. Wir sind zu nahe. Chris wirft das Ruder herum, und ich trimme die Segel, so daß die *Solo* parallel zu den Felsen segelt, die wir sehen können. An der veränderten Peilung des Leuchtturms berechnen wir unsere Entfernung — weniger als eine Meile. Laut Eintragung hat das Licht eine Reichweite von dreißig Meilen. Wir haben Glück, daß der Nebel nicht so dicht ist, wie das häufig in unseren heimatlichen Gewässern in Maine der Fall ist. Kein Wunder, daß allein im November 1893 nicht weniger als 298 Schiffe ihre Gerippe zwischen diesen Felsen verstreuten.

Am nächsten Morgen schiebt sich die *Solo* vorsichtig aus dem Nebel über die Dünung in eine leichtere Brise hinein. Langsam gleitet sie in die Bucht, in die sich Penzance duckt. Die See hämmert gegen die Granitklippen von Cornwall an der Südwestküste Englands, die so viele Schiffe und Leben verschlungen hat. Der Rachen der Bucht birgt viele Gefahren, beispielsweise den Felsenhaufen, der als «The Lizard» (Die Eidechse) bekannt ist.

Der Himmel ist heute strahlend und sonnig, die See ist sanft. Grüne Felder decken die Klippen ab. Nachdem wir während der zweiwöchigen Fahrt von den Azoren nur Salzwasser gerochen haben, duftet das Land herrlich süß. Am Ende einer jeden Fahrt habe ich das Gefühl, als würde ich am eigenen Leib die letzte Seite eines Märchens erleben, doch diesmal ist das Gefühl besonders intensiv. Chris, aus dem meine gesamte Mannschaft besteht, setzt den Klüver. Langsam schwingt er über das Wasser und zieht uns an dem Dörfchen Mousehole vorbei, das sich in einem Riß in den Klippen zusammenduckt.

Bald schon gleiten wir auf die hohen, steinernen Wellenbrecher von Penzance zu und machen die *Napoleon Solo* dort fest. Mit einer letzten sauberen Windung der Leinen um die Klampen beschließen wir *Solos* Atlantiküberquerung; ich habe das letzte Ziel erreicht, das ich mir selbst vor fünfzehn Jahren gesetzt hatte. Damals brachte mir Robert Manry nicht nur bei, wie man träumt, sondern auch, wie man seinen Traum verwirklicht. Manry hatte es in einem winzigen Boot namens *Tinkerbelle* getan. Ich hatte es mit der *Solo* getan.

Chris und ich klettern den Steinkai hoch, auf der Suche nach dem Zoll und der nächsten Kneipe. Ich schaue hinunter auf die *Solo* und denke, wie sehr sie doch ein Spiegelbild meiner selbst ist. Ich habe sie ersonnen, sie erschaffen und sie gesegelt. Alles, was ich habe, steckt in ihr. Gemeinsam haben wir dieses Kapitel meines Lebens beendet. Es ist an der Zeit, neue Träume zu träumen.

Chris wird bald schon abreisen und mich die weitere Fahrt mit der *Solo* allein fortsetzen lassen. Ich mache beim Mini-Transat Rennen mit, und das ist eine Einhand-Angelegenheit.

Aber für eine Weile brauche ich darauf keinen Gedanken zu verschwenden. Jetzt ist es an der Zeit zu feiern. Wir machen uns auf die Suche nach einer Kneipe, unsere erste Kneipe seit Wochen.

Das Mini-Transat führt von Penzance nach den Kanarischen Inseln und dann weiter nach Antigua. Ich will sowieso in die Karibik. Schätze, ich werde dort Arbeit für den Winter finden. Die *Solo* ist ein schnelles Boot, und ich bin neugierig, wie sie sich gegen die spartanischen Rennboote hält. Ich denke, daß ich eine gute Chance habe, in die Geldpreise zu kommen, da mein Boot so gut vorbereitet ist. Einige meiner Konkurrenten bauen Schotts ein und malen vor dem Start mit Leuchtstiften Zahlen auf die Segel, alles begleitet von einem höllischen Lärm. Ich genieße inzwischen die örtlichen Pasteten und Fisch und Chips. Meine letzte Beschäftigung

hier besteht darin, Briefmarken zu lecken und das hiesige Bier zu kosten.
Nicht alles ist Spaß und Spiel. Wir haben die herbstliche Tagundnachtgleiche, eine Zeit, in der Stürme toben, und in der Woche wühlen auch zwei kräftige Unwetter den englischen Kanal auf. Schiffe brechen mittendurch, und viele der Transat-Starter haben Verzögerung. Ein französisches Boot kentert, und seine Crew kann es nicht wieder aufrichten. Sie schafft es aber, mit einem Gummifloß an einem einsamen, winzigen Strand inmitten der tückischen Klippen der bretonischen Küste zu landen. Ein anderer Franzose hat nicht so viel Glück. Sein Körper und Überreste seines Bootes werden zerschmettert auf dem «Lizard» gefunden. Düstere Stimmung senkt sich über die kleine Flotte.
Für die letzten Vorbereitungen suche ich den lokalen Händler auf. Der Kramladen verkriecht sich in einer moosigen Gasse, kein Schild weist auf ihn hin. Aber niemand braucht einen Hinweis, um den Weg zum alten Willoughby zu finden. Man hatte mich gewarnt, daß er grobe Reden schwinge, aber bei meinen wenigen Besuchen habe ich mich für seinen Zynismus erwärmt. Willoughby ist vierschrötig, mit krummen Beinen, die aussehen, als wären sie unter Dampf um ein Bierfaß gebogen worden, weshalb er auch nur mit den Außenkanten seiner Schuhe auftritt. Er hobbelt langsam in seinem Laden herum, schwankt wie ein Schiff ohne Segel in der Dünung. Unter einem wirren, grauen Haarschopf funkeln seine zusammengekniffenen Augen. Zwischen seinen Zähnen klemmt eine Pfeife.
Sich an einen seiner Angestellten wendend, deutet er zum Hafen. «All diese kleinen Boote und die Jungs da unten, nichts als 'ne Menge Arbeit und Kopfschmerzen, das kann ich dir sagen.» Er dreht sich wieder zu mir und murrt: «Bist hier, um 'nen alten Mann wie den Teufel höchstpersönlich arbeiten zu lassen, möcht ich wetten.»
«Das ist richtig, keine Ruhe für die Sündhaften und Gottlosen», sage ich zu ihm.
Willoughby zieht eine Augenbraue hoch und verzieht die Lippen zur Andeutung eines Grinsens, das er hinter seiner Pfeife zu verstecken sucht. Kurz darauf spinnt er schon so

reichlich Seemannsgarn, daß man der Welt bequem einen Pullover daraus stricken könnte. Mit fünfzehn rannte er von zu Hause fort und fuhr auf Rahseglern von Australien nach England. Längst hat er den Überblick verloren, wie oft er um Kap Hoorn geschippert ist.

«Hab' von diesem Franzosen gehört. Warum ihr Kerle zum Vergnügen aufs Meer fährt, ist mir schleierhaft. Natürlich hatten wir zu meiner Zeit ein paar gute Tage, mächtig gute Tage sogar. Aber da ging's um unsern Handel. Ein Kerl, der zum Vergnügen zur See fährt, fährt zum Zeitvertreib sicher mal zur Hölle.»

Ich merke deutlich, daß der alte Mann ein warmes Plätzchen in seinem Herzen für alle nautisch Verrückten, besonders die Jungen, hat. «Dann hätten Sie dort wenigstens ein bißchen Gesellschaft, Mr. Willoughby.»

«Üble Sache, sag ich dir, ganz üble Sache», meint er ernster. «Schlimm, das mit dem Franzosen. Was kriegst du, wenn du das Rennen gewinnst? Großen Preis?»

«Keine Ahnung. Vielleicht 'nen Plastikpokal oder so was.»

«Ha! Nette Zustände! Du fährst raus, spielst mit Neptun Tauziehn, hast 'ne gute Chance, dabei zum Teufel zu fahren — und das alles für 'n Pokal. Guter Witz, wirklich.» Das ist es auch. Die Sache mit dem Franzosen ist dem alten Mann nahegegangen. Er beharrt darauf, meinen Einkäufen noch einige Sachen kostenlos zuzuschieben, aber sein Tonfall ist düster. «Komm bloß nicht zurück und belästige mich noch mal.»

«Wenn ich das nächstemal wieder in der Stadt bin, können Sie mit mir so sicher rechnen wie mit der Pest oder dem Mann von der Steuer. Cheers!»

Die kleine Glocke klimpert munter, als ich die Tür schließe. Ich höre noch, wie Willoughby drinnen auf dem knarrenden Holzfußboden auf und ab marschiert. «Eine üble Sache, sag ich dir. Eine ganz üble Sache.»

Am Morgen des Starts dränge ich mich durch die Menge zur Skipper-Versammlung durch. Seit Tagen wird darüber spekuliert, ob das Rennen pünktlich gestartet wird oder nicht. Die letzten paar Stürme, die hier durchgefegt waren, hatten fast Orkanstärke besessen. «Rechnet beim Start mit kräfti-

NAPOLEON SOLO

gen Winden», erklärt uns ein Meteorologe. «Gegen Abend geht das bis auf Windstärke acht hoch.»
Die Menge murmelt. «Bei einem verdammten Sturm zu starten ...... Ruhe, er ist noch nicht fertig.»
«Wenn Ihr Finisterre abwettert, seid Ihr okay, aber versucht euch weit genug vom Land wegzuhalten. Innerhalb der nächsten sechsunddreißig Stunden wird die Hölle losbrechen. Windstärke zehn bis zwölf und Vierzig-Fuß-Wogen sind drin.»
«Großartig», sage ich. «Möchte jemand ein kleines, schnelles Boot chartern — ganz billig?» Alle reden laut durcheinander. Hitzige Debatten brechen zwischen den Teilnehmern und ihren Sponsoren aus. Ist es nicht Wahnsinn, ein Transatlantikrennen unter solchen Bedingungen zu starten? Das Gerede verstummt allmählich, als der Organisator des Rennens das Wort ergreift.
«Bitte! Hört zu, wenn wir verschieben, wird vielleicht überhaupt nicht gestartet. Es ist spät im Jahr, und wir können wochenlang hier festhängen. Wir wußten alle, daß die Fahrt zu den Kanarischen Inseln ganz schön rauh werden könnte. Wenn ihr an Finisterre vorbeikommt, habt ihr's geschafft. Also haltet Verbindung, bleibt munter und gutes Segeln.»
Der Kai im Innenhafen von Penzance ist vollgepackt mit Menschen, die starren und Fotos machen, winken, weinen oder lachen. Bald schon werden sie in ihre bequemen, warmen kleinen Häuser zurückkehren.
Ich brülle «Cheerio!», als die *Solo* hinausgeschleppt wird, zwischen den massiven Stahltoren hindurch, die vom Hafenmeister und seinen um eine antike Winde herumrennenden Männern geöffnet werden.
Solo und ich sind bestens vorbereitet. Meine Befürchtungen weichen guter Laune und Erregung. Die Sekunden ticken weg. Ich und die anderen Teilnehmer manövrieren an der Startlinie, machen Probeläufe, justieren unsere Segel und schlenkern mit den Armen, um die Schmetterlinge aus dem Bauch zu vertreiben. Denjenigen, die für Seekrankheit anfällig sind, steht eine schwere Zeit bevor. Warnfarben steigen hoch. Fertigmachen. Wellen fegen in die Bucht; der Wind nimmt bereits an Stärke zu, von Westen her fliegt ein giftiger

Himmel heran. Ich ziehe die *Solo* herum, mache eine Halse. Rauchwölkchen aus der Startpistole; der Wind trägt den Knall davon, bevor er an meine Ohren dringt. Die *Solo* durchschneidet die Startlinie, führt die Flotte ins Rennen.
Nachts haben wir einen steifen Wind, und die Boote kämpfen hart gegen die ruppige See. Häufig kann ich die Lichter der anderen Boote sehen, aber gegen Morgen zu sind alle verschwunden. Die schlechten Verhältnisse sind besser geworden. Die *Solo* gleitet schnell durch eine lange, glatte Dünung. Voraus entdecke ich ein weißes Dreieck, das hochsteigt und dann wieder hinter den Wogen verschwindet. Ich schüttle das Reff aus dem Klüver und eines der Reffs aus dem Großsegel. Die *Solo* macht sich an die Verfolgung des anderen Bootes. Nach wenigen Stunden kann ich den weißen Rumpf sehen. Es ist ein Aluminiumboot, das in Penzance neben mir lag und von einem der beiden Italiener in der Regatta gesegelt wird. Ein netter, freundlicher Kerl, wie die meisten Konkurrenten. Irgend etwas scheint nicht ganz in Ordnung zu sein. Der Mast seines gerefften Klüvers schlägt herum und knallt gegen das Deck. Ich brülle hinüber, bekomme aber keine Antwort. Ich filme das Boot im Vorbeifahren, gehe dann nach unten und rufe ihn per Funk ein paarmal an. Keine Antwort. Vielleicht schläft er. Bei Anbruch der Nacht höre ich auf Sprechfunk die Unterhaltung eines Teilnehmers mit dem Organisator. Der Italiener ist gesunken. Zum Glück ist er aufgefischt worden. Als ich ihn passierte, hatte er wahrscheinlich schon Probleme und versuchte das Leck abzudichten.
Am dritten Tag sehe ich einen Frachter, ungefähr eine Meile entfernt. Ich rufe ihn per Funk an und erfahre, daß er zweiundzwanzig der sechsundzwanzig Boote unserer Regatta hinter mir gesehen hat, was mich ungemein ermutigt. Der Wind nimmt an Heftigkeit zu. Die *Solo* kommt in rauhe See. Ich muß mich entscheiden, muß entweder das Risiko eingehen, mich in den berüchtigten Golf von Biscaya drücken zu lassen, um mich dann dort an Finisterre vorbeizuquetschen, oder ich muß halsen und die hohe See ansteuern. Ich wähle den Golf, in der Hoffnung, daß die Schlechtwetterfront vorbeizieht und mir genügend Zeit läßt, das Kap zu umrunden.

Aber der Wind wird stärker und stärker, und bald schon springt die *Solo* über zehn Fuß hohe Wellen, verharrt für eine Sekunde mitten in der Luft und kracht dann auf der anderen Seite nach unten. Ich muß mich festklammern, um nicht von meinem Sitz geschleudert zu werden. Der Wind kreischt in der Takelage. Die *Solo* windet sich Stunde um Stunde, gleitet seitlich weg, schüttelt sich unter jedem Schlag. Drinnen ist das Getöse der gegen den Rumpf hämmernden See ohrenbetäubend. Töpfe und Pfannen klappern. Eine Ölflasche zerbricht. Nach acht Stunden habe ich mich daran gewöhnt. Es ist dunkel. Es gibt nichts anderes zu tun, als weiterzuknüppeln. Ich krieche nach achtern in meine kleine Kabine, wo es etwas ruhiger ist als vorn, zwänge mich in meine Koje und schlafe ein.

Als ich erwache, treibt meine Schlechtwetterausrüstung in einer Wasserpfütze. Ich fingere in der Pfütze und entdecke einen Riß im Rumpf. Mit jeder Welle schießt Wasser herein, und der Riß wird länger. Die Zerstörung der *Solo* wäre nur noch eine Frage der Zeit. Blitzschnell reiße ich die Segel runter und stütze mein Boot mit einem Spreizholz ab. Zwei Tage lang dirigiere ich es langsam an die spanische Küste heran. Innerhalb von vierundzwanzig Stunden nach meiner Ankunft in La Coruña treffen sieben Mini-Transat Boote ein. Zwei sind von Frachtern beschädigt worden, einer hat ein zerbrochenes Ruder, andere haben die Sache satt. Es hat den Anschein, als wäre die *Solo* auf Treibgut getroffen. Der Rumpf ist mit Beulen und Kratzern übersät. Vielleicht war es ein Stamm. Ich habe davon genügend gesehen — sogar vollständige, treibende Bäume. Im Laufe der Jahre habe ich mit Seefahrern gesprochen, die alles gesichtet haben, angefangen von gewaltigen, von Schiffen gestürzten Containern bis zu stacheligen Stahlbällen, die Minen aus dem Zweiten Weltkrieg glichen. Ein Boot fand vor der Küste der Vereinigten Staaten sogar eine Rakete!

Für mich ist die Regatta vorbei. Ich spreche nicht spanisch, und so bereitet die Organisation der Reparaturen Schwierigkeiten. Einen Franzosen kann ich auftreiben, der sich bereit erklärt, über die steinigen, mit Schlaglöchern übersäten spanischen Straßen die *Solo* nach Frankreich zu bringen. Ich habe nur wenig Geld. Mein Boot ist voll von Seewasser, verschüttetem Speiseöl und zerbrochenem Glas. Meine elektronische Selbststeuerung ist defekt. Dann werde ich krank, mit hohem Fieber. Gründlich deprimiert liege ich in dem durchweichten Schlamassel.

Aber ich bin immer noch besser dran als andere. Von den sechsundzwanzig gestarteten Booten sind nicht weniger als fünf gesunken. Glücklicherweise ist niemand ertrunken. Nur die Hälfte der Flotte wird das Ziel in Antigua erreichen.

Es dauert vier Wochen, bis ich mit meinen Reparaturen fertig bin und die *Solo* wieder zu Wasser lassen kann. Ich weiß nicht, ob ich genügend Vorräte und Geld habe, um die Karibik zu erreichen, aber um nach Hause zu kommen reicht es auch nicht. Zum Glück sind die Leute vom Club Nautico de La Corunã sehr freundlich. «Keine Bezahlung. Für den Einhandsegler tun wir, was wir können.» Vier Wochen lang toben täglich Stürme über Finisterre. Der Hafen steckt voller Crews, die darauf warten, sich in den Süden flüchten zu können. Wir sind alle einfach ein bißchen spät im Jahr dran. Morgens liegt Frost auf dem Deck. Jeden Tag hält sich der Frost ein bißchen länger, bevor er abtaut. Als die *Solo* sich schließlich an Kap Finisterre vorbeikämpft, fühle ich mich, als hätte ich Kap Hoorn umrundet.

Ich habe mir eine Person als Crew mitgenommen, eine Französin namens Catherine Fouzet, da ich jemanden zum Steuern brauchte. Catherine hatte ihre noch jungen nautischen Erfahrungen erst kürzlich auf einem Boot gesammelt, das im Golf von Biscaya den Mast verlor. Voller Panik hatte die Crew um Hilfe gefunkt, war von einem Tanker aufgenommen worden. Die Leute hatten dann mitansehen müssen, wie ihr Boot — der Traum, für den sie jahrelang geschuftet hatten — davontrieb. Sie waren von der Illusion ausgegangen, daß der Tanker auch ihr Boot retten würde. Catherine ließ sich aber nicht so leicht entmutigen. Per Autostopp kam sie nach La Coruña und versuchte dann, «per Jacht-Stopp» weiter nach Süden zu kommen.

Catherine findet mein kleines Boot zum Verlieben; auch sie selbst ist zum Verlieben, aber im Augenblick ist mir nicht nach einer Romanze zumute. Ich möchte nichts weiter, als

für vergangene Leiden in der Sonne des Südens dahinschmelzen. Mit Catherines Hilfe hoffe ich, die Kanarischen Inseln in vierzehn Tagen zu erreichen.
Vier Wochen lang kriechen wir südwärts auf Lissabon zu. Zwischen lauen Winden hängen wir auf spiegelglatter See herum. Mein Spiegelbild im glasigen Wasser zeigt mir, daß es nicht vorangeht, aber allmählich gewöhne ich mich an das langsame Tempo des Kreuzfahrtlebens. Meine Enttäuschung darüber, daß ich das Mini-Transat nicht beenden konnte, beginnt zu verblassen.
An der spanischen Küste schneiden uralte Flußtäler tief in das Land ein. Hier an diesen wilden *rías* besteht moderne Maschinerie aus Ochsenkarren mit Holzrädern und hölzernen Achsen, von Eseln gezogen. Bauern sammeln das wildwachsende Gras der Berghänge als Lagerstreu für die Tiere. Frauen versammeln sich an Gemeinschaftsbecken, um hier Wäsche an den Felsen sauber zu schlagen. In einem Hafen studieren die Beamten unsere Anmeldeformulare, bringen sie von Büro zu Büro, wie Kinder, die Hieroglyphen zu entziffern versuchen. Wir sind seit einem Jahr die erste Jacht, die in ihren Gewässern ankert.
Weiter geht es die Küste entlang nach Portugal; wir kämpfen uns durch dichten Nebel und weichen den Frachtern aus, von denen in einer klaren Nacht ständig sechzehn oder siebzehn sichtbar sind, wie eine Kette aneinandergereihter Weihnachtsbäume in vollem Glanz. Auf einer Seite haben wir eine Küste mit Felszähnen und schwerer Brandung, auf der anderen Seite hören wir das *drum-drum* schwerer Maschinen. Wenn die Segel leblos darniederhängen, rudern wir. Oft schaffen wir gerade zehn Meilen am Tag.
Es wäre einfach gewesen, vor Anker liegen zu bleiben. Der südliche Lebensstil und das träge Wetter wirken betäubend. Wir saugen die Ruhe und den Frieden wie ein Schwamm auf. In der Seglergemeinschaft, die in die gleiche Richtung kreuzt, finden wir viele Freunde. Eine Menge Franzosen sind darunter. Alle hatten geplant, im Januar im Pazifik zu sein, doch bei diesen Plänen ist einiges durcheinandergekommen. «Vielleicht überwintern wir in Gibraltar.» Aber etwas in mir drängt mich zur Weiterfahrt. Es ist mehr als nur

die bloße Notwendigkeit, an einen Ort zu gelangen, wo ich meine finanziellen Mittel auffüllen kann. Manchmal schmollt Catherine, wünscht sich, ich würde mich ihr gegenüber offener zeigen. «Du bist ein harter Mann», sagte sie zu mir, aber ich reagiere nicht darauf. Mein Entschluß verstärkt sich nur noch, die Kanaren zu erreichen und dann alleine weiterzusegeln.
Bei anständigem Wind segeln wir von Lissabon los, legen unter den Gipfeln von Madeira eine Pause ein und setzen dann unsere Fahrt Richtung Süden nach Teneriffa fort. Unsere zweiwöchige Reise hat sechs Wochen gedauert. Ich sage Catherine auf Wiedersehen. Wieder bin ich mit meinem Schiff allein.
Überall wird die *Solo* herzlich begrüßt. Die Einheimischen, die sich oft genug von den großen, teuren Jachten fernhalten, drängen sich um die *Solo* wie Bären um den Honig. Sie ist so klein wie ihre offenen Küstenfischerboote. Den Leuten hier erscheint es unglaublich, daß sie den weiten Weg von Amerika geschafft hat. In einem kleinen Hafen kommen alle Fischer und Bootsbauer frühzeitig herunter und warten geduldig am Kai, bis ich aufgewacht bin. Sie sind ganz darauf versessen, daß ich ihnen in gebrochenem Spanisch und mit heftiger Zeichensprache weitere Geschichten erzähle.
Viel fehlte nicht, und ich hätte die *Solo* für den Winter vertäut. Wie vielen anderen ist das passiert: Für einen Wochenbesuch kommen sie angesegelt und bleiben dann für Jahre. Sie halten sich über Wasser, indem sie Schiffe in Flaschen basteln oder Pinienzapfen in den Bergen sammeln. Deutsche Touristen übersäen die Strände und kaufen alles, was das Schild «Zu verkaufen» trägt. Ich könnte ein paar Bilder malen, und schreiben muß ich auch einiges.
Ich brauche mehr, als nur herumzuschauen und den Touristen zu spielen. Ich muß produktiv sein, kreativ, und natürlich muß ich wieder mal ein paar Dollar verdienen, da mir kaum noch Geld geblieben ist und Schulden zu bezahlen sind.
Ich hänge in dem unvermeidlichen Zwiespalt des Seemanns fest. Wenn du auf See bist, dann weißt du ganz genau, daß du einen Hafen ansteuern mußt, um Vorräte aufzustocken

und, wie du hoffst, ein sanftes, warmes Ruhebett zu finden. Du brauchst Häfen und kannst es oft genug kaum erwarten, den nächsten Hafen zu erreichen. Bist du dann im Hafen, kannst du es kaum erwarten, wieder aufs Meer hinauszufahren. Nach ein paar Gläsern kalten Bieres und einigen Nächten in einem trockenen Bett ruft die See wieder, und du folgst dem Ruf. Du brauchst Mutter Erde, aber du liebst die See.

In den meisten Häfen findest du Leute, die in die gleiche Richtung wollen wie du. Jetzt allerdings sind die meisten Leute, die in der Karibik überwintern wollen, schon weg. Ich glaube nicht, daß der Trip alleine schwierig wird. Einer meiner neuen Freunde auf Teneriffa hat meine Selbststeueranlage repariert, und laut Wetterkarte ist die Chance, in einen Sturm zu geraten, nicht größer als 2 Prozent. Die Passatwinde müßten eigentlich stetig sein und die Fahrt zu einem Kinderspiel machen.

Ich segle zu der spärlich bevölkerten Insel Hierro. Im Osten steigen steile Klippen aus dem Atlantik, die dann in saftige Hügel und grüne Täler übergehen. Die Insel fällt nach Westen hin flach ab und endet in einer Mondlandschaft aus kleinen Vulkanen, Felsgewirr und heißem, rotem Sand. In einem winzigen, von Menschenhand geschaffenen Hafen nehme ich meine letzten Vorräte an Bord. Am Tag meiner Abreise ist mein Hals trocken und rauh. Ich klatsche meine letzten Pesetas auf die Bar. In mühsamem Spanisch mache ich dem Barkeeper klar, daß mir die Münzen auf See nichts nützen. *«Cerveza, por favor!»* Das Bier ist kalt. Der Barmann setzt sich neben mich.

«Wohin?»

«Karibik. Arbeit. Keine Pesetas mehr.»

Er nickt, denkt über die Länge der Reise nach. «So kleines Boot. Keine Probleme?»

«Pequeño barco, pequeño problema. Noch kein großes Problem, jedenfalls bis jetzt noch nicht!» Wir lachen und unterhalten uns, während ich mein Bier austrinke, eine letzte Zigarette schnorre und dann meine Vorräte über die Schulter werfe und dem Kai zustrebe.

Einer der alten Fischer hält mich an. «Du kommst von Ame-

rika?» fragt er, während er einen Teil seines Fanges aufschlitzt, ausnimmt und auf eine Waage wirft. Eine schwarz gekleidete Frau stupft den Fisch an, murmelt vor sich hin.
«Ja, Amerika.» Ich frage mich, ob ihr Mann ein Fischer war, der wie so viele andere auf dem Meer geblieben ist.
«Ooh ho!» sagt er. «In so einem kleinen Boot? *Tonto!»* Verrückt.
«So klein ist es nicht. Ist mein ganzes Haus.»
Der alte Mann deutet unter seinen Bauch, legt die Handflächen zusammen, als würde er ein riesiges Organ halten. Wir lachen über den Witz, während ich verneinend den Kopf schüttle, die Augen weit aufgerissen, und so tue, als würde ich vor Angst am ganzen Leib zittern. Die Frau packt ihn am Arm, macht ihm offenbar klar, daß der Fisch zu teuer ist, und beginnt zu feilschen, ein zeitloses Ritual wie die dominospielenden Männer an dem zusammenklappbaren Kartentisch am steinigen Strand.
Die Nacht zum 29. Januar ist klar, der Himmel übersät mit funkelnden Sternen. Blöcke quietschen, als ich die Segel setze und aus dem Hafen gleite. Ich bahne mir einen Weg durch die draußen liegende Fischerflotte und richte den Bug der *Solo* auf die Karibik. Es tut gut, wieder auf See zu sein.

≈ NERVENANSPANNUNG

Ich genieße eine für einen Seemann seltene Zeit, eine Woche des Friedens. Mit ungewohnter Sanftheit nehmen Meer und Wind mein Boot in ihre mütterlichen Arme und tragen es Antigua entgegen. Die See wirkt beruhigend und tröstend auf mich, und doch stehe ich ihr stets ehrfurchtsvoll gegenüber. Wie eine alte Freundin ist sie einem vertraut, verändert sich aber gleichzeitig ständig und steckt voller Überraschungen. Ich lege mich auf das Achterdeck und spüre die gleichmäßige Folge der Wogen, die mein Schiff drei oder vier Fuß anheben, wenn sie unter mir wegrollen, und es dann wieder sanft nach unten gleiten lassen, während sie dem Horizont entgegeneilen. Die leichte Brise läßt die Seiten meines Buches rascheln, während die Sonne mir die Haut bräunt und das Haar bleicht.

Noch vor hundert Jahren befuhren schnelle Schiffe — Klipper, Walfänger und schnelle Kutter voller Sklaven — diese Route von den Kanaren nach der Karibik. Die Passatwinde füllten die wolkengleichen Segel, die von ihren aufragenden Masten hingen: Leesegel, Marssegel, Oberbramsegel, alle Segel gesetzt. Das Rattern von *Solos* Mast und Spieren und das Summen der automatischen Steueranlage vermischt sich mit dem Wind und klingt mir wie die stampfenden Füße eines Hornpipe-Tanzes zum Klang der Ziehharmonika in den Ohren.

Die *Solo* gleitet, mit einem Zwillingsklüver vor dem Bug, gleichmäßig in Richtung Westen. Ihr schäumendes Kielwasser kräuselt sich über die hinteren Wellen. Wenn ich nicht lese, sauge ich mir Storys und Briefe aus den Fingern, kritzle Bilder von Seeschlangen mit Frackschleifen und verschwende Unmengen an Filmmaterial, indem ich das Meer, Bootsmanöver und Sonnenuntergänge aufnehme. Ich stopfe mich mit Bratkartoffeln, Zwiebeln, Eiern, Käse, Haferflokken und Hirse voll. Ich mache meine Leibesübungen — Liegestütze, Klimmzüge und Yoga —, stoße, drehe und strecke mich im Rhythmus des rollenden Bootes. Ein spinnwebenartiger, belebter Irrgarten aus Mast, Baum, Spieren und Stangen hebt und senkt sich und breitet die Segel aus, um den Wind einzufangen. Kurzum, ich und mein Schiff sind in bester Verfassung, und ich erlebe einen herrlichen, gemütlichen Segeltörn. Wenn mir das Glück weiterhin hold ist, dann werde ich mein Ziel noch vor dem 25. Februar erreichen.

Am 4. Februar wird der Wind stärker und beginnt durch die Takelage zu pfeifen. Sturmböen ziehen auf. Eine Wolkendecke rast über meinem Kopf dahin. Um mich herum fängt das Meer an zu kochen. Ich möchte so schnell wie möglich wieder friedlich dahinsegeln und rufe zum Himmel hoch. «Komm schon, verpaß mir eins, wenn's unbedingt sein muß, aber dann laß mich wieder in Ruhe.»

Mein kleines Boot gleitet weiter durch wellige Hügel, die sich sehr schnell zu kleinen Bergen auswachsen. Das Wasser, eben noch von funkelnder Klarheit, spiegelt nun den dunklen, bedrohlichen Himmel wider. Der Gischtschaum der Wellen spuckt uns an, während wir auf die sinkende Sonne zuhalten. Die *Solo* wird mehr oder weniger von der kleinen elektrischen Selbststeueranlage auf Kurs gehalten. Der Motor, der unermüdlich Überstunden macht, summt ein einschläferndes Lied. Trotz der gelegentlichen Wasserkaskaden, die über das Deck spülen, geht's mir einigermaßen gut. Vor meiner Filmkamera mache ich Späßchen, knabbere an einer fetten Wurst und krächze: «Aargh, Maat, wie du siehst, haben wir einwandfreies Wetter. Natürlich könnten wir ein bißchen Wind gut gebrauchen.» Ich krieche aufs Vordeck und stopfe einen der Klüver in seinen Sack. Kaltes Wasser läuft mir die Arme hoch und den Rücken runter.

Die Dämmerung nähert sich, und der Himmel wird noch finsterer. Wenn die *Solo* in die Wellentäler eintaucht, kippt die Sonne auf den Horizont zu. Immer tiefer und tiefer, bis sie schließlich im Westen ertrinkt. Die *Solo* bohrt sich weiter in die Nacht. Wellen und Wind scheinen jetzt noch heftiger zu werden. Ich kann die Wellen nicht sehen — und dann sind sie ganz plötzlich da und brechen über uns herein, um gleich wieder in den dunklen Schatten der Welt zu huschen, fast bevor mir bewußt wird, daß sie zugeschlagen haben.

Seit über zehntausend Meilen und anderthalb Atlantiküberquerungen sind mein Schiff und ich jetzt schon zusammen. Die *Solo* hat Schlimmeres erlebt, viel Schlimmeres. Wenn sich das Wetter deutlich verschlechtert, kann ich immer noch Sturmtaktiken anwenden: Segel wegnehmen und mich entweder gegen den Wind stellen oder mit dem Wind laufen. Für diesen Teil des südlichen Atlantik und für diese Jahreszeit prophezeit die Karte gelegentliche, schwächere Stürme, der Wind kann bis auf Stärke sieben auffrischen, kräftig genug, um einem die Frisur in Unordnung zu bringen und für ein Bad an Deck zu sorgen, aber nicht ausreichend, um einem das Gebiß zu lockern. In ungefähr zwei Wochen werde ich in der heißen karibischen Sonne liegen, einen kalten Rumpunsch in der Hand. Die *Solo* wird mit gerefften Segeln an irgendeinem Palmenstrand gemütlich vor Anker liegen.

Zum Glück muß ich nur selten an Deck; nur um Segel zu reffen oder die Klüver zu wechseln. Ich habe das Boot mit einem innenliegenden Steuer und einer zentralen Kontrollstation ausgerüstet. Ich sitze unter einer Plexiglasluke, die wie eine Düsenjägerabdeckung aussieht. Von hier aus kann ich mit dem Innenruder steuern und durch das offene Setzbord nach den Klampen und Winden neben der Luke greifen, um die Segel zu justieren, und gleichzeitig Ausschau halten. Zusätzlich kann ich noch einen Blick auf die Karte auf dem Tisch unter mir werfen, über das Funkgerät neben mir sprechen oder mir eine Mahlzeit auf dem Kombüsenherd kochen, alles ohne meinen Sitz zu verlassen. Trotz der Akrobatikvorstellung der See bleibt es in der Kabine relativ gemütlich. Von ein paar Wasserspritzern abgesehen, die sich ihren Weg durch die Lukenöffnungen suchen, ist meine Umgebung trocken. Die Luft ist schwer von der Feuchtigkeit des aufkommenden Sturmes, aber das polierte Holz der Kabine glüht warm unter dem sanften Licht. Die Holzmaserungen werden zu Tieren, Menschen, Gefährten. Sie beruhigen mich. Das bißchen Kaffee, das ich von meiner schwankenden Tasse zum Mund bringe, wärmt mich und hält mir die Augen offen. Mein Magen, aus irgendeiner rostfreien, unzerstörbaren und auch sonst unbeeindruckbaren Legierung hergestellt, verspürt keinerlei Sehnsucht nach einer trockenen Biskuitdiät; statt dessen esse ich herzhaft und mache Pläne für mein in zwei Tagen stattfindendes Geburtstagsdinner. Einen Kuchen kann ich nicht backen, weil ich keine Ofenröhre habe, aber ich werde mich mal an Schokoladencrêpes versuchen. Ich werde Curry machen und dazu eine Büchse Kaninchen öffnen, die ich noch gerettet habe, unter völliger Mißachtung des französischen Aberglaubens, daß selbst die leiseste Erwähnung von *lapin* das größte Unglück über eine Crew bringt.

Obwohl ich mich in meinem schwimmenden Nest sicher fühle, weckt der Sturm meine Vorsicht, die nun eine Woche lang geschlafen hat. Jede vorbeirauschende Drei-Meter-Woge enthält mehr Tonnen Wasser, als ich mir vorstellen möchte. Der Wind pfeift über Deck und durch die Drähte der Takelage. Gelegentlich bekommt das Heck der *Solo* einen Tritt ab, und sie dreht ihren Kopf in den Wind, als wollte sie sich nach dem Angreifer umschauen. Knatternd luvt der Klüver an, spannt sich dann wieder, als sich die *Solo* dreht, um ihren Weg fortzusetzen. Visionen einer Riesenwelle schießen mir durch den Kopf, ausgelöst durch das Zusammentreffen von Wellenkämmen mit unterschiedlicher Richtung und unterschiedlicher Geschwindigkeit. Solch eine riesige Welle kann bis zu viermal größer werden als die durchschnittlichen Wellen und die *Solo* wie ein Spielzeug herumwerfen. Auch zusammenlaufende Wellentäler können einen Canyon bilden, in den wir stürzen könnten. Oft strömen solche Anomalien aus unterschiedlichen Richtungen aufeinander zu und formen hochaufragende Klippen, über die das Wasser in Sturzbächen nach unten donnert.

Vor sechs Monaten fiel die *Solo* nahe den Azoren mit Donnergetöse in solch eine Kaskade. Der Himmel verschwand, und nichts als Grün war über der Deckluke zu sehen. Das Boot richtete sich sofort wieder auf, und wir segelten weiter, aber es hatte einen kräftigen Schlag abbekommen.

Meine Bücher und mein Sextant kamen über die hohen Schlingerborte geflogen, knallten auf den Kartentisch und ließen die Leisten zersplittern. Hätten sie nicht den Tisch getroffen, wären sie in meinem Gesicht gelandet. Da hatte

ich noch mal Glück gehabt; jetzt mußte ich aber vorsichtiger sein.
Auf See kann jeden Augenblick eine Katastrophe über einen hereinbrechen: manchmal ohne Vorwarnung, manchmal nach langen Tagen voll böser Erwartungen und Befürchtungen. Das Meer muß dabei nicht immer wild toben, sondern es kann auch geschehen, wenn die Wasseroberfläche glatt und gelassen daliegt wie flüssiges Metall. Jeden Moment kann das Schicksal zuschlagen, bei Ruhe oder bei Sturm, aber die See tut das nicht aus Gehässigkeit. Sie muß keinen Zorn entladen, aber sie streckt einem auch keine freundliche Hand entgegen. Sie ist lediglich vorhanden, unermeßlich, mächtig und gleichgültig. Mich stört ihre Gleichgültigkeit nicht oder meine vergleichsweise Bedeutungslosigkeit. Tatsächlich ist das einer der Hauptgründe, weshalb ich gerne segle: Die See macht die Bedeutungslosigkeit meines eigenen kleinen Ichs und der ganzen Menschheit so deutlich.
Ich beobachte *Solos* kochendes, phosphoreszierendes Kielwasser, das zwischen den Purzelbäume schlagenden Wogen verschwindet. Könnte schlimmer sein, denke ich mir. Stimmen aus der Vergangenheit mischen sich ein. «Jedesmal, wenn du diesen Satz von dir gegeben hast, ist es wirklich schlimmer geworden.» Ich denke an die Zahlen im Segelhandbuch, die Durchschnittswerte nach Schiffsaufzeichnungen angeben. Es mag etwas Wahres dran sein, daß verzeichnete Schätzungen von Sturmstärken dazu neigen, etwas tiefzustapeln. Wenn ein Kapitän von schlechtem Wetter hört, dann richtet er gewöhnlich den Bug seines Rosteimers nicht auf das Sturmzentrum, um ein bißchen frische Luft schnappen zu können. Zweifellos wird es für mich einige Tage lang ein bißchen ungemütlich werden.
Ich überprüfe meine Ausrüstung und sorge dafür, daß alles so sicher und schiffsgerecht ist, wie es ein Segelnarr nur hinbekommen kann. Ich inspiziere Rumpf, Deck, Schotten, Kabine und all die Verbindungsstücke, die mein hölzernes Schmuckkästchen sichern. Der Wasserkessel ist für Kaffee oder heiße Zitrone gefüllt Ein Stück Schokolade liegt neben dem Funkgerät griffbereit. Alle notwendigen Vorbereitungen sind getroffen.

Es ist ungefähr 22.30 Uhr Greenwich-Zeit. Ein voller Mond hängt weiß und bewegungslos am Himmel, ungerührt von dem Sturm und dem tobenden Meer. Wenn die Verhältnisse noch schlechter werden, dann muß ich weiter nach Süden ausweichen. Im Moment kann ich nichts weiter tun, also lege ich mich hin, um auszuruhen. Um 23.00 Uhr stehe ich auf und ziehe mich aus. Nur mit einem T-Shirt bekleidet lege ich mich wieder hin. An meinem Handgelenk trage ich eine Armbanduhr, und ein Stück Walzahn hängt an einer Schnur um meinen Hals. Viel mehr werde ich während der nächsten zweieinhalb Monate nicht tragen.

Mein Boot dreht sich um die anstürmenden Wogenkämme, der Kiel klammert sich wie eine Bergziege an die Wellenhänge, die Backbordseite wird tief gegen den schwarzen, rollenden Ozean gepreßt. Ich liege in meiner Koje; in das Segeltuch auf der Leeseite gewickelt komme ich mir wie in einer Hängematte vor.

PENG! Eine ohrenbetäubende Explosion löscht plötzlich alle anderen Geräusche aus. Ich springe auf. Wasser bricht über mich herein, als wäre ich in einen tobenden Fluß geworfen worden. Bug, Heck — wo kommt es her? Ist die halbe Seite weggerissen? Keine Zeit. Ich fummle mit dem Messer herum, das in einer Scheide am Kartentisch steckt. Das Wasser steht bereits hüfthoch. Die Nase des Bootes senkt sich. Die *Solo* stoppt ruckartig, bevor sie übelkeitserregend nach unten wegtaucht.

Sie sinkt, sie sinkt! Mein Verstand bellt Befehle. Mach das Rettungspaket klar! Meine Seele schreit. Du hast sie verloren! Ich halte den Atem an, tauche unter, zerfetze die Befestigungen, die meine Notausrüstung sichern. Mein Herz ist ein Preßlufthammer. Die schwere Arbeit quetscht die Luft aus meinen Lungen, und mein Geist kämpft mit meinen Gliedern nach einer Gelegenheit zu atmen. Endgültige Finsternis und Chaos umgeben mich. Raus, nur raus, sie sinkt! Ich stoße mich ab, schieße nach oben, schiebe die Luke vor und katapultiere meinen bebenden Körper auf Deck; das Paket mit all meinen Hoffnungen lasse ich hinter mir zurück. Seit dem heftigen Schlag sind weniger als dreißig Sekunden vergangen. Der Bug zeigt in einem zögernden, abwärts gerichteten Winkel auf sein Grab, die See umspült meine Knöchel. Ich zerschneide die Befestigungen, die den Kanister der Rettungsinsel sichern. Gedanken zucken durch meinen Kopf wie Echos in einer Höhle. Vielleicht habe ich zu lange gewartet. Vielleicht ist es Zeit zu sterben. Hinunter ... sterben ... spurlos verschwinden. Ich rufe mir die Instruktionen der Rettungsinsel ins Gedächtnis: Wirf die kompakten hundert Pfund vor dem Aufblasen über Bord. Wer kann schon mitten in einem bockenden Zirkusritt ein solches Gewicht handhaben? Keine Zeit, schnell, schnell — sie sinkt! Ich ziehe. Der erste Ruck, dann der zweite — nichts, nichts! Das ist es, das Ende meines Lebens. Bald, sehr bald schon wird es da sein. Ich brülle den sturen Kanister an. «Komm schon, du Miststück!» Ich reiße ein drittesmal kräftig, und das Floß bläst sich mit einem zischenden Geräusch auf. Eine Welle peitscht über das ganze Deck, und ich lasse das Floß einfach treiben. Am Ende seiner Fangleine führt es einen wilden Tanz auf. Innerhalb einer Minute hat sich die *Solo* von einem schmucken kleinen Schiff in ein halb abgesoffenes Wrack verwandelt. Als ich, das Messer im Seeräuberstil zwischen den Zähnen, in das Floß hechte, bemerke ich, daß die auf der Heckkanzel befestigte Filmkamera läuft. Das rote Auge zwinkert mir zu. Wer ist der Regisseur dieses Films? Mit der Beleuchtung hat er's anscheinend nicht so, aber sein Sinn für dramatische Effekte ist beeindruckend.

Unbewegt und ungerührt schaut der Mond auf uns herab. Kleine Wolkenfetzen streichen über sein Gesicht, verdunkeln den Todeskampf der *Solo*. Mein Instinkt und mein Training haben mich automatisch die Überlebensaktionen ausführen lassen, aber jetzt, als mir ein Moment Zeit zum Nachdenken bleibt, trifft mich der Untergang meines Schiffes mit voller Wucht. Nie schienen all meine Sinne so geschärft wie jetzt. Meine Emotionen setzen sich aus einer unverständlichen Mischung zusammen. Ein durchdringender Schmerz in mir beklagt den Verlust meines Bootes. Tiefe Enttäuschung über mein Versagen durchzuckt mich. All das wird überschattet von der nackten Erkenntnis, daß meine Gedanken und Gefühle nicht mehr lange eine Rolle spielen werden. Mein Körper zittert vor Kälte. Ich bin zu weit von

jeglicher Zivilisation entfernt, um irgendeine Hoffnung auf Rettung zu haben.
In der Zeitspanne eines kurzen Augenblicks zucken Tausende von Gesprächen und Debatten durch meinen Geist, so als würde sich eine Gruppe von Männern in meinem Schädel unterhalten. Einige von ihnen machen Witze, fühlen sich auf komische Art erleichtert, daß die Kamera Aufnahmen gemacht hat, die nie jemand zu Gesicht bekommen wird. Andere schüren die Furcht. Furcht wird zur Nahrung. Ihre Energie liefert den Nährwert für Aktionen. Ich muß vorsichtig sein. Ich kämpfe gegen die blinde Panik an: Ich möchte nicht, daß die von meinem pumpenden Adrenalin herrührende Kraft zu wirren, alles andere als produktiven Aktivitäten führt. Ich kämpfe gegen den Drang an, in katatonische Hysterie zu verfallen: Ich will nicht starr vor Furcht dasitzen, bis das Ende kommt. Konzentriere dich auf das Notwendige, hämmere ich mir ein. Konzentriere dich und tu was.
Ich sehe mein Schiff, meine Gefährtin, mein Kind, von dem tiefen Atlantik geschluckt, der dieses winzige Krümel gar nicht spürt. Wellen gleiten über sie hinweg. Wieder taucht das weiße Deck der *Solo* auf. Sie sinkt nicht, noch nicht. Warte, bis sie untergeht, bevor du die Fangleine durchschneidest. Obwohl ich zu den Floßvorräten noch einen Wasserkanister und einige andere Ausrüstungsgegenstände hinübergerettet habe, werde ich ohne zusätzliche Vorräte nicht lange überleben. Vor Angst und Kälte zittert mein Körper noch heftiger, und meine Augen brennen vom Salz. Ich brauche Kleidung, irgendwas zum Zudecken. Ich beginne ein Stück des Hauptsegels herauszuschneiden. Trenn nicht das Floß vom Schiff, sei vorsichtig, sei bloß vorsichtig. Ein Schnitt, und das Segeltuch läßt sich leicht herunterreißen. Das Floß schwankt wild, als ich den hufeisenförmigen Rettungsgürtel und die Mann-über-Bord-Stange vom Heck der *Solo* zerre. Gischt und Wogen fegen über sie hinweg, aber jedesmal taucht sie wieder auf. Mein Geist redet ihr gut zu. Bitte geh nicht, noch nicht, bitte bleib oben. In den wasserdicht abgeschotteten Teilen, die ich entworfen und installiert habe, halten sich Lufttaschen. Sie wehrt sich. Mit lautem

Knall peitscht der Klüver durch die Luft, Luke und Ruder krachen, als der Ozean auf sie einhämmert. Vielleicht wird sie gar nicht sinken. Ihr Kopf ist unter Wasser, aber ihr Hinterteil zögert, wie ein Kind am Ufer, das sich nicht ins Wasser zu springen traut.

Die Kälte tut richtig weh; der Gestank von Gummi, Plastik und Talk füllt meine Nase. Die *Solo* kann jeden Moment versinken, aber ich muß noch mal in ihr Inneres. Viel Zeit bleibt nicht. Ich ziehe mich seitlich heran, klettere an Bord; ein eigenartiges Gefühl, gleichzeitig auf Deck und im Meer zu sein. Die Wellen türmen sich hoch und begraben das Boot unter sich, aber jedesmal kämpft sich die *Solo* wieder an die Oberfläche. Wie viele Schläge wird sie noch ertragen, bevor das Wasser in die restlichen Luftkammern dringt? Wie viele Augenblicke bleiben mir noch, bevor sie endgültig verschwindet?

Zwischen hoch aufragenden Wellenkämmen, die über mich hinwegspülen, lasse ich mich durch die Luke nach unten. Im Vergleich zu dem oben tobenden Sturm ist das Wasser hier unten ruhig. Ich ducke mich in das feuchte Grab; hinter mir knallt dröhnend die Luke zu. Ich taste nach der Notausrüstung und schneide die Sicherungsleinen durch. Wogen überschwemmen uns und marschieren weiter. Ich japse nach Luft. Der Sack ist jetzt frei, scheint aber so viel zu wiegen wie die gesammelten Sünden dieser Welt.

Während ich mich im Niedergang schwankend abmühe, die Ausrüstung an Deck zu zerren, kämpfe ich gleichzeitig mit der Luke, die mir gegen den Rücken knallt. Ich brauche all meine mir noch verbleibende Kraft, um den Sack in das Floß zu hieven.

Als er in das Floß fällt, kehre ich zur Luke zurück und klettere wieder rein. Meine Hände tasten nach achtern und bekommen ein nach oben gepreßtes Luftkissen zu fassen. Ich reiße daran, steige hoch, um Luft zu schnappen. Da ist keine. In diesem Moment habe ich das Gefühl, als wäre der letzte Sauerstoff im ganzen Universum von einer anderen Person eingeatmet worden. Ganz plötzlich reißt das Meer auf, wie tausend Kerzen sehe ich die Wasseroberfläche schimmern. Luft dringt ein, und ich japse und keuche, bis

das Geklapper der *Solo* von der anstürmenden nächsten Welle ausgelöscht wird.
Ich binde das Kissen ans Ende einer Falleine und lasse es treiben, während ich erneut untertauche, um mein Bett zu bergen. Meinen nassen Schlafsack zu bündeln, das ist so, als wollte man einen Haufen Schlangen in die Arme nehmen. Stück für Stück schaffe ich es, den Schlafsack in das Floß zu schieben, zu stoßen und zu rollen. Zuletzt kommt das Kissen, dann falle ich hinterher. Ich habe erfolgreich mein Schiff verlassen.
Mein Gott, die *Solo* schwimmt immer noch! Sie rollt sich weiter auf die Seite, während ich Sachen einsammle, die nacheinander aus der Kajüte getrieben kommen: ein Kohlkopf, eine leere Kaffeebüchse, eine Schachtel mit ein paar Eiern. Die Eier werden sich wahrscheinlich nicht lange halten, aber ich nehme sie trotzdem.
Dann bin ich zu erschöpft, um noch was zu tun. Ich will mich nicht von der *Solo* trennen, aber wenn sie sich endgültig verabschieden will, muß ich mich jederzeit von ihr lösen können. Siebzig Fuß einer $^{3}/_{8}$-Inch-Leine, am Großschot festgemacht, erlauben mir, auf der Leeseite zu treiben. Die *Solo* verschwindet völlig, wenn wir in die Wellentäler eintauchen. Gewaltige Schaumkronen wühlen sich auf uns zu. Gegen den Wind werden sie aufgepeitscht wie die Brandung am Strand. Ich höre ihren Ansturm; ich höre das Klappern und Knallen und Schlagen, mit der die *Solo* mir zuruft: «Ich bin hier!» Das Floß hebt sich und wirft sich den Wellenkämmen entgegen, die auf mich losstürmen. Gischt und Schaum zischen auf der Backbordseite vorbei.
Die Eingangsklappe der zeltartigen Abdeckung gibt jedesmal, wenn der Sturm sich mit voller Kraft daraufstürzt, ein reißendes Geräusch von sich. Ich muß die Rettungsinsel drehen, sonst durchschlägt mir womöglich ein Brecher die Öffnung. Auf einem Wellenkamm schaue ich nach achtern, wo *Solo* von der nächsten Woge emporgehoben wird. Die See steigt geschmeidig aus der Dunkelheit hoch, ein Riese, der sich nach dem Schlaf aufrichtet. Auf der gegenüberliegenden Seite des Zeltes gibt es eine straffe, runde Öffnung. Bis zur Hüfte strecke ich meinen Oberkörper durch diese Beob-

achtungsluke. Ich darf die Leine zur *Solo* nicht lösen, aber ich muß sie an anderer Stelle befestigen. Ich ziehe eine Leine durch das Großschot, das vom Deck der *Solo* hängt, und führe sie zurück zur Rettungsinsel. Das eine Ende mache ich an der Handleine fest, die um das Floß gespannt ist. Das andere Ende wickle ich um die Handleine und ziehe es dann durch die Beobachtungsluke. Wenn die *Solo* sinkt, kann ich dieses Ende loslassen, und wir sind getrennt. Moment — ich komme nicht wieder rein . . . ich hänge fest. Ich versuche mich von der Abdeckung zu befreien, die meinen Brustkorb umklammert. Die See spuckt nach mir. Schaumkronen brüllen in der Finsternis. Ich zerre, drehe und wende mich und falle rücklings hinein. Das Floß schwingt herum und trotzt dem Ansturm der Wellen nun mit der Zeltwand. Ha! Ein guter Witz; eine Zeltwand gegen das Meer — das Meer, das Granit zu Sand hämmert.

Mit einem Gleitknoten befestige ich die Leine von der *Solo* an dem Griffband, das die Innenseite des Floßes umläuft. Während ich in rasender Eile meine gesamte Ausrüstung an dem Band festmache, höre ich luvwärts ein kräftiges Grollen. Es muß eine gewaltige Welle sein, wenn sie schon aus so großer Entfernung zu hören ist. Ich lausche ihrem Ansturm. Ein Wassersturz, dann Schweigen. Ich kann fühlen, wie sie über mir hochsteigt. Die Rettungsinsel gibt ein schmerzerfülltes Quietschen von sich, als die Woge über uns hereinbricht; der mir verbleibende Raum ist plötzlich nur noch halb so groß. Die Luvseite knallt herein und schleudert mich quer über das Floß. Das Dach sackt durch, überall schießt Wasser herein. Der Ruck an der Fangleine, die an meinem vollgelaufenen Schiff hängt, verstärkt noch die Wucht. Ich werde sterben. Heute nacht. Hier, ungefähr 450 Meilen vom nächsten Land entfernt. Die See wird mich zerschmettern, mich kentern lassen, meinem Körper die Wärme und den Atem nehmen. Ich werde spurlos verschwinden, und erst wenn ich Wochen überfällig bin, wird man davon erfahren. Ich krieche wieder zur Luvseite, eine Hand an der Leine zur *Solo,* die andere am Griffband. Ich kauere in meinem durchtränkten Schlafsack. Gallonen von Wasser gurgeln auf dem Boden des Floßes herum. Ich sitze auf dem Kissen, das mich

Die Rettungsinsel gibt ein schmerzerfülltes Quietschen von sich, als die Woge über uns hereinbricht.

vor dem eiskalten Boden schützt. Ich zittere, aber allmählich wird mir wieder etwas wärmer. Jetzt bleibt mir nur zu warten, zu lauschen, zu denken, zu planen — und Angst zu haben.
Während eine Woge das Floß und mich hochhebt, kann ich sehen, wie sich die *Solo* in das darauffolgende Tal wälzt. Dann steigt sie mit der nächsten Welle hoch, während ich in das Tal stürze, das eben noch sie in den Armen gehalten hatte. Sie holt jetzt schon schwer über, Bug und Steuerbordseite sind unter Wasser, während das Heck ziemlich hoch hinausragt. Wenn du dich bloß bis zum Morgen über Wasser halten könntest! Ich muß dich noch einmal sehen, muß mir den Schaden betrachten, den ich dir meinem Gefühl nach zugefügt habe. Warum habe ich nicht auf den Kanarischen Inseln gewartet? Warum habe ich's mir nicht bequem gemacht und mich entspannt? Warum habe ich dich soweit getrieben, bloß um mein dämliches Ziel, eine doppelte Atlantiküberquerung, zu erreichen? Es tut mir leid, meine arme *Solo*.
Ich habe eine Menge Salzwasser geschluckt, und meine Kehle ist wie ausgedörrt. Am Morgen kann ich vielleicht weitere Ausrüstungsgegenstände bergen, Wasserkannen und etwas Nahrung. Ich plane jeden Zug und setze genaue Prioritäten. Verlust von Körperwärme droht als unmittelbarste Gefahr, aber vielleicht bietet mir der Schlafsack genügend Schutz. Wasser kommt an allererster Stelle, dann Nahrung, danach, was immer ich zu fassen bekomme. Zehn Gallonen Wasser liegen in dem Kombüsenschrank direkt unter dem Niedergang — Überlebensrationen, die für vierzig bis achtzig Tage gut sind, warten nur hundert Fuß entfernt auf mich. Der hochragende Heckspiegel macht es leichter, nach hinten zu kommen. In der Achterkabine hängen zwei große Seesäcke; einer ist mit Nahrungsmitteln für ungefähr einen Monat vollgestopft, der andere mit Kleidung. Wenn ich hinuntertauchen und vorschwimmen kann, dann schaffe ich es vielleicht, meinen Überlebensanzug aus dem Vorpiek zu zerren. Ich träume davon, wie das dicke Neopren mich aufwärmen wird.
Die Wellen hämmern weiter gegen das Floß, schlagen die

Seite ein, drücken Wasser herein. Die Gummischläuche sind so kompakt wie Teakstämme, und doch biegen sie sich wie Spaghetti. Während ich unermüdlich mit der Kaffeebüchse Wasser schöpfe, frage ich mich, wieviel so ein Floß aushalten kann, und suche nach ersten Anzeichen der Auflösung. Ein kleines Lämpchen über meinem Kopf erhellt meine winzige neue Welt. Die Erinnerung an den heftigen Stoß, der ranzige Geruch meiner Umgebung, das Hämmern der See, der jaulende Wind und mein Plan, am Morgen nochmals an Bord der *Solo* zu gehen, wirbeln wieder und wieder durch mein Hirn. Sicherlich wird bald alles vorbei sein.

5. FEBRUAR
1. TAG

Ich schwimme irgendwo in den verlassensten Gewässern herum, die der Atlantik aufzuweisen hat. Ich befinde mich ungefähr 450 Meilen nördlich der Kapverdischen Inseln, aber der Wind steht gegen mich. Ich kann mich nur in die Richtung treiben lassen, in der er weht. Dann sind es noch 450 Meilen bis zur nächsten Schiffahrtsstraße. Die Inseln in der Karibik sind für mich das nächstmögliche Land, 1800 Seemeilen entfernt. Denk nicht dran. Schmiede statt dessen Pläne für den nächsten Morgen. Ich habe Hoffnung, wenn das Floß durchhält. Wird es durchhalten? Die See greift weiter an. Nicht immer schickt sie eine Warnung voraus. Oft brandet das Wasser erst hoch, wenn es fast schon zuschlägt. Ein dröhnendes Grollen begleitet den Knall, mit dem es auf das Floß einhämmert, an ihm reißt.

Ich höre ein weit entferntes Grollen aus dem Zentrum des Sturms. Es steigert sich zu einem Toben, wird lauter und lauter, bis es den gesamten Raum um mich herum ausfüllt. Neptuns Faust schlägt zu, und die Wucht des Schlages bringt das Floß taumelnd zum Halten. Es quietscht und kreischt, und dann senkt sich urplötzlich Friede über uns, als wären wir in das Reich des Lebens danach eingetreten, wo wir nicht länger gequält werden können.

Schnell reiße ich die Beobachtungsluke auf und stecke den Kopf hinaus. *Solos* Klüver klatscht immer noch, und das Ruder klappert, aber ich treibe ab. Die elektrischen Leitungen haben einen Wackelkontakt, und das Licht oben im Mast zwinkert mir ein letztes Goodbye zu. Lange beobachte

ich, wie die Lichtblitze immer seltener aufzucken; ich weiß, daß ich sie nun zum letzten Mal sehe, und fühle mich, als hätte ich einen Freund und einen Teil meiner selbst verloren. Ein paarmal blitzt es noch auf, dann nichts mehr. Die tobende See hat sie verschlungen.
Ich ziehe die Leine ein, die mich mit meiner Gefährtin verbunden hatte, mit meiner Hoffnung auf Lebensmittel und Wasser und Kleidung. Die Leine ist in einem Stück. Vielleicht hat sich während des letzten Schlages die Schlaufe gelöst, mit der ich sie am Großschot befestigt hatte. Oder der Knoten; vielleicht war es der Knoten. Die Vibrationen und das Gerüttel könnten ihn gelockert haben. Vielleicht habe ich ihn auch nur falsch geknüpft. Ich habe Tausende von Paalsteeks gebunden, ein Vorgang, der mir so vertraut ist, wie einen Schlüssel im Schloß zu drehen. Und trotzdem ... aber das spielt jetzt keine Rolle mehr. Kein nachträgliches Bedauern. Ich frage mich lediglich, ob mich das gerettet hat. Ist mein winziges Gummiheim gerade noch entkommen, bevor es in Stücke gerissen worden wäre? Wird es in Kürze mein Tod sein, weil ich nun einfach ins Nichts treibe?
Für den Augenblick von den ständigen Attacken auf mein Floß befreit, schimpfe ich mit mir im besten Humphrey-Bogart-Stil. Also gut, du bist jetzt ganz allein auf dich gestellt, mein Junge. In die momentane Erleichterung mischen sich Angst, Schmerz, Gewissensbisse, Befürchtungen, Hoffnung und Hoffnungslosigkeit. Meine Gefühle sind zu einem massiven Klumpen unentwirrbarer Konfusion zusammengebündelt und drohen mich zu verschlingen, so wie schwarze Löcher jegliches Licht verschlingen. Mein ganzer Leib ächzt und stöhnt immer noch unter der Kälte; Schmerzen zucken durch meinen Körper, von Wunden und Verletzungen, die ich zuvor gar nicht bemerkt habe. Ich fühle mich so furchtbar verletzlich. Keine Reservesysteme sind mir mehr geblieben, kein Ort, an den ich mich flüchten könnte, keine zweite Chance. Ich habe das Gefühl — sowohl geistig als auch körperlich —, als wären alle Schutzhüllen von meinen Nerven gepellt worden, die nun vollständig entblößt daliegen.

DIE HEXE UND IHR FLUCH: HUNGER UND DURST

DIE GANZE NACHT hindurch gleiten mein Floß und ich die Brecher hinauf und hinunter. Ich habe den Treibanker ausgeworfen — ein Stück Tuch, das wie ein Fallschirm im Wasser wirkt, unseren Absturz hinter dem Wogenkamm bremst und so verhindert, daß wir kentern. Eine Welle bricht genau unter uns und reißt uns an ihrer Vorderkante mit. Pechschwarzes Meerwasser überflutet das Floß. Während ich am Griffband hänge, schlägt der hämmernde Wogenkamm durch den dünnen Floßboden hindurch auf mich ein. Kurz bevor wir einen Salto schlagen, spannt sich der Treibanker und reißt das Floß zurück.

Meine Rettungsinsel ist ein Avon-Standardmodell für sechs Mann, bestehend aus zwei übereinanderliegenden Innenschläuchen mit mehreren Segmenten. Der innere Durchmesser beträgt ungefähr einen Meter siebzig. Vor dem Start zur Mini-Transat-Regatta inspizierte das Komitee die *Solo* und zeigte sich von dem großen Floß überrascht. «Haben Sie je auf einem Vier-Mann-Floß gesessen?» fragte ich sie. Ich schon. Ich habe mal eins aufgeblasen, und zwei Freunde leisteten mir Gesellschaft. Wir saßen buchstäblich aufeinander, die Knie übereinander. Fraglich, ob man bei normaler Auslastung der Kapazität mehr als ein paar Tage überleben könnte; bestenfalls würde es eine Qual werden. Ich rechnete mir aus, daß eine Sechs-Mann-Rettungsinsel für zwei Mann Besatzung ausreichen würde, wenn man länger unterwegs war.

Über den oberen Schlauchring spannt sich ein halbkreisförmiger Bogenschlauch, der die zeltartige Abdeckung stützt. Ein Viertel der Abdeckung ist lose und bildet die Eingangsöffnung. Der einzige Punkt, wo man im Sitzen volle Kopffreiheit hat, ist das Zentrum des Floßes. Ich kann mich gegen den Außenring drücken, wobei mein Kopf gegen die Abdekkung stößt, oder mich quer abgestemmt auf den Boden legen. Das Floß besteht aus zusammengeklebtem Gummi-

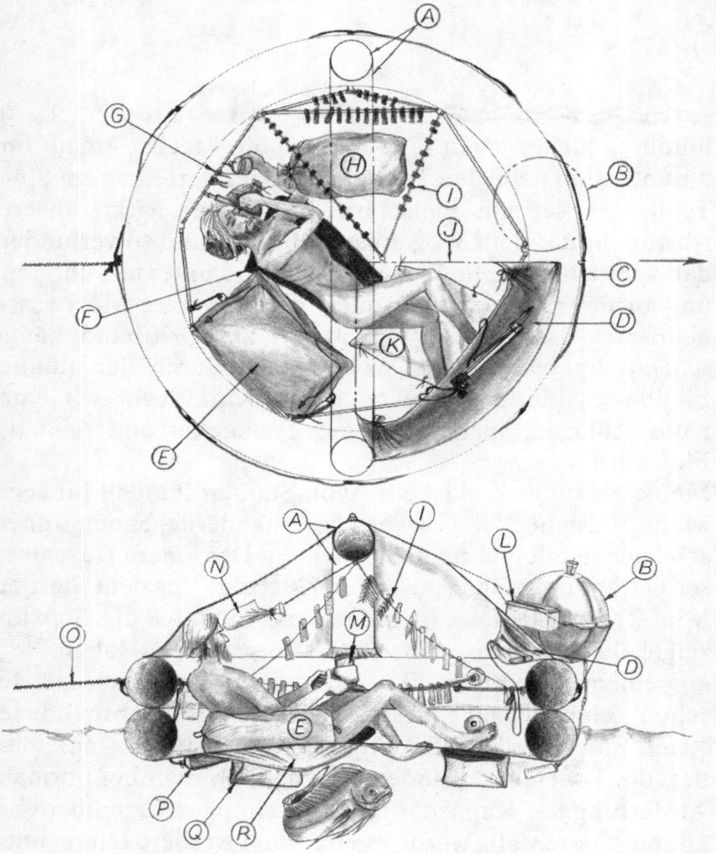

Zwei Ansichten der *Rubber Ducky III*. In der Profilansicht sieht man, wie ich die Luftpumpe umklammere, die in eines der Ventile eingestöpselt ist. Die *Rubber Ducky III* verfügt über eine obere und untere Luftkammer und einen dachartigen Bogenschlauch. Bei diesen Bildern kommt der Wind von links und schiebt die *Ducky* nach rechts. (A) *Bogenschlauch:* stützt die Zeltabdeckung; (B) *Destillationsapparat:* an Ort und Stelle festgezurrt. Der Drainageschlauch und der Auffangbeutel für das Destillat hängen unter dem Floß; (C) *Äußere Handleine:* zieht sich außen um das ganze Floß herum;

(D) *Spritzdecke oder Schürze*: über der Eingangsöffnung, hält die Wellen einigermaßen ab und dient als Ablage für die Harpune; (E) Ausrüstungssack: von der *Solo* gerettet, enthält den größten Teil der Ausrüstung; (F) *Kissen:* bestehend aus fünf Zentimeter starkem geschlossenem Zellschaumstoff, der kein Wasser aufnimmt. Hilft, Schläge von Haien und anderen Fischen an der Unterseite des Floßes zu dämpfen; (G) *Innere Handleine:* dient zur Verankerung der gesamten Ausrüstung. Zwischen den Verankerungspunkten werden Fischleinen gespannt. In der Ansicht von oben zeigt der Pfeil auf Wasserflasche, Messer und kurze, griffbereit hängende Schnurstükke; (H) *Ausrüstungssack der Rettungsinsel:* beim Kauf der Rettungsinsel dabei. Enthält Standardausrüstung wie beispielsweise die Luftpumpe, ist an einem Verankerungspunkt am Boden gesichert; (I) *Wäscheleine:* zum Aufhängen von Fisch im «Metzgerladen». Von den Verankerungspunkten der Handleine hoch zum Bogenschlauch gespannt; (J) *Eingangsöffnung:* am vorderen rechten Viertel des Floßes, von Wind und anrollenden Wellen abgewandt; (K) *Segeltuch:* von der *Solo* gerettet, zusammengefaltet und festgebunden. Dämpft Fischstöße und schützt das Floß vor der Speerspitze, wenn Fische an Bord gezogen werden; (L) *Plastikschachtel:* zum Auffangen von Regen zwischen den Halteleinen des Destillationsapparates festgeklemmt. Später wird sie auf der Zeltabdekkung oben am Bogenschlauch und danach innen unter der undichten Beobachtungsluke befestigt werden; (M) *Notfunkgerät:* sendet ein Signal auf zwei Frequenzen der kommerziellen Fluggesellschaften; (N) *Beobachtungsluke:* leckt stark und muß zugebunden werden, da sie sich auf der Luvseite befindet. Später wird durch diese Öffnung ein Sammeltrichter Wasser in den Plastikbehälter leiten; (O) *Fangleine zu der Mann-über-Bord-Stange:* wird achtern hinterhergezogen und dient als Geschwindigkeitsmesser. Richtet zusätzlich das Floß ordentlich aus und hindert es am Kentern. Die Stange vergrößert meine Sichtbarkeit. Die Leine dient als Oberfläche für Muschelbewuchs; die Muscheln bieten sowohl mir als auch den Drückerfischen Nahrung; (P) *Gaszylinder:* blies die *Rubber Ducky* auf. Seine ungeschützte Lage gibt Anlaß zu steter Sorge; (Q) *Ballasttaschen:* vier Taschen unten am Boden des Floßes, mit Wasser gefüllt, um ein Kentern zu verhindern; (R) *durchsackender Boden:* typisch für all die Stellen, an denen ein Gewicht nach unten drückt. Ansonsten wölbt der Wasserdruck von unten den Floßboden leicht nach oben. Die unten herausragenden Beulen geben ein gutes Ziel für die Fische ab. Die Abbildung zeigt eine Goldmakrele, die es auf meinen linken Fuß abgesehen hat.

material, das mit schwarzem Dacron verstärkt ist. Zusätzlich hat man noch Extrastreifen dieses Materials über die Klebenähte gelegt. Die vielen Fälle, in denen Rettungsinseln auseinandergerissen wurden, sind mir nur zu bewußt. Ich präge mir das Spinngewebe der Klebenähte genau ein, wo die Schläuche aneinanderstoßen, und suche ständig nach irgendwelchen Anzeichen von Auflösung. Der obere Schlauchring und der aufragende Brückenschlauch bilden eine gemeinsame Luftkammer, der untere Schlauchring die andere. Über die Sicherheitsventile entweicht jeder Druck, der über zweieinhalb Pfund pro Quadratinch hinausgeht. Es ist unmöglich, die Schläuche mit dem Mund aufzublasen; dazu braucht es eine Luftpumpe. Die gesamte Struktur wogt und wellt sich ständig wie eine unruhige, zusammengeringelte Schlange.

Der dünne Gummiboden rippt und rollt, als würden zwei ausgewachsene Känguruhs auf einem Wasserbett herumspringen. Kniend klammere ich mich mit einer Hand fest, während ich mit der anderen Hand die Kaffeedose zum Schöpfen benütze. Um meine Knie herum sackt der Boden durch. Ganze Flüsse von Bilgewasser strömen auf die Ausbuchtungen zu; ich fange sie mit der Büchse auf. Jedesmal wenn ich damit fertig bin, wird meine Höhle erneut überflutet, und das Ganze beginnt von vorn. Die Arbeit erwärmt mich, macht aber auch müde. Ausruhen gibt es nicht. Das ständige Schwanken und der Gestank von Gummi, Klebstoff und Talk der Rettungsinsel verursachen Übelkeit, aber ich bin zu erschöpft, um mich zu übergeben.

Der Ozean bleibt hartnäckig, bombardiert uns mit monotoner Gleichmäßigkeit. Bitte wirf uns nicht um, ein Kentern könnte ich nicht überleben. Wenn ich ins Wasser fliege, werde ich bald wie ein ganzes Erdbeben zittern. Meine Lippen werden sich blau färben, meine Haut weiß. Mein Griff wird sich lockern. Die See wird ein letztes Mal ihre Decke über mich ziehen, und ich werde für immer schlafen. Also verlagere ich mein Gewicht und meine Ausrüstung auf die Seite, gegen die die Attacken rollen, um etwas zusätzliche Stabilität zu gewinnen, klammere mich fest an das Griffband und lausche. Ein besorgtes Stirnrunzeln meißelt sich in mein

Gesicht. Im Dunkeln sehe ich einen Totenkopf vor mir, der mich mitleidlos anstarrt. Die Geräusche des Meeres tönen wie Kanonendonner, und ich treibe durch halb bewußtlose Kriegsträume.

Die Schwärze weicht allmählich einem grauen Schimmer. Farben beginnen zu erblühen. Die Morgensonne stiehlt sich in mein Verlies und bringt mir einen Hoffnungsschimmer. Ich habe die Nacht überlebt.

5. FEBRUAR
1. TAG

Nie hat mir ein Tagesanbruch so viel bedeutet; doch der Sturm tobt weiter. Ich habe genügend Stürme auf See erlebt, doch unter Deck hat man immer noch etwas Abstand von dem Sturm. Dieses Unwetter wütet sowohl innerhalb als auch außerhalb meiner Rettungsinsel. Das Klatschen des windgepeitschten Zeltes begleitet das Zerren der nutzlosen Abdeckung und das Rattern des Verschlusses. Wasser sprüht durch die Luft. Ich sitze in einem untergetauchten Schwamm, während das Floß durch den wogenden Atlantik taumelt.

Soll ich den Richtfunkstrahl für Notfälle einschalten? Er hat eine Reichweite von 250 Meilen und sendet laut Angabe zweiundsiebzig Stunden. Dann nimmt die Reichweite ab, bis die Batterien leer sind. Eine Frachtmaschine kann den lautlosen Hilfeschrei hören und ein Suchflugzeug schicken, das sich an dem Funkstrahl orientiert. In der Gegend befindliche Schiffe werden benachrichtigt. Ich *werde* gerettet werden.

Wen nehme ich hier eigentlich auf den Arm? Ich befinde mich 850 Meilen westlich der Kanaren, 450 Meilen nördlich der Kapverdischen Inseln und ungefähr 450 Meilen östlich der nächsten Schiffahrtsroute. Die Inseln werden womöglich von Europa und Afrika aus angeflogen. Von meiner gegenwärtigen Position aus hatte ich nie ein Flugzeug in Richtung Kanaren gesehen. Meine Karten zeigen keine größere afrikanische Stadt, die in den internationalen Luftverkehr einbezogen sein könnte und deren Flugrouten näher als 450 Meilen an mich herankommen. Niemand ist da, der mich hören könnte.

Ich schalte den Funkleitstrahl trotzdem ein . . . nur für den Fall, daß ich mich täusche. Ich hoffe sehr, daß ich mich täusche. Vor kurzem sank ein Trimaran namens *Boatfile*. Die

Rettungsinsel wurde in Stücke gerissen, und die Besatzung schwamm mit nichts weiter als ihren Überlebensanzügen im offenen Atlantik. Doch das Notsignal brachte ihnen innerhalb weniger Stunden Hilfe. In endloser, schwerer See wurden zwei Männer gefunden und geborgen. Das Wissen um die Effektivität des Notsignals muntert mich etwas auf, aber in meinem Hinterkopf bleiben nagende Zweifel, ob mich jemand hören wird. Und wie war das mit den Robertsons? 1972 wurde ihr 19-Tonnen-Schoner mit einer Länge von 43 Fuß von einem Wal gerammt und sank. Die nächsten 38 Tage trieb die fünfköpfige Familie sowie ein Besatzungsmitglied dahin. Ihr aufblasbares Floß hielt nur siebzehn Tage, aber zum Glück hatten sie noch ein solides Beiboot dabei.
Und, schlimmer noch, die Baileys? Wie bei den Robertsons wurde auch ihre große Jacht von einem Wal versenkt, und sie trieben in zwei aufblasbaren Booten im gleichen Pazifikgebiet. Die Baileys wurden nach 119 Tagen gerettet, *fast vier Monaten!* Sie sind die einzigen Menschen, die auf einem aufblasbaren Floß länger als vierzig Tage überlebt haben. Allerdings ist der Gedanke ermutigend, daß beide Rettungsinseln die schwere Prüfung bestanden haben.
Und wenn mein Funkleitstrahl nicht empfangen wird? Wenn es kaum Schiffe auf den Schnellstraßen des Meeres gibt? Selbst bei gleichbleibend guten Bedingungen mag es neunzig Tage dauern, bis ich die Karibik erreiche, sogar mehr als hundert Tage, wenn ich über den achtzehnten Breitengrad hinaus getrieben werde. Von Hierro aus habe ich meinen Eltern geschrieben, daß ich in Antigua vielleicht erst am 10. März eintreffe; bis dahin sind es noch vierunddreißig Tage. Vor diesem Zeitpunkt wird niemand nach mir suchen, falls überhaupt je nach mir gesucht wird. In der Geschichte hat nur ein einziger Mann allein auf offenem Meer treibend länger als einen Monat überlebt. Poon Lim überstand auf einem soliden Floß erstaunliche 130 Tage, nachdem sein Schiff im Zweiten Weltkrieg torpediert worden war. Einhundertdreißig Tage! Denk nicht dran. Zwanzig Tage . . . Irgend jemand wird mich innerhalb von zwanzig Tagen finden. Eine Karte mit normalen Flugverkehrsrouten wäre für die Entscheidung, wann das Notsignal gesendet werden soll,

ungemein nützlich. Ich werde es für dreißig Stunden eingeschaltet lassen. Jeder tägliche Flug kann mich somit während vierundzwanzig Stunden empfangen, und dem Suchflugzeug bleiben noch sechs Stunden, um mich zu erreichen. Was hielt die Baileys, die Robertsons und Poon Lim am Leben? Erfahrung, Vorbereitung, Ausrüstung und Glück. Bei den ersten drei Punkten schneide ich gut ab. Obwohl die Ausgangslage der anderen besser war, was Nahrung und Wasser anbelangt, bin ich mit Angelgerät gut ausgerüstet. Obwohl die anderen in Gebieten mit häufigen Regenfällen trieben, verfüge ich über eine mit Sonnenkraft betriebene kleine Destillationsanlage. Außerdem kann ich mir ihre Erfahrung zunutze machen, vor allem die Erfahrungen der Robertsons, denn ich habe das Überlebensbuch bei mir, das Dougal Robertson schrieb Meine größte Sorge ist vielleicht, daß ich keinen Ersatz für mein Gummifloß habe. Ich muß schon wahnsinniges Glück haben, wenn es länger als einen Monat halten soll. Ich erinnere mich an einen Film, den ich in jungen Jahren sah. *Du bist deines Glückes Schmied.* Ich muß mein Bestes geben, das Allerbeste. Ich darf weder zaudern noch mich drücken. Ich kann keinen Rückzieher machen. Diese zerrissene blaue Einöde da draußen wird mir nicht entgegenkommen. Oft genug habe ich mir manche Dinge nicht eingestanden. Gelegentlich habe ich andere Leute zum Narren gehalten. Aber die Natur ist kein solcher Tölpel. Vielleicht habe ich das Glück, daß mir einige Fehler verziehen werden, die Fehler, die ohnehin keine große Rolle spielen, aber ich kann mich nicht allein auf das Glück verlassen. Doch selbst wenn ich das Können und die Entschlossenheit der Baileys oder Robertsons an den Tag lege, werde ich möglicherweise sterben. Wie viele mit größeren Fähigkeiten und größerer Entschlossenheit sind nicht zurückgekehrt, um ihre Geschichte zu erzählen?

Jeder Verlust an Ausrüstung kann der letzte Nagel zu meinem Sarg sein. Ohne Wasser kann ich höchstens zehn Tage durchhalten. Ohne Luftpumpe sackt mein Floß in sich zusammen, und ich überstehe nur noch die nächsten paar Stunden. Selbst der Verlust von ein paar Stückchen Papier oder Plastik, ohne die ich vielleicht eine notwendige Reparatur nicht durchführen kann, entscheidet womöglich über Leben und Tod. Den Seesack mit der Notausrüstung sichere ich doppelt an der Rettungsleine und stopfe jeden besonders wichtigen Gegenstand hinein, an erster Stelle die Luftpumpe. Das Floß muß regelmäßig wieder aufgepumpt werden. Luft entweicht langsam, vor allem wenn die Sonne die schwarzen Schläuche aufheizt und der Überdruck durch die Sicherheitsventile abgeleitet wird. Es gibt eine kleine Fußpumpe, ähnlich jenen, die zum Aufblasen von Luftmatratzen benutzt werden, mit einem langen Schlauch, der auf die Ventile gestöpselt wird. Eine komische Pumpe für ein Floß, denn man kann sich nicht hinstellen und mit dem Fuß pumpen, und der wellige Boden ist nicht solide genug, um die Pumpe mit der Hand zu bedienen. Statt dessen presse ich sie mit beiden Händen zusammen und bin froh, daß meine Hände verhältnismäßig groß und kräftig sind.

Der Beutel mit der Originalausrüstung des Floßes ist mit Schlaufen am Boden festgebunden. Um mein kleines Heim ein bißchen sicherer und wärmer zu machen, schneide ich Löcher in die Zeltklappe, stecke ein Stück Leine durch und binde die Klappe fest. Jetzt kann ich weiter nichts tun außer Energie sparen, hoffen, daß mein Notsignal empfangen wird, und meine Umgebung genauer zur Kenntnis nehmen. Der Unterschied zu meinem trockenen, gut ausgerüsteten kleinen Schiff, der *Napoleon Solo,* ist überwältigend, ist unglaublich. Vielleicht ist all das nur ein Alptraum, aus dem ich jeden Moment erwachen kann. Aber das Wasser hämmert weiter von unten gegen meinen Rücken, über mir heult der Sturm, um mich herum peitschen die Wellen, all das hat zusammen mit meinem kalten, aufgeweichten Bett eine realistische Klarheit, wie ich sie nie zuvor gekannt habe.

Die nächste Ewigkeit einer Nacht zieht vorüber, und die dreißigste Stunde nähert sich. Ich schalte das Funknotsignal ab. Ich habe sowieso nicht geglaubt, daß es funktionieren würde. Meine nächste Chance wird kommen, wenn ich die Schiffsrouten New York—Südafrika erreiche. Fluglinien folgen oft den Schiffahrtsstraßen. Doch auf dieser Strecke ist meine Chance mehr als armselig, da es von New York nach Südafrika ein sehr weiter Weg für einen Direktflug ist.

Bis ich allerdings diese Routen erreicht habe, mögen diese kümmerlichen Chancen vielleicht höchst vielversprechend aussehen. Selbst wenn das Notsignal von keinem Jet empfangen wird, werde ich vielleicht von Schiffen entdeckt. Ich schätze, die Chancen, diese Routen zu erreichen, stehen eins zu einer Million, und dann noch einmal eins zu einer Million, entdeckt zu werden, wenn ich dort angelangt bin.
Oft glaube ich ein leises Summen zu hören, das wie ein Flugzeug klingt. Ich krieche hoch und halte Ausschau. Nichts. Der Wind dröhnt in meinen Ohren. Nichts.

6. FEBRUAR
2. TAG

Wieder drinnen, wird das Geräusch manchmal ganz deutlich; ich bin sicher, daß es sich um keine Einbildung handelt. Wieder schalte ich das Funksignal mehrere Stunden lang an, mache dann in regelmäßigen Abständen weiter, bis sechsunddreißig Betriebsstunden vorbei sind. Heb dir den Rest auf. Es muß kein Flugzeug sein; es muß der Wind sein, der gegen die Schläuche des Floßes peitscht. Diese beständige Phantomstimme erinnert mich unablässig daran, wie wenig ich von meiner kleinen Höhle aus sehen kann. Ich frage mich, wie viele Schiffe und Flugzeuge in meiner Nähe vorbeikommen werden, ohne daß ich es merke.
Ich reiße eine Büchse Erdnüsse auf und esse sie langsam. Jede einzelne Nuß genieße ich. Heute ist der 6. Februar, mein Geburtstag. Das ist nicht ganz die Mahlzeit, die ich im Sinn gehabt hatte. Ich habe hübsche runde dreißig Jahre gelebt. Was kann ich aufweisen? Ich schreibe meinen eigenen Nachruf:

STEVEN CALLAHAN
6. Februar 1952   6. Februar 1982
Träumte
Malte Bilder
Baute Boote
Starb

Alles, was ich im Leben vollbracht habe, scheint sehr banal und bietet so wenig Trost wie der nackte Horizont da draußen.

Drei Tage wütet der Sturm. Wellenberge glitzern in der Sonne; der Wind bläst ihnen weiße Schaumbärte über die blauen Brustkörbe. Tagsüber bringt die Sonne einen Hauch Wärme in meine erstarrte Welt. Nachts ist das Toben des Windes und des Meeres wesentlich bösartiger. Selbst bei diesen subtropischen Verhältnissen sinkt die Wassertemperatur unter 20 Grad Celsius ab, also riskiere ich, an Unterkühlung zu sterben, bevor die Sonne aufgeht. Nackt und wund, in klammes Zeug und einen durchweichten Schlafsack gewikkelt, zittere ich am ganzen Leib und nicke immer nur kurz ein, während meine kleine Welt in ihren Grundfesten erbebt. Wellen, die sich ganz in der Nähe des Floßes brechen, klingen wie echte Kanonenschüsse.
Meine ständig mit Salzwasser getränkte Haut ist von Hunderten von Furunkeln bedeckt. Unter meinem nassen T-Shirt vermehren sie sich schnell. Quetschungen und Abschürfungen bedecken meinen unteren Rücken, mein Hinterteil und meine Knie. Sie sind widerlich, aber ich nehme an, sie sind sauber. Der bohrende Schmerz, wenn sich das Salz in sie hineinbrennt, weckt mich oft. Das Floß ist zu klein zum Ausstrecken, und so muß ich zusammengerollt auf der Seite liegen. Das hält wenigstens die Schnitte und Risse trocken.
Ich entdecke zwei kleine Löcher im Boden, was das ständige Eindringen von Wasser in die Rettungsinsel erklärt. Womöglich hatte ich mich nach Verlassen meines Schiffes auf das Messer gesetzt. Das würde auch einige der Fleischwunden an meinem Rücken erklären. Das Flickzeug enthält Klebstoff und einige Stücke vom Material des Floßes. Die Instruktionen weisen mich darauf hin, daß ich mich vom trockenen Zustand des Floßes überzeugen soll, bevor ich die Flicken aufklebe. Wie witzig! Ich verstopfe die Löcher mit kleinen Plastikstücken und Klebern, und der Boden bleibt vorübergehend trocken. Aber dann dringt Wasser neben den Stöpseln ein; der Klebstoff haftet nicht auf feuchtem Gummi. Nach zwei Arbeitsstunden und drei weiteren Versuchen mit Klebstreifen und Heftpflaster schaffe ich es endlich, daß ein Flicken mehr oder weniger hält. Natürlich kann ich nicht sicher sein, daß er bei dem ständigen Hämmern und der unaufhörlichen Nässe länger durchhält, aber die

relative Trockenheit läßt meine Stimmung steigen. Jetzt, da ich allmählich trocken werden kann, verbessert sich die Lebensqualität innerhalb dieser Gummiwände beträchtlich. Ich habe mich, wenn auch nur für kurze Zeit, von meinem Totenbett erhoben.

Ich habe viele Segelschiffe gesehen, die mit einem Minimum an Notausrüstung unterwegs sind. Ich bin besser ausgerüstet als die meisten andern. Der Seesack des Floßes ist vollgepackt mit:

- Sechs Halbliter-Wasserdosen mit Plastikdeckeln. Später kann ich sie als Vorratsbehälter verwenden.
- Zwei kurze Sperrholzpaddel. Ich werde damit nicht bis in die Karibik rudern, aber vielleicht Haie damit abwehren.
- Zwei von Hand abzuschießende Fallschirm-Leuchtsignale, drei in der Hand zu haltende rote Leuchtsignale und zwei orangefarbene Rauchsignale
- Zwei Schwämme
- Einen faltbaren Radarreflektor, der auf einer Stange montiert werden soll. Aber eine Stange gibt es nicht. Und selbst die *Solo* mit ihren zwei Reflektoren fünfzehn Fuß über Deck tauchte nicht immer auf den Radarschirmen auf, deshalb bezweifle ich die Nützlichkeit dieses Ausrüstungsgegenstandes.
- Zwei Solar-Destillationseinheiten
- Zwei Dosenöffner, Tabletten gegen Seekrankheit
- Ein Erste-Hilfe-Koffer, dessen Inhalt das einzig trockene in dem ganzen Sack ist
- Ein zusammenklappbares Gummibecken
- Eine 100 Fuß lange, ⅛ Inch starke Polypropylenleine
- Seekarten für den Notfall, Winkelmesser, Bleistift und Radiergummi
- Eine Taschenlampe und zwei Signalspiegel
- Reparaturzeug für das Floß: Klebstoff, Gummiflicken und konische, schraubenzieherartige Stöpsel
- Das sogenannte Angelgerät: fünfzig Fuß Zwirn und ein mittelgroßer Haken

Im Floß ist außerdem ein Messer mit stumpfer Spitze befestigt, damit das Floß nicht versehentlich durchbohrt wird. Aber die Klinge schneidet sowieso nicht viel. Einen Fisch könnte man genausogut mit einem Baseballschläger ausnehmen.

Ich bin sehr froh, daß ich über meinen eigenen Seesack für Notfälle verfüge. Darin befinden sich:

- Eine Schachtel mit Bleistiften, Notizblöcken, Plastikspiegeln, Winkelmesser, ein Messer, ein Taschenmesser, eine rostfreie Werkzeugkiste, Segelschnur, Angelhaken, Angelschnur, 3/16-Inch-Leine, zwei chemische Leuchtstäbe und das Buch *Sea Survival* von Dougal Robertson. Die einzigen anderen trockenen Dinge auf dem Floß sind die Sachen in der Schachtel.
- Eine «Raumfahrerdecke», mittlerweile ausgepackt — die Folie, in die ich mich einwickle. Die glänzende, dünne Folie fängt die Körperwärme ein und strahlt sie auf die zugedeckte Person zurück.
- Plastikbeutel
- Eine weitere Solar-Destillationseinheit
- Einige Holzdübel zum Abdichten von Löchern
- Eine weitere 100-Fuß-Leine
- Eine Anzahl rostfreier Schäkel
- Verschiedene Leinen: annähernd 100 Fuß mit 1/8-Inch, 100 Fuß mit 1/4-Inch, plus die 70 Fuß mit einer Stärke von 1/8-Inch, an der die achtern treibende Mann-über-Bord-Stange hängt
- Das Notfunkgerät, mittlerweile ausgepackt
- Eine Signalpistole mit zwölf roten Fallschirmsignalen, drei roten Meteorsignalen, zwei in der Hand zu haltende orangefarbene Rauchsignale, drei rote Handleuchtsignale, ein weißes Handleuchtsignal
- Ein Liter Wasser in einer Plastikkanne
- Zwei Stück 1/8-Inch starke Sperrholzbrettchen als Schnittunterlage
- Zwei Bolzen und zwei Ruderösen: Beschläge für ein Bootsruder
- Eine kurze Harpune
- Ein Beutel mit Nahrung: zehn Unzen Erdnüsse, sechzehn Unzen Bohnen, zehn Unzen Corned-Beef und zehn Unzen Rosinen

Eine kleine Lampe

Zusätzlich habe ich noch das kleine Schaumkissen gerettet, anderthalb Kohlköpfe, ein Stück vom Großsegel, die Mann-über-Bord-Stange, meinen Schlafsack und ein Rasiermesser. Vor Jahren hatte ich Dougal Robertsons Überlebensbuch in einem Ramschladen gekauft. Jetzt ist es für mich eine königliche Summe wert. Die Harpune hatte ich auf den Kanarischen Inseln gekauft. Auf der *Solo* paßte sie nirgendwo richtig hin. Nachdem ich mir einige Male den Kopf daran angeschlagen hatte, war ich auf die Idee gekommen, sie in meinem Sack mit der Notausrüstung unterzubringen. Mit herausgenommenem Pfeil und etwas Geschiebe und Gezerre paßte sie schließlich hinein. Das sollte sich noch als ein unglaublicher Glücksfall erweisen.
Ich beginne mir Notizen über meinen Gesundheitszustand zu machen, über den Zustand des Floßes und über die verfügbare Menge an Wasser und Nahrung. Ich führe außerdem Navigationsaufzeichnungen und beginne mit einem Logbuch. «Ich habe alles verloren, bis auf meine Vergangenheit, meine Freunde und natürlich das T-Shirt auf meinem Leib. Ha, ha. Werde ich es schaffen? Ich habe keine Ahnung.» Ich schreibe so gleichmäßig, wie es nur möglich ist. Selbst diese simple Aufgabe erfordert große Mühe, da das Floß ständig schwankt. Ich hole meinen Block nur hervor, wenn ich sicher bin, daß die Rettungsinsel im nächsten Moment nicht überflutet oder kentern wird. Wenn ich fertig bin, wickle ich alles doppelt in zwei Plastikbeutel ein, verschließe jeden Beutel sorgfältig, stecke es zusammen mit meinem Überlebenshandbuch in einen weiteren Plastikbeutel und lege das Ganze dann in meinen Seesack mit der Notausrüstung.
Vorausgesetzt, das Floß bleibt heil und ich komme nicht an weitere Nahrungsmittel und zusätzliches Wasser heran, kann ich bestenfalls bis zum 22. Februar durchhalten, vierzehn Tage noch. Zu dem Zeitpunkt habe ich vielleicht gerade die Schiffahrtsrouten erreicht, wo ich eine vage Chance habe, entdeckt zu werden. Bis dahin wird die Dehydrierung ihren Tribut gefordert haben. Meine Zunge wird aufquellen, bis sie meine ganze Mundhöhle ausfüllt, und anschließend schwarz werden. Meine Augen werden tief in

meinen Kopf einsinken. Der Tod wird an die Tür meines phantasierenden Geistes klopfen.
Eine Ewigkeit erstreckt sich zwischen dem Ticken der Sekunden. Ich hämmere mir ein, daß die Zeit nicht still steht. Die Sekunden stapeln sich wie Pokerchips. Sekunden werden zu Minuten, Minuten zu Stunden, Stunden zu Tagen. Die Zeit *wird* vergehen. Von einem bequemen Plätzchen in der Zukunft werde ich in einigen Monaten auf diese Hölle zurückblicken ... wenn ich Glück habe.
Verzweiflung schüttelt mich. Ich möchte heulen und rede mir statt dessen ernsthaft ins Gewissen. Halt die Tränen zurück. Würg sie runter. Du kannst dir den Luxus von Wasserverschwendung nicht leisten. Ich beiße mir auf die Lippen, schließe die Augen und weine innerlich. Überleben, konzentriere dich aufs Überleben. Unter mir habe ich zwei Meilen Meer. Kein Hauch von Leben ist in den Tiefen zu sehen, aus denen ich vielleicht eine Mahlzeit holen könnte. Die See ist zu rauh, um die Solar-Destillation zu Wasser zu bringen. Im Augenblick kann ich nur hoffen, gefunden zu werden.
Die Mann-über-Bord-Stange zieht achtern ein Kielwasser hinter sich her. Ihre leuchtende Flagge steigt an jedem Wellenkamm hoch, während das Floß in einem Tal untertaucht. Dadurch sollten mich vorbeifahrende Schiffe leichter ausmachen können. Falls die *Solo* noch treibt, dann verdoppelt sich die Chance, daß jemand über den von mir hinterlassenen Trümmerhaufen stolpert. Es ist eine kleine Chance, aber ich backe jetzt nun mal kleine Brötchen. «Billige Vergnügungen sind besser als überhaupt kein Vergnügen», hallt es wie ein Echo durch meinen Kopf. Meine Witzchen sind irgendwie nicht komisch. Ich lächle nicht mehr darüber, versuche aber weiterhin, alles so leicht wie möglich zu nehmen, um die Anspannung abzubauen.
Jetzt bleibt kaum noch was zu tun außer Ausschau zu halten und sich Tagträumen hinzugeben. In allen Einzelheiten zieht mein Leben vor meinem geistigen Auge vorüber, wie ein zweitklassiger, zu oft gezeigter Film. Ich versuche meine Gedanken auf die Dinge zu konzentrieren, die ich tun werde, falls man mich rettet. Ich werde mehr Zeit mit meinen Eltern

und meinen Freunden verbringen, werde ihnen zeigen, daß ich sie liebe. Tagträume über Zukunftspläne, vom Leben daheim, von Schiffs- und Rettungsinselentwürfen und von großen, beglückenden Mahlzeiten lindern meine Verzweiflung. Schluß damit! Du bist nicht dort! Du bist hier, im Fegefeuer. Gib dich keinen falschen Hoffnungen hin. Denk ans Überleben!

Aber der Wunsch zu träumen hält sich hartnäckig. Das ist meine einzige Erleichterung. Langsam schließe ich mit den Enttäuschungen in meiner Vergangenheit Frieden und beginne einzusehen, daß ich über einige wertvolle Erfahrungen verfüge, die vielleicht sogar ausreichen, um hier zu überleben. Wenn ich das durchstehe, dann werde ich in der Lage sein, ein besseres Leben zu führen. Und selbst wenn ich mein einunddreißigstes Jahr nicht mehr erlebe, kann ich diese Zeit vielleicht sinnvoll verbringen. Meine Aufzeichnungen könnten an Bord des Floßes gefunden werden, selbst wenn ich dann schon tot bin. Vielleicht können andere daraus lernen, vor allem Segler, die sich irgendwann mal in ähnlicher Situation wiederfinden. Das ist der letzte Dienst, den ich leisten kann. Träume, Ideen und Pläne bilden nicht nur Fluchtmöglichkeiten, sie geben mir auch ein Ziel, einen Grund zum Durchhalten.

8. FEBRUAR
4. TAG

Am Morgen des 8. Februars läßt der Sturm ein bißchen nach. Die Wogen rollen weiter auf uns zu, einige immer noch vier Meter und mehr. Aber sie haben ihre Schaumkronen verloren und hämmern nicht mehr so oft auf das Floß ein. Ich schaue auf die Wasserwüste hinaus. Nirgendwo gibt es eine Oase, Trinkwasser oder schattenspendende Palmen. Wie in einer Wüste *existiert* hier Leben, aber eine Evolution über viele Jahrtausende hinweg hat es gelehrt, ohne Frischwasser zu überleben.

Ein kleines Stück Beerentang treibt in Richtung Norden vorbei. Beerentang, das Steppenunkraut der Ozeane, wächst ohne Wurzeln und treibt frei an der Wasseroberfläche. Die große Sargassosee liegt nordwestlich, wo der Legende nach Hunderte von alten Schiffswracks von den Tangmassen gefangengehalten werden. Hier gibt es jedoch nur wenig davon. Schade; ich könnte daran meine Geschwindigkeit abschätzen.

Das Wasser dieser Welt befindet sich in stetigem Fluß. In den Ozeanen gibt es genauso ein Wetter wie in der Atmosphäre. Unterwasserstürme toben durch die Pässe und Schluchten der Unterwassergebirge. Die Windströmungen über der Erdoberfläche beeinflussen die großen ozeanischen Strömungen und spiegeln sie wider. In manchen Gebieten liegt der Ozean praktisch bewegungslos da, buchstäblich geparkt. In anderen Gegenden strömt er dahin wie der Verkehr auf einer Schnellstraße. Zu diesen großen Wasserstraßen gehören der Golfstrom, der Humboldtstrom, die südlichen Äquatorialströmungen, die indischen Monsunströmungen und die Labradorströmungen. Einige davon haben eine Geschwindigkeit von mehr als fünfzig Meilen pro Tag. Ich befinde mich auf einer langsameren Straße, der nördlichen Äquatorialströmung, mit einer Geschwindigkeit von sechs bis zwölf Meilen täglich. Sie läuft gleichmäßig mit dem Wind auf die Karibik zu.

Als würde ich aufs Gas treten, so stößt mich der Wind auf die Überholspur. Ich kann schneller segeln, als das Wasser fließt. Meine Karte des Indischen Ozeans nützt mir nichts, also zerreiße ich sie. Nachdem ich das zusammengeknüllte Bällchen eingeweicht habe, damit es nicht vom Wind fortgeblasen wird, beobachte ich, wie es davontreibt. An der Wasseroberfläche benötigt es mehr als zwei Minuten, um die Mann-über-Bord-Stange zu erreichen, die sich siebzig Fuß achtern befindet, $^1/_{19}$ einer Seemeile. Dieser grobe Geschwindigkeitsmesser zeigt mir, daß ich mich täglich lediglich acht Meilen durch das Wasser bewege. Zusammen mit der Strömung schaffe ich siebzehn Meilen im Tagesdurchschnitt; das heißt, bis zu den Schiffahrtsrouten werde ich weitere zweiundzwanzig Tage brauchen. Das ist zu lange, viel zu lange.

Höchste Zeit, etwas zu unternehmen.

Ich hole den Treibanker ein, der wie eine Qualle durch das Wasser pulsiert und den Ozean hinter sich her schleppt. Ich sorge dafür, daß ich ihn sofort wieder auswerfen kann, falls uns eine Welle zu kentern droht. Jetzt reitet das Floß die

Der Treibanker pulst wie eine Qualle durch das Wasser. Er besteht aus einem viereckigen Stück Tuch, das mit dem Floß durch eine Art Zaumzeug — einen Kettenwirbel, der verhindert, daß er sich verdreht, und eine lange Fangleine — verbunden ist. Im Grunde ist der Treibanker ein Wasserfallschirm, der horizontal anstatt vertikal zum Einsatz kommt. Er leistet den Wellen Widerstand, die das Floß hochzuheben oder umzukippen versuchen. Gleichzeitig verhindert er aber auch jedes einigermaßen schnelle Vorankommen.

Wellen besser ab, gibt den Schlägen leichter nach, während es dahingleitet. Mein Tempo dürfte jetzt bei fünfundzwanzig bis dreißig Meilen pro Tag liegen. Es ist immer noch ein weiter Weg bis zu den Schiffsrouten, aber die Steigerung der Geschwindigkeit läßt einen Schimmer von Optimismus in mir aufsteigen. Jetzt kann ich es wenigstens *theoretisch* schaffen.

Ich markiere meine durchsichtige Ein-Liter-Wasserkanne mit flachen Messereinkerbungen und gestehe mir eine Tagesration Wasser von einem Viertelliter zu. Es erfordert einige Disziplin, ungefähr alle sechs Stunden nur einen Mundvoll zu nehmen. Ich habe mich entschlossen, kein Meerwasser zu trinken. Dougal Robertson und andere Überlebensexperten sind der Meinung, daß es zu gefährlich ist. Es mag einem für den Moment Erleichterung verschaffen, aber der hohe Natriumgehalt muß über den Harn ausgeschieden werden, wobei noch mehr Flüssigkeit aus dem Kör-

pergewebe gezogen wird; bald bleibt dann nur noch eine verdorrte Leiche zurück.
Ich versuche das erste Solar-Destillationsgerät zum Einsatz zu bringen. Es ist ein aufblasbarer Ballon, in dem Meerwasser verdunsten soll. Bei sonnigen, tropischen, ruhigen Verhältnissen soll es aus Meerwasser einen Liter Süßwasser pro Tag produzieren. Das entspricht ein bis zwei Tagen der minimalen Überlebensration. Als ich den Ballon aufblase und laut Anweisung zu Wasser bringe, treibt er mit der gleichen Geschwindigkeit wie das Floß dahin. Manchmal prallen wir gegeneinander, manchmal wird er von einer Welle mitgenommen, bis er wieder taumelnd ins Wellental sackt. Nach wenigen Minuten schrumpft er zusammen; auch wiederholtes Aufblasen nützt nichts, obwohl ich keine Löcher entdekken kann. Mein Mut sinkt.
Ich probiere das zweite Gerät. Der Ballon bleibt aufgeblasen. Hoffnung keimt. Nach einer Stunde enthält der Sammelbeutel fast acht Unzen Wasser. Jubel! Ich kann meinen Wasservorrat vergrößern! Ich nehme den Behälter und trinke einen Schluck. Salz! Verfluchtes Meerwasser! Bei drei Liter Wasser habe ich allerhöchstens noch sechzehn Tage zu leben.
Ich sacke zurück auf die Luvseite des Floßes; hier schützt mich wenigstens die Abdeckung vor der brennenden Sonne. Meine Gedanken kehren zur *Solo* zurück, zu jener Nacht, zu dem gewaltigen Stoß, dem Knall, dem hereinstürzenden Wasser. Raus, sie sinkt ... Sie *sinkt!* Das Gefühl von Verzweiflung und Verlust weht durch meine Visionen. Was ist dir zugestoßen, *Solo?* Hab' ich dich zu zart gebaut, mein Kleines? Bist du gegen einen Baumstamm oder einen Container geknallt? Es ist unwahrscheinlich, daß mein in schneller Fahrt befindliches Boot auf Treibgut gestoßen ist. Die Kollision erfolgte seitlich, nicht von vorn. Die *Solo* stoppte, und ich war sofort an Deck. Treibenden Abfall, groß genug, um derartige Verwüstungen anzurichten, hätte ich gesehen. Irgend etwas Großes, Schnelles mußte gegen uns geprallt sein. Von Deck aus waren keine Schiffe zu sehen. Es mußte vom Meer selbst stammen.
Ein gewaltiges Tier. Vielleicht ein Wal. Vor einigen Jahren

rammte ich mit einem fünfunddreißig Fuß langen Trimaran einen vierzig Fuß großen Pottwal im Golfstrom. Für den an Bord befindlichen Eigner war es die zweite derartige Begegnung bei zwei Fahrten nach Bermuda im gleichen Jahr. Wir hatten Glück. Der Rumpf knallte von oben auf die mit Haut überzogene Insel, aber weder der Wal noch das Boot wurden dadurch ernsthaft beschädigt. Die Robertsons und die Baileys jedoch wurden beide durch Wale versenkt. Ein bei Nacht — wenn das größere Plankton aufsteigt — nahe der Wasseroberfläche fressender Wal hätte den lautlos durch die lärmende See schneidenden Rumpf der *Solo* bestimmt nicht bemerkt.

Ein mittelgroßer Fünfunddreißig-Tonnen-Wal, der die mit zehn Knoten fahrende *Solo* an der Seite trifft, hätte beträchtlichen Schaden verursacht, obwohl die Kollision den Wal kaum beim Fressen gestört hätte.

Ich habe so viele von ihnen gesehen — verspielte Tümmler, neugierige Pilotfische und starke Pottwale. Ohne Vorwarnung tauchen sie aus den Tiefen auf. Plötzlich ist so ein Riesenbiest da. Und in diesem Moment taucht ein unergründliches Gefühl — keine Angst — aus den Tiefen meiner Seele auf. Es ist, als würde ich einen Freund sehen, den ich nie wiederzusehen geglaubt hatte, der wunderbarerweise erscheint und der vielleicht genauso plötzlich wieder auf ewig verschwindet. Immer wenn diese massigen Gespenster aus den Tiefen hochkommen, spüre ich eine wunderbare Elektrizität in der Luft, eine Aura von unglaublicher Intelligenz und Sensibilität. Während dieser kurzen Begegnungen fühle ich die Größe des Lebens und der Seele dieses Freundes.

Mir gefällt die Tatsache ganz und gar nicht, daß Wale gejagt werden, aber dann wieder denke ich oft, daß das wunderbare «Gleichgewicht der Natur» in Wirklichkeit darauf hinausläuft, daß jeder jeden zu fressen versucht. In gewisser Weise beneide ich die Bewohner der Azoren und die Eskimos, die Wale mit von Hand geschleuderten Harpunen von kleinen Booten aus jagen. Sie müssen gefährlich nahe an ihre Opfer heran; und wenn die Chancen für Jäger und Gejagte gleich stehen, dann müssen sie zu einer einzigartigen

Bruderschaft gegenseitigen Verständnisses zusammengeschweißt werden.
Ich schaue hinunter auf das Stück Walzahn, das an einer Schnur um meinen Hals hängt. Was ist mit diesem Erinnerungsstück? Zu einem kleinen Teil bin ich Cherokee-Indianer. Meine Gedanken wenden sich den Sitten und Gebräuchen meiner Vorfahren zu, die Verwendung von Schmuck, der sie mit ihren Gegenstücken in der Natur verband — Adlerfedern, Bärenklauen. Was könnte ich Passenderes tragen als ein Erinnerungsstück an den großen Geist des Meeres? Ist es Zufall, daß ich mich den Walen so verbunden fühle, daß ich den Schmuck ihres Todes trage und von ihnen auf die Probe gestellt werde? Oder hat das eine tiefere ... Nein. So was glaube ich nicht. Bei der unendlichen Anzahl von Ereignissen, die jede Sekunde passieren, müssen notgedrungen viele von merkwürdigen Umständen begleitet sein. Doch das Leben muß, ebenso wie mit Nahrung, mit tieferer Bedeutung versorgt werden, und Geschichten verleihen Ereignissen Bedeutung. Ich greife nach der einmaligsten, überraschendsten Erklärung: ein merkwürdiger Zufall, der auf ein Wunder hinausläuft. Ich brauche eine wundersame Geschichte. Kann ich aus diesem Kapitel meines Lebens eine Legende schaffen? Ist der Wal mein Totem, mein tierisches Gegenstück? Ist dies ein Test dieses Totems, ein Test des Wales in mir?
Drei Liter Wasser bleiben mir noch. Reicht das für weitere sechzehn Tage? Vielleicht kann ich etwas Regenwasser auffangen. Halte einfach zwanzig Tage durch. Solange das Floß nicht beschädigt wird, habe ich eine Chance.
Plötzlich durchschneidet eine Finne die Wasseroberfläche direkt vor dem Floß. Ich springe an die Öffnung, fummle mit einem Paddel herum, zur Abwehr bereit. Ich sehe die schlanke, kühle blaue Form unter mir kreuzen. Sie kümmert sich nicht um mich. Als die nächste Welle mir die Sicht nimmt, schießt die Form davon und verschwindet aus meinem Blickfeld. Der Fisch ist klein, eine Meeresrakete von vier Fuß Länge. Aus den Augenwinkeln sehe ich eine weitere Finne, die den Hang der nächsten Woge hinunterflitzt. Sie schießt diagonal auf mich zu und direkt vor mir vorbei. Es ist

kein Hai. Es ist ein Fisch. Ein Fisch! Es ist ein wunderschöner, köstlicher blauer Fisch, der reichlich Nahrung abgibt! Hastig durchwühle ich meinen Sack mit der Notausrüstung. Ich zerre die Harpune und den Pfeil heraus. Moment . . . und wenn es ein sehr kräftiger Fisch ist? Schnell ziehe ich ein Stück Leine durch den Harpunenhandgriff und mache es am Floß fest. Mein Magen knurrt. Vier Tage mit einem Pfund Nahrung. Ich zittere vor Erregung.

Ich muß die Wellen beobachten. Mit meinem Gewicht auf der tiefliegenden Seite könnte ein Brecher uns leicht kentern lassen. Gelegentlich muß ich auf die Luvseite zurückspringen und mich dort festklammern, bis die schäumende Eruption verebbt. Dazwischen beobachte ich die Goldmakrelen. Sie sind zwischen drei und vier Fuß lang und müssen ungefähr zwanzig bis dreißig Pfund wiegen. Ihre unbändige Kraft macht einen Fang schwierig. Auf den Kanaren erzählte mir ein Seemann von einer Goldmakrele, die das Cockpit eines Bootes zerschmettert hatte, die mit Bolzen befestigte Steuerradsäule eingeschlossen. Eine durchgehende Rückenfinne erstreckt sich von dem wuchtigen Kopf über den aquamarinblauen Rücken bis zu dem leuchtendgelben Schwanz. Ihre die Wasseroberfläche durchschneidenden Schwänze sind von weitem zu sehen, wenn ihre Leiber die Wellen hinabgleiten. Diese Fische sind weithin bekannt für ihre Schnelligkeit, Stärke und Schönheit — und für den guten Geschmack ihres Fleisches.

Nie zuvor habe ich einen dieser Fische gefangen oder auch nur zu Gesicht bekommen. Für *sie* stellt das Meer offensichtlich keine Bedrohung dar. Es ist ihr Zuhause, ihre Spielwiese. Einige kreuzen in einer Entfernung von ungefähr sechs Fuß, knapp außerhalb meiner Reichweite. Doch ihre Neugier treibt sie gelegentlich näher. Die Oberflächenbrechung erschwert das Zielen, und das schwankende Floß gibt eine armselige Schießunterlage ab. Meine wenigen Versuche gehen weit daneben. Der Hunger nagt weiter, als die Sonne versinkt.

Die nächsten beiden Tage bringen noch mehr Sonne, Wind, See und Goldmakrelen. Wie sie so in zehn Fuß weiten Bögen aus dem Wasser springen und seitlich wieder landen, sehen sie aus wie sehr lebhafte Wale. Ich würde regelrecht zu sabbern anfangen, wenn mein Mund ein bißchen mehr als klebrige Spucke zusammenbringen würde. «Kommt, meine Schönen, kommt doch noch ein bißchen näher», schmeichle ich ihnen. Doch wenn sie sich dann nähern, verfehlt mein Speer sein Ziel.

Mein Geist ergötzt sich an Phantasien über Essen und Trinken und wandert beständig zur *Solo* zurück, zu den vielen Pfunden an Früchten, Nüssen und Gemüse und den Wassergallonen in ihrem Inneren. Ich sehe mich, wie ich Schränke öffne und Lebensmittel hervorhole. Ich plane, wie ich die *Solo* hätte retten können, wie ich Vorräte umgelagert, Ballast über Bord geworfen und sie mitten im Ozean wieder aufgerichtet hätte. Und wenn wir nicht getrennt worden wären? Wenn wir die Kanarischen Inseln gar nicht verlassen hätten? Wenn . . . Hör auf! Sie ist weg. Konzentriere dich auf das *Jetzt,* auf das Überleben.

Erneut versuche ich es mit der Solar-Destillation. Der Ballon segelt voran und zieht den Beutel, in dem sich das Wasser sammelt, hinter sich her. Dadurch wird verhindert, daß das Frischwasser hineinsickert. Deshalb muß ich den Ballon häufig wegen einer kleinen Wassermenge leeren. Die gesamte Tagesausbeute beträgt einen Viertelliter. Die See schlägt weiter auf den Ballon ein, bis die Zapfen der Halteleine zerfetzt sind. Oft genug hole ich salziges Wasser heraus. Die Gier meines Körpers nach Wasser wächst. Ich würde alles für einen ausgiebigen Trunk geben, kann mir aber nur einen gelegentlichen Schluck leisten. Ich mache meine erste Dose mit Frischwasser auf. Bleiben noch fünf Dosen zu je einem halben Liter oder fünfzehn Überlebenstage, falls ich einen Fisch fangen kann, der meine Körperflüssigkeit ergänzt. Ansonsten bleiben mir vielleicht nur noch kümmerliche zehn Tage.

Wenigstens trocknen die Sachen, und ich kann nachts schlafen.

Ich flüchte mich in Träume. Jede Stunde werde ich wieder in meinem Gefängnis wach; der scheuernde Gummi reißt mir die Haare aus, meine ächzenden Gelenke sehnen sich nach einer Möglichkeit zum Ausstrecken.

Am 10. Februar, meinem sechsten Tag auf der Rettungsinsel, bläst ein steifer Wind, während der Atlantik weiterhin den «Shuffle» tanzt, eine Bezeichnung, die Matrosen für die allgemein wirren Wellenmuster des Atlantiks verwenden. Von Nordosten, Osten und Südosten tauchen Wellenkämme auf. Sie brechen sich an drei Seiten des Floßes und stürzen es in einen unaufhörlichen Rock-and-Roll-Tanz. Wenigstens treiben wir jetzt mehr in westlicher Richtung, direkter auf die Westindischen Inseln zu.

10. FEBRUAR
6. TAG

Aber im Gefolge einer guten Sache kommt stets eine schlechte. Eine erneute Reparatur des Bodens wird nötig; nach einigem Zögern verwende ich das letzte Flickzeug und schaffe es, die Lecks abzudichten. Ich fühle mich schwach. Der Destillationsapparat produziert nur versalzenes Wasser, und ich zwinge mich, täglich nicht mehr als einen Viertelliter meiner Reserve zu trinken. Die Goldmakrelen sind wunderschön, halten mich aber zum Narren, indem sie mit schnellen Ausweichmanövern knapp außerhalb meiner Reichweite bleiben.

Ein Fisch schwimmt ganz nahe vorbei, und ich schieße. Der Speer reißt an meinem Arm. Ein Treffer! Das Floß schwingt herum. Dann ist der Fisch plötzlich verschwunden. Der Silberpfeil baumelt schlaff am Ende seiner Leine, zu schwach, um den Fisch zu durchbohren.

Der Hunger wird mein Fett verzehren, dann meine Muskeln, dann meinen Verstand.

Ich beuge mich über die Schläuche und schaue tief ins Wasser hinunter. Da ist kein Fisch, kein Tang, nur leeres Blau. Habe ich meine einzige Chance verpaßt, zu Nahrung zu kommen? Sind sie weg? Plötzlich taucht vierzig Meter seitlich ein Schatten auf, gleitet mit unglaublicher Geschwindigkeit auf das Floß zu. Der beige, zehn Fuß lange Leib mit dem unverkennbaren breiten Hammerkopf sagt mir alles, was ich wissen muß. Menschenfresser. Keine Rückenflosse schneidet durch das Wasser. Der lange, schlanke Torso bedarf fast keiner Bewegung, um sich vorwärts zu schleudern. Mein Herz hämmert. Krampfhaft halte ich meinen Speer umklammert. Wenn ich schieße, werde ich den Pfeil

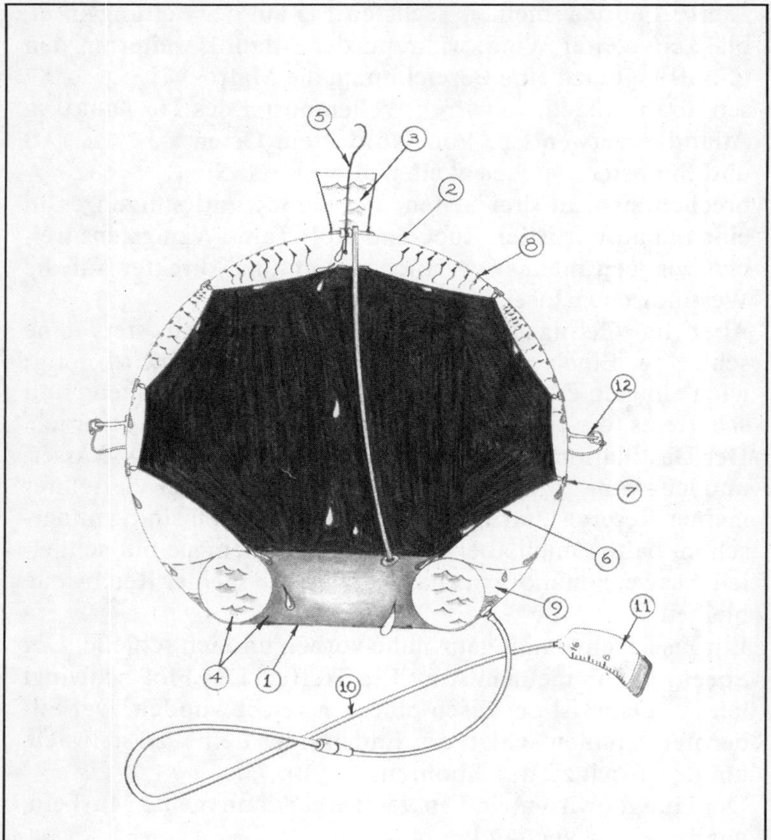

verlieren. Ich starre den Hai an, der dicht unter der Oberfläche unter mir durchgleitet. Er schlägt eine glatte, enge Kurve, kommt noch schneller zurückgekreist. Als würde ihn die Zentrifugalkraft beschleunigen, so schiebt er sich immer näher an das Floß heran. Mein Mund ist ausgetrocknet, meine Arme zittern; am ganzen Leib bricht mir der kalte Schweiß aus. Die Bestie vollendet einen Kreis, stößt gegen den Wind vor und verschmilzt wieder mit dem Blau, so schnell, wie sie aufgetaucht ist. Nie werde ich den Anblick

DER DESTILLATIONSAPPARAT. Die Geräte, die ich benutze, sind ausgemusterte Militärmodelle. Sie werden nicht mehr hergestellt, aber andere Geräte basieren auf einem ähnlichen Prinzip. Meine Destillationsapparate sollten ein tägliches Maximum von einem Liter Frischwasser produzieren, eine Überlebensration für zwei Tage. An wenigen guten Tagen habe ich neun Deziliter zusammenbekommen, oft genug bloß einen halben Liter.
Ein Bodentuch (1) läßt Meerwasser von außen durchsickern. In nassem Zustand ist es luftdicht und erlaubt, daß der Plastikballon (2) aufgeblasen wird. In das Reservoir (3) ganz oben wird Meerwasser gegossen. Die erste halbe Gallone fließt durch einen Schlauch in den Salzwasserballastring (4). Zusätzlich tröpfelt aus dem Reservoir Seewasser durch ein winziges Ventil. Eine Spannschnur (5) hält das Ventil offen und reguliert den Fluß. Vom Ventil aus tropft Seewasser auf einen schwarzen Stoffbausch (6). Der Bausch hängt an Befestigungsschlaufen von den Innenseiten des Ballons, die ihn von dem Ballon selbst fernhalten; andernfalls würde Salzwasser vom Bauch auf die Innenfläche des Ballons sickern und das Destillat verschmutzen. Der schwarze, dochtartige Bausch sättigt sich langsam mit Meerwasser. Ein Teil des Meerwassers verdunstet. Der Dampf, durch kleine Schlängelpfeile dargestellt, schlägt sich in Form von kleinen Frischwassertropfen (8) an der Innenseite des Ballons nieder. Von hier aus perlen die Tropfen nach unten zu dem Frischwasserreservoir (9) und dann weiter durch einen Schlauch (10) in den Sammelbeutel für das Destillat (11). Der Schlauch ist mit einem Kupplungsstück ausgerüstet, was das Entfernen des Beutels zum Zwecke des Entleerens erlaubt. Ein Taljereep (12) läuft um die Mitte des Destillationsapparates. Obwohl der Destillationsapparat für den Einsatz im Wasser entworfen wurde, muß ich meinen an Bord des Floßes betreiben.

vergessen. Wie oft werden sie kommen? Ich werde es nie wagen, das Floß schwimmend zu verlassen.
Ich denke an Gott. Glaube ich an ihn? Irgendwie kann ich mich nicht dazu bringen, die Vision eines übernatürlichen Wesens hinzunehmen, aber ich glaube an die den Dingen innewohnenden Wunder — Existenz, Natur, das Universum. Ich weiß nicht, wie diese Wunder wirklich funktionieren. Ich kann nur vermuten und hoffen, daß sie mich einschließen.

Nichts scheint auf eine Zukunft hinzudeuten. Der hufeisenförmige Rettungsgürtel scheuert an den Floßschläuchen. Ich pumpe sie bereits viermal täglich auf, um sie halbwegs prall zu halten. Jedes zusätzliche Gewicht kann die Katastrophe bedeuten. Ich beschließe, den Rettungsgürtel zu «Flaschenpost» zu verarbeiten, und schreibe Botschaften für meine Flaschen. Ich schneide den Rettungsring durch, wobei die Schaumstoffschnitzel wie Schnee um mein Floß herumsegeln, wickle meine verzweifelten Briefe in Plastiktüten und klebe sie an die Schaumstoffblöcke. «Lage schlecht, Prognose noch schlechter, geschätzte Position ... Richtung und Abdrift ... bitte benachrichtigen und alles Liebe ...» Ich werfe sie aufs Wasser und beobachte, wie sie Richtung Süden davonschwanken. Vielleicht entdeckt sie jemand. Falls die *Solo* sich noch über Wasser hält, können vier Überbleibsel von mir gefunden werden.

15. FEBRUAR
11. TAG

Mein elfter Tag auf dem Floß. Jeder Tag zieht sich in endloser Verzweiflung dahin. Stundenlang schätze ich meine Chancen ab, berechne die mir noch verbleibende Kraft, die Entfernung zu den Schiffsrouten. Die Rettungsinsel scheint sich ganz allgemein in gutem Zustand zu befinden, obwohl Wasser durch die Beobachtungsluke dringt, wenn sich in der Nähe Wellen brechen. Eines Nachts schießen wir die Front eines großen Brechers hinab, gleiten mehrere Sekunden lang auf der kochenden Schaumkrone dahin, als wären wir über einen Wasserfall gestürzt. Letzte Nacht wären wir ums Haar noch einmal gekentert. Alles ist durchtränkt. Heute jedoch streckt sich das Meer flach und heiß um uns herum. Die Sonne knallt auf die endlose Fläche dieser flüssigen Bratpfanne herunter, und die Sachen beginnen wieder zu trocknen. Die Sonne und die ruhige See sind mir sehr willkommen.

Bei nasser Haut reißen meine Verschorfungen ab. Wenn die Sonne scheint, werden die Wunden nach und nach heilen. Die meisten Salzwassergeschwüre sind verschwunden. Eine große Leere wühlt in meinem Magen, eine verkrampfte, unablässige Gier. Jede Nacht sucht mich das in meinen Träumen heim. Phantasien von Eiscremebechern mit heißen

Früchten und zahlreichen Eissorten wirbeln durch meinen Kopf. Letzte Nacht glaubte ich fast den Geschmack von heißen, gebutterten Weizenbiskuits auf der Zunge zu spüren, aber sie wurden mir in dem Moment entrissen, in dem ich erwachte. Und wie viele Stunden habe ich wieder in der *Solo* verbracht und Trockenfrüchte, Fruchtsäfte und Nüsse eingesammelt? Hunger ist eine Hexe, vor der es kein Entrinnen gibt. Ihr Fluch beschwört diese Visionen von Nahrungsmitteln herauf und vertieft den Schmerz. Ich überprüfe meine Vorräte. Eine Büchse Bohnen ist aufgeplatzt. Aus Angst vor Vergiftung wage ich sie nicht zu essen. Aber vielleicht sind sie doch in Ordnung. Los, schnell, schling sie runter, ich sag's dir! Die Büchse landet mit einem Klatschen, das mir durch und durch geht, im Wasser. Mir bleiben noch zwei Kohlstrünke und feuchte, in Gärung befindliche Rosinen in einer Plastiktüte. Die Strünke sind glitschig und schmecken bitter. Ich esse sie trotzdem.
Ein Schwarm kleinerer Fische taucht auf. Ungefähr dreißig Zentimeter lang, mit winzigen runden Mäulern und kleinen Flossen, die wie Hände oben und an den Seiten wedeln. Ihre großen, runden Augen rollen, während sie unter das Floß schießen und am Boden knabbern. Versuchen sie den Gummi zu fressen? Das müssen die zähhäutigen Horn- oder Drückerfische sein. Am Riff beheimatete Drückerfische fressen Korallen und werden für giftig gehalten, aber Überlebende haben oft genug auf dem offenen Meer diese Fische ohne bösartige Nebenwirkungen gegessen. Alles Eßbare wäre jetzt gut, alles, was das Knurren in meinen Eingeweiden stoppen könnte. Vielleicht drehe ich bald durch, esse Papier, trinke Meerwasser.
Auf Hochseetörns habe ich oft eine gewisse Schizophrenie bei mir festgestellt, obwohl mich das nicht daran hinderte, normal zu funktionieren. Ich sehe mich selbst in drei Grundpartien unterteilt; physisch, emotional und rational. Für einen Einhandsegler ist es ganz normal, mit sich selbst zu reden, eine zweite Meinung einzuholen, wie er ein Problem angehen soll. Man bemüht sich um die Denkweise eines anderen Menschen, um eine neue Perspektive und um sich selbst zu positiven Handlungen anzutreiben. Bin ich in

Gefahr oder verletzt, dann empfindet mein psychisches Ich Angst und mein physisches Ich Schmerz. Instinktiv vertraue ich auf mein rationales Ich, damit es das Kommando über Angst und Schmerz übernimmt. Diese Tendenz verstärkt sich mit zunehmender Länge der Reise. Die Grenzen zwischen meinem kommandierenden rationalen Ich, meinem verängstigten psychischen Ich und meinem verletzbaren physischen Ich werden immer enger. Mein rationaler Befehlshaber vertraut auf Hoffnungen, Träume und zynische Scherze, um die Spannung in meinem restlichen Körper abzubauen.

Ich schreibe in mein Logbuch: «Die Goldmakrelen bleiben in der Nähe, wunderschön und verlockend. Ich bitte eine, mich zu heiraten. Doch ihre Eltern wollen davon nichts wissen. Ich bin ihnen nicht bunt genug. Man stelle sich vor, Bigotterie selbst hier! Allerdings deuten sie auch an, daß meine Zukunftsaussichten nicht gerade glänzend sind. Ein recht vernünftiger Einwand.»

Beim Anblick der Fische krampft sich mein Magen noch mehr zusammen, aber es gelingt mir nach wie vor nicht, einen zu erwischen. Ich schaffe es, einen Drückerfisch aufzuspießen, aber er reißt sich wieder los. Ich bastle aus mehreren Angelhaken, weißem Nylongewebe und Aluminiumfolie einen Köder, dem ich zusätzlich noch ein kostbares Krümelchen Corned beef beigebe. Eine Goldmakrele schlägt blitzschnell zu und beißt die schwere Fangleine mühelos durch. Mit der aus seinem Maul baumelnden langen Leine ist der Fisch jetzt leicht zu erkennen. Ich habe keine verdrahtete Leitschnur, um diese Fische mit Haken und Leine zu fangen; mir bleibt also nur der Speer.

Endlich erziele ich einen Treffer. Der Pfeil bohrt sich in einen Fisch. Die Goldmakrele schlägt und peitscht wild um sich. Ich taste nach dem Pfeil, versuche die Spitze vom Floß wegzuhalten und den Fisch an Bord zu zerren. Gerade als ich ihn am Rand habe, befreit er sich mit einer letzten, wütenden Zuckung. Vielleicht kann ich noch zwanzig Tage ohne Nahrung überstehen.

Wenn Hunger eine Hexe ist, dann ist Durst ihr Fluch. Es ist ein saugender, peinigender Durst, der mich veranlaßt, auf jede verstreichende Minute zu lauern, bis zu meinem nächsten kleinen Schluck. An jedem der ersten neun Tage hatte ich lediglich eine Tasse Wasser. Die Tagestemperaturen liegen um die dreißig Grad. Stunden vergehen zwischen den einzelnen Schlucken. Um mich kühl zu halten und das Schwitzen zu reduzieren, gieße ich Meerwasser über mich. Der trockene Wind läßt meine Lippen aufspringen. An einem Abend fällt leichter Regen, aber das bißchen Feuchtigkeit verdunstet sofort wieder. Die Winde hier kommen auf langen Umwegen von Amerika. Erst blasen sie in nördlicher und östlicher Richtung, bis sie Europa erreicht haben. Dann schlagen sie einen weiten Bogen nach Süden und lassen unterwegs Regen ab. Wenn sie diesen Breitengrad hier erreicht haben, strömen sie, nachdem fast alle Feuchtigkeit aus ihnen gewrungen wurde, zurück nach Westen. Manchmal ist die Luft, die sie herantragen, so trocken wie die Sahara, über die sie noch vor kurzem hinweggestrichen sind. Es wird kaum Regen geben, bis die Winde sich durch die Verdunstung des Meeres wieder vollgesogen haben; von meiner Position aus wird das erst ein gutes Stück weiter westlich der Fall sein.

Bei meinem zweiten Destillationsballon entweicht die Luft, nachdem ihn die Wellen in der Mangel gehabt haben. Er hatte ohnehin nie richtig funktioniert. Was ist los mit den Dingern? Ich beginne mir Gedanken über eine Anlage an Bord zu machen — die große Schachtel, mit Dosen drin. Wenn ich das Wasser dazu bringen kann, aus den Dosen zu verdunsten, dann sammelt sich der Wasserdampf vielleicht an einer zeltartigen Abdeckung und tröpfelt in die Schachtel. Um mehr Hitze anzuziehen und die Verdunstungsoberfläche in den Dosen zu vergrößern, fülle ich sie mit zusammengeknülltem schwarzem Tuch aus einem der Solar-Destillationsapparate. Wenn ich so einen Apparat auseinandernehme, entdecke ich vielleicht den Fehler. Ich verliere einen Apparat, aber so nützen sie mir ohnehin nichts. Also schneide ich einen auf. Ich stelle fest, daß die Salzwasserverseuchung von dem schwarzen Tuch herrührt, das sich gegen die Seiten des Plastikballons drückt, wenn er nicht voll aufgeblasen ist. Übermäßiges Geschüttel in rauher See mag

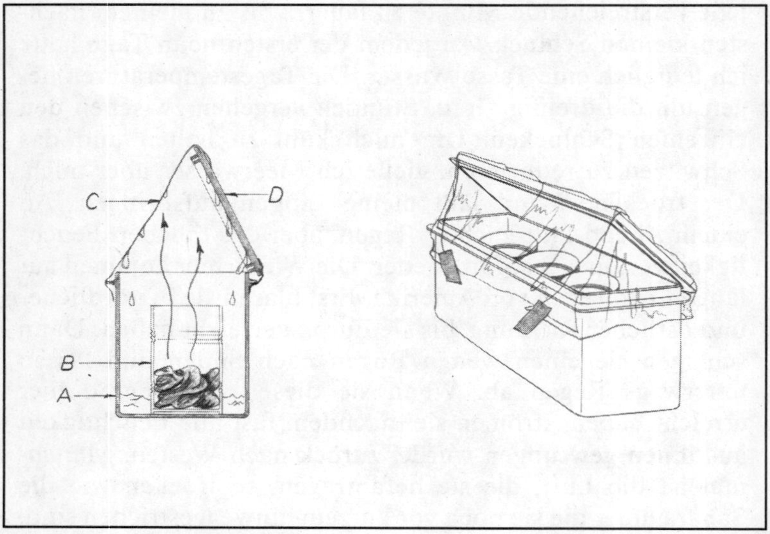

ebenfalls Salzwasser von dem dochtartigen schwarzen Tuch in das frisch destillierte Wasser sprühen. Ich muß sämtliche Löcher in den Ballons abdichten und sie stabilisieren.

Meine Bordanlage erweist sich als große Enttäuschung. Die Verdunstungsrate ist viel zu langsam und das System zu gut durchlüftet, als daß sich an der Absenkung Kondensat niederschlagen könnte. Endlich bringe ich den letzten Destillationsapparat in Gang, indem ich ihn so dicht am Floß festmache, daß er nicht von den Wellen herumgeschleudert werden kann; allerdings scheuert er am Gummi. Warum soll ich es nicht an Bord des Floßes probieren? Ich zerre das Ding an den Rand des oberen Schlauches und mache es an Ort und Stelle fest. Der Ballon fällt ein bißchen zusammen, hält sich aber ansonsten ganz gut; vor allem berührt der Docht nicht die Plastikhülle. Der Abfluß des destillierten Wassers verbessert sich dadurch ebenfalls, weil der Sammelbeutel herunterhängt, anstatt horizontal hinterherzutreiben. Ich beobachte, wie sich reine, klare, salzlose Tropfen zu sammeln beginnen und in den Beutel sickern. Es funktioniert! Und ich habe noch eine Reserve von drei halben Litern . . . viel-

Ich versuche ein Bord-Solar-Destillationsgerät zu basteln. Perspektivische Ansicht, *rechts*. Querschnitt, *links:* (A) Der Plastikbehälter. (B) Ich stelle drei leere Wasserdosen in die Schachtel. In jede Dose knülle ich ein Stück schwarzes Tuch von dem aufgeschnittenen Destillationsapparat und befeuchte es mit Meerwasser. Das Tuch sollte mehr Hitze aufsaugen und die Verdunstungsoberfläche vergrößern, als wenn lediglich Meerwasser in den Dosen schwappt. Theoretisch sollte Süßwasserdampf aufsteigen und sich an dem Plastikzelt niederschlagen, das ich vorn und seitlich (C) ebenso wie über den Schachteldeckel (D) geklebt habe, um dann an den Seiten herabzutröpfeln und sich unten auf dem Boden der Schachtel, um die Dosen herum, zu sammeln. Das Experiment ist ein totales Fiasko. Ich verfüge nicht über genügend Klebstreifen, um das Plastikzeltdach ordentlich an der Schachtel zu befestigen; außerdem klebt das Zeug nicht richtig an der glitschigen Schachtel. Eine übermäßige Durchlüftung des Destillationsgeräts verhindert deshalb, daß sich Feuchtigkeit ansammelt.

leicht kann ich es schaffen! Nach elf Tagen steigt neue Hoffnung in mir auf. Solange das Floß nicht auseinanderfällt und der Destillationsapparat funktioniert, kann ich weitere zwanzig Tage durchhalten. Das Floß ... Bitte, keine Haie. Mir jagen nicht nur ihre gezackten Zahnreihen Schrecken ein. Ihre Haut ist wie grobes Sandpapier; sie können meine Rettungsinsel allein dadurch zerfetzen, daß sie sich daran reiben.

In der heilenden Hitze der Sonne lege ich mich zurück. Ich habe Zeit im Überfluß, Zeit zum Nachdenken. Goldmakrelen und Drückerfische stupfen gegen den Floßboden. Kleine Entenmuscheln haben begonnen, sich daran festzusetzen. Die Drückerfische ernähren sich von ihnen. Keine Ahnung, weshalb die Goldmakrelen dagegen pochen. Ungefähr bei Anbruch der Dämmerung stoßen sie kräftig gegen jede Ausbuchtung, die von mir oder der Ausrüstung erzeugt wird. Als wären es Hunde, die bettelnd ihren Kopf unter meine menschliche Hand schieben, auf der Suche nach einem Brocken Fleisch, einem Kraulen hinter den Ohren oder einem Spielgefährten. Ich bezeichne sie als meine kleinen

Hunde. Die Drückerfische sind Butler; sie haben so einen steifen, zugeknöpften Ausdruck.
Die See liegt glatt und ruhig da. Wolken hängen bewegungslos im Himmel, als wären sie dort festgeklebt. Die Sonne knallt herunter und röstet meinen ausgetrockneten Körper. Das funktionierende Destillationsgerät liefert mir vielleicht gerade genug Wasser, damit ich die dreihundert Meilen bis zu den Schiffahrtsrouten durchstehen kann. Der Wind hat sich gedreht. Die Routen scheinen stets dreihundert Meilen entfernt zu sein. Während ich eindöse, jagen Phantasien durch meinen Kopf, wie ich von einem Schiff aufgenommen werde und im kühlen, grünen Gras am Teich beim Haus meiner Eltern liege.
Ein Rucken am Floß reißt mich aus meiner Benommenheit. Ich schaue hinunter. Eine flache, graue, rundköpfige Bestie scharrt mit ihrer Haut über den Boden, während sie träge herumschwingt, um einen neuen Anlauf zu nehmen. Es ist unglaublich, daß die Goldmakrelen und Drückerfische nicht vor dem Hai geflohen sind! Statt dessen scharen sie sich eng um ihn. Es sieht so aus, als hätten sie ihn zum Tee eingeladen. «Komm doch zu uns rüber, und koste mal von diesem großen, schwarzen Fladen.» Langsam schwimmt er zum Heck und verschwindet darunter. Er dreht sich, Bauch nach oben, und beißt in eine der Ballasttaschen; sein zuckender Drei-Meter-Torso läßt das Floß erbeben. Gesegnet seien diese Taschen. Er mag ein Loch in den Boden beißen, aber das sollte die Schläuche nicht beschädigen, zumindest jetzt noch nicht. Soll ich die Harpune abschießen und dabei das Risiko eingehen, den Pfeil zu verlieren? Direkt vor mir, knapp unter der Oberfläche, kommt der Hai wieder zum Vorschein. Ich drücke ab, und der Stahl prallt gegen seinen Rücken. Genausogut hätte er auf Stein treffen können. Mit einem schnellen Schwanzschlag gleitet er ohne übertriebene Eile davon. Lange bleibe ich auf Posten und halte Ausschau, bevor ich wieder zusammensacke; meine Gier nach Wasser ist stärker denn je.
Ich dachte, die Fische würden auseinanderflitzen und mich so auf einen Hai aufmerksam machen, aber jetzt weiß ich, daß ich mich bei Annäherung von Gefahr nicht auf sie ver-

Das Hämmern meines Herzens dröhnt über das stille schwarze Wasser zu den Sternen empor.

lassen kann. Ich sorge mich um die Gasflasche und den Schlauch, die das Floß zu Anfang aufgeblasen haben und die unter dem unteren Schlauch befestigt sind. Wenn dieses Schläuchlein durchgebissen wird, entweicht dann die gesamte Luft aus dem Floß? Wird die Flasche die Haie verlocken, in den Schlauch zu beißen, unter dem sie hängt? Sorgen, Sorgen, Sorgen. Mit schlimmsten Befürchtungen gehe ich jeden Abend zu Bett, und mit schlimmsten Befürchtungen erwache ich jeden Morgen. Wenn sich die Dunkelheit über mich senkt und ich langsam in den Schlaf hinübertreibe, sehne ich mich nach einem Ort, wo es keine Ängste gibt. Meine Wünsche sind ganz schlicht geworden und wiederholen sich ständig.

Die Rettungsinsel wird angehoben und zur Seite geschleu-

dert, als hätte der Stiefel eines Riesen dagegen getreten. Die scharrende Haut eines Hais läßt den Gummi aufquietschen, als ich aus dem Schlaf schrecke. «Bleib vom Boden weg!» schreie ich mich selbst an, während ich Kissen und Schlafsack dicht an die Öffnung heranziehe. Ich kauere mich so locker wie möglich darauf. Während ich in die Nacht spähe, packe ich die Harpune. Er befindet sich auf der anderen Seite. Ich muß warten, bis er sich der Öffnung nähert. Mit einem kurzen Aufwirbeln von phosphoreszierendem Feuer durchbricht eine Finne das Wasser und huscht hinter das Floß, zieht einen Bogen, um erneut zuzuschlagen. Ein Lichtschimmer im schwarzen Wasser zeigt mir, daß er direkt unter mir ist, und ich stoße zu. Nichts. Verdammt! Das Aufspritzen des Wassers reizt ihn vielleicht zu noch bösartigeren Angriffen. Wieder zerschneidet die Finne die Oberfläche. Mit einem kratzenden Schlag knallt der Hai gegen die Rettungsinsel. Wieder stoße ich auf das Flackern zu. Treffer! Das Wasser explodiert, die dunkle Finne zischt los, und dann ist er verschwunden. Wo ist er? Das Hämmern meines Herzens zerstört das Schweigen. Es schlägt über das stille, schwarze Wasser bis zu den Sternen hoch. Ich warte.
Ich trinke einen Viertelliter Wasser und baue dann mein Bett so um, daß ich beim ersten Schlag beim Eingang bereit sein kann. Stunden vergehen, bevor ich in unruhigen Schlaf sinke.
Zwei Tage lang komme ich unter dem brütenden Himmel nur langsam voran. Alle vierundzwanzig Stunden schaffe ich vierzehn oder fünfzehn Meilen. In meinem Inneren wütet und tobt der Hunger. Mein Mund brennt. Doch der Destillationsapparat produziert täglich etwas über einen halben Liter Wasser. Ich beginne meinen Vorrat wieder aufzustokken, während ich weiterhin zwischen Sonnenaufgang und Sonnenuntergang einen Viertelliter trinke. Die ruhige See wirkt sich auch vorteilhaft auf die Sichtbarkeit aus. Sollte ein Schiff in meine Nähe kommen, dann ist das leuchtende, orangefarbene Zeltdach leichter zu entdecken. Bei schönem Wetter sind jedoch auch Haibesuche häufiger. Bei diesem Tempo muß ich noch zwei Wochen Richtung Westen treiben, um die Schiffsrouten zu erreichen. Stundenlang brüte

ich über der Karte, schätze Minimum und Maximum an Zeit und Entfernung bis zu meiner Rettung ab.
In meinen bis jetzt dreizehn Tagen auf dem Floß habe ich gerade drei Pfund Nahrung zu mir genommen. Mein Magen besteht aus lauter Knoten, aber allmähliches Verhungern äußert sich subtiler als nur mit zunehmenden Schmerzen. Meine Bewegungen werden langsamer, erschöpfter. Das Körperfett ist verschwunden. Jetzt zehren sich meine Muskeln selbst auf. Visionen von Nahrung schlagen wie Peitschen auf mich ein. Darüber hinaus empfinde ich kaum etwas.
Mehrere Drückerfische nähern sich von achtern, während die Brise stärker wird. Sie kommen längsseits. Wieder ziele ich und drücke ab. Der Pfeil trifft und bohrt sich durch. Ich reiße den aufgespießten Fisch an Bord. Sein straffes rundes Maul stößt kleine Rülpser aus. Seine Augen rollen wild. Der steife, rauhe Leib kann nur protestierend mit den Flossen schlagen. Nahrung! Mit gesenktem Kopf singe ich: «Essen, ich hab' was zu essen.» Die Angelschnur um das Schnittbrettchen herum hat sich zusammengezogen und eine Vertiefung geformt. Ich zwänge den Drückerfisch unter die Schnur und versuche ihn mit meiner Signalpistole bewußtlos zu schlagen. Es ist so, als würde man auf einen Pflasterstein hauen. Kräftige Stöße mit meinem Messer durchdringen schließlich die gepanzerte Haut. Die Augen blitzen, die Flossen schlagen wie verrückt, er stößt krächzende Laute aus, dann endlich ist er tot. Tränen treten mir in die Augen. Ich weine um meinen Fisch, um mich, um das Stadium meiner Verzweiflung. Dann stürze ich mich auf das bittere Fleisch.

DIE MACHT DER TRÄUME

17. FEBRUAR
13. TAG

MEIN DRÜCKERFISCH ähnelt mehr einem Rhinozeros als einem Butler. Ein dicker, horniger Knochen ragt aus dem Rücken. Ich hämmere auf den Griff meines scharfen Messers und treibe schließlich die Spitze durch die Haut, die so zäh wie Rindsleder ist, mit einem sehr rauhen Überzug, der wie gestoßenes Glas aussieht.

Ich grabe mein Gesicht in das rohe, feuchte Fleisch, um das bräunlichrote Blut herauszusaugen. Intensive, widerliche Bitterkeit füllt meinen Mund, und ich spucke aus. Zögernd nehme ich ein Auge in den Mund, zermalme es mit den Zähnen und fange an zu würgen. Kein Wunder, daß sich selbst Haie von diesem Fisch fernhalten.

Wegen seiner zähen Haut muß das kleine Meeresrhinozeros von außen nach innen gesäubert werden — gehäutet, zerlegt, ausgenommen. Meine Zähne reißen an einem bitteren, fasrigen Fischfilet, zäh wie die sprichwörtliche Schuhsohle; die andere Seite hänge ich zum Trocknen auf. Die Organe, vor allem die Leber, sind die einzigen genießbaren Brocken, die ich entdecken kann. Ich denke an einen Filmtypen, der sich anfangs als verschrobener alter Furz gibt, gegen Ende zu aber verstanden und geliebt wird. Ich habe die scheußliche, zähe Fassade des Drückerfisches durchbrochen, um dahinter sein schmackhaftes Innenleben zu entdecken.

Als kleiner Junge in Massachusetts erlebte ich einen Hurrikan, der über das Land tobte. Ich erinnere mich an dicke Eichen, die wie Grashalme im Wind schwankten. Mein Bruder hatte ein massives Baumhaus hoch oben auf einem Ast gebaut. Der Sturm riß es in Stücke. Die Kraft des Sturmes war ehrfurchtgebietend, aber ich hatte von stärkeren Kräften gehört, von Atomkraft, die diesen Sturm bei weitem übertraf. Ich versteckte darauf in meiner Schublade fünf Dollar, ein Klappmesser, Angelschnur und verschiedenes Zubehör. Wenn die Katastrophe kam, dann würde ich bereit sein.

Falls jemand überleben würde, dann ich. Das sind die unsterblichen Phantasievorstellungen der Jugend.
Das bißchen Nahrung hilft meinen Knochen wenig, die zwischen meinen verkümmerten Muskeln herauszuragen beginnen. Schwerer noch wiegt die umfassende Leere in meiner Seele. In dieser Welt bin ich ein schlecht angepaßter Eindringling, und ich habe einen ihrer Bewohner getötet. Für mich mag der Tod schneller, unerwarteter, ja vielleicht sogar auf natürlichere Weise kommen als für diesen Fisch. Mein geschwächtes physisches Ich und mein verängstigtes psychisches Ich befürchten das. Mein starkes rationales Ich anerkennt, daß es sich dabei um einen simplen Akt der Gerechtigkeit handeln würde. Während ich die süße Leber schlucke, suche ich die Wasserwüste nach einem Erlöser ab. Ich bin ganz allein.
Ein grauer, bedeckter Himmel spiegelt sich in einer ruhigen, öden See. Die gestrige Sonne erlaubte dem Destillationsapparat, über einen halben Liter Frischwasser herbeizuzaubern. Diese Magie wird heute weniger wirksam sein. Wolken dämpfen die sengende Sonne, verhindern aber auch maximale Wasserproduktion. Das Leben steckt voller Paradoxa. Weht ein scharfer Wind, dann bewege ich mich flott auf mein Ziel zu, aber ich bin naß, mir ist kalt, ich habe Angst und laufe ständig Gefahr zu kentern. Ist es ruhig, dann trocknet alles, meine Wunden heilen, und das Fischen fällt leichter, aber meine Fahrtdauer nimmt zu, und die Gefahr von Haibegegnungen vergrößert sich. Auf einer Rettungsinsel gibt es keine guten Bedingungen und keine bequemen Lagen, in denen man ruhen könnte. Es gibt nur schlecht und schlimmer, unbequem und weniger unbequem.
Schnelle, harte Schläge hämmern gegen meinen Rücken und meine Beine. Es ist kein Hai, sondern eine Goldmakrele. Es überrascht mich nicht. Ihr Stupfen ist selbstbewußter geworden, fast gewalttätig, wie ein kurzer Haken eines Boxers. Wieder und wieder stoßen sie an den Stellen zu, wo irgendwelche Gewichte den Boden durchdrücken. Vielleicht fressen sie die Muscheln. Die Ausbuchtungen machen es ihnen leichter, an die kleinen Fleischklümpchen heranzukommen, die unter mir zu wachsen begonnen haben.

Ich habe meine Ziele so oft verfehlt, daß ich mir mit dem Schießen Zeit lasse. Wumm, wumm — es ist eine verdammte Plage. Die Goldmakrelen kreisen vorn herein und schlagen einen weiten Bogen um das Floß, als wären sie eine Bomberstaffel. Ich kann mich nicht aufstellen und gleichzeitig die Harpune bereithalten, also knie ich mich hin und warte auf meine Chance, wenn sie sich dann endlich ganz nähern. Sie flitzen vorne wieder heraus, seitlich — zu weit, zu tief.
Lässig ziele ich mit der Harpune in die allgemeine Richtung des Schwarmes. «Da, nimm das!» Peng. Der Fisch bleibt verblüfft im Wasser liegen. Ich bin ebenfalls verblüfft. Ich hieve ihn an Bord. Sein peitschender Schwanz wirbelt Schaum, Wasser und Blut auf. Sein keulenartiger Kopf zuckt krampfhaft. Ich muß meine ganze Kraft darauf konzentrieren, zu verhindern, daß die Speerspitze mein aufblasbares Schiffchen aufreißt, als der schwere Leib wild durch die Gegend schnalzt. Ich stürze mich auf ihn und presse seinen Kopf auf das Sperrholz, das mir als Schnittbrett dient. Ein großes, rundes Auge glotzt mich an. Ich fühle seinen Schmerz. Im Handbuch steht, man soll gegen die Augen drücken, um den Fisch zu lähmen. Die Wut meines Gefangenen nimmt zu. Zögernd stoße ich mein Messer in die Augenhöhle — noch mehr Wut. Er beginnt sich loszureißen. Paß auf die Speerspitze auf. Für Mitgefühl ist jetzt keine Zeit. Ich fummle mit dem Messer herum, stoße es in seine Seite, wühle darin herum, finde das Rückgrat und breche es. Sein Leib erzittert; der Tod macht seinen Blick stumpf. Ich falle zurück, behalte meinen Fang im Auge. Sein Leib ist nicht länger blau wie im Meer. Statt dessen hat sich mein kostbarer Schatz silbern verfärbt.
Ein Höllenlärm tobt nun um das Floß. Ich habe oft bemerkt, daß Fische pärchenweise schwimmen. Die Gefährtin meines Opfers schlägt mit ungemildeter Wut zu. Drei Stunden lang versuche ich die schmerzhaften Schläge zu ignorieren, während ich meinen Fang säubere.
Ich schneide das Fleisch in ungefähr fünfzehn Zentimeter lange Streifen; dann bohre ich Löcher hindurch und fädle sie auf einer Schnur zum Trocknen auf. Am Abend werfe ich Kopf und Knochen so weit weg, wie ich nur kann, und

wasche hastig die blutgetränkten Schwämme aus. Haie können ein Teil Blut auf Millionen Teile Wasser entdecken, so, als würde man ein ganz bestimmtes Steak zwischen allen Dinnerplatten Bostons wittern.

Schließlich haben sich dreißig Fische als nächtliche Eskorte eingefunden. Sie hämmern gegen das Floß wie ein haßsprühender Lynchmob. Lautloses Gemurmel dringt an mein Ohr. «Für den Mord wirst du bezahlen, Mensch.»

Ich schreie zurück. «Laßt mich in Ruhe, warum könnt ihr mich denn nicht in Ruhe lassen?» Wieder und wieder lade ich meinen Speer, spanne den mächtigen Gummizug und feure blindlings mitten in den Schwarm unter dem Floß. Viele bekommen einen Streifschuß ab. Meine Arme werden müde. Die Stelle an meiner Brust, gegen die ich den Harpunenkolben während des Spannvorgangs presse, ist wund. Doch ein einzelner Fisch läßt sich nicht verjagen und hämmert bis spät in die Nacht hinein gegen mein Floß. Mechanisch esse ich ein Stück ihres Gefährten, während ich zusehe, wie der Fisch im klaren Wasser herumwirbelt, um wieder und wieder zuzuschlagen. Das Fleisch ist nicht so köstlich, wie ich es mir vorgestellt hatte.

Der Morgen bringt jedoch eine Geschmacksveränderung. Das Fleisch ist jetzt ausgezeichnet, schmeckt ähnlich wie Schwertfisch oder Thunfisch. Vielleicht muß es erst ein bißchen abhängen. Es verdient eine bessere Zubereitung, als es mir möglich ist, ein bißchen Knoblauch und Zitrone und eine anständige Küche. Es fällt schwer, mit dem Essen aufzuhören, aber ich muß. Es kann lange dauern, bis ich wieder einen Fisch fange.

18. FEBRUAR
14. TAG

Ich bin tausend Meilen von jeglicher Gesellschaft, von Geld und Luxus entfernt, und doch fühle ich mich reich. Fünfzehn Pfund roher Fisch baumeln an Wäscheleinen, die ich auf einer Seite des Floßes gespannt habe. Ich bezeichne die Ecke als den Metzgerladen. Der Solar-Destillationsapparat beginnt vom Kondensat zu glitzern, kleine Münzen, die diesem Bettler von der aristokratischen Sonne hingeworfen wurden. Es ist nicht viel, aber die Auswirkungen auf mein mageres Proviantlager sind gewaltig. Langsam baue ich mir ein Heim aus dieser Ansammlung von Gummi, Stricken und Stahl. Mein Blick konzentriert sich nicht auf unmittelbare Gefahren, sondern auf langfristiges Überleben. Mein Hunger ist gestillt, mein Durst erträglich. So kann ich mindestens zehn Tage durchhalten, genug, um die 220 Meilen zwischen mir und den Schiffsrouten zurückzulegen. Ich kann mich vom Fischen erholen. Die Löcher in meinen Knien und meiner Rückseite sind vielleicht ausgeheilt, wenn ich die Routen erreicht habe, so daß ich besser Ausschau halten kann. Wer würde glauben, daß ich, ein ungeduldiger Mann, der sich ständig über irgendwas beklagt, einen Klumpen rohen Fisch und einen halben Liter Wasser als Reichtum betrachten könnte?

Wie ein Fischauge spiegelt der glänzende Plastikballon den bleichen Himmel wider, der über dem Heck herausdämmert. Langsam beschlägt sich das klare Plastikmaterial des Destillationsapparates mit Kondensat und beginnt dann seinen Nektar abzutropfen, tropf ... tropf ... tropf. Ich sinniere über meine Zukunft.

«Wenn ich heimkomme, werde ich ... werde ich ... werde ich ...»

Ich bin schon immer ein Träumer gewesen. Mit vier Jahren schenkten mir meine Eltern ein Spielzeugschloß mit leuchtend rot und blau uniformierten Soldaten. Ihre Lebensfäden lagen in meiner Hand. Ich konnte Männer sterben lassen und sie anschließend wieder ins Leben zurückbefördern. Ich konnte sie zu Bettlern oder zu Königen machen. Ganz gleich, wie die Chancen standen, meine Helden konnten siegen oder ehrenvoll sterben.

Ich lasse die Zugbrücke zu den Kindheitserinnerungen herab. In jenen Zeiten mußte ich ein Mittagsschläfchen halten. Ich lag auf meinem Bett und starrte den durch das Fenster eingerahmten gelben Sommer an. Sonnenstrahlen streiften den Raum, in denen Staubpartikel unsichtbaren Strömungen folgten, bis sie im Schatten verschwanden. In jedem Fleck erkannte ich die ganze Welt. Jahre später hörte ich von Atomen, viel zu klein für das menschliche Auge. Eine Galaxis mochte in einer noch gigantischeren Welt ein Elektron sein. Nichts war unmöglich. Wenn man es sich vorstellen

konnte, dann existierte es auch. Schöpfungen des Geistes sind nicht an physikalische Gesetze gebunden.
Die physische Schöpfung schon. Ich hätte gern meine Angst begraben, aber das ist schwer, wenn man sie nicht mit Aktivität zudecken kann. Wenn ich überleben will, dann muß ich so viel Energie wie nur irgend möglich sparen. Jede Bewegung verbrennt mehr Treibstoff in dem Motor meines Körpers. Dampf steigt von meiner trockenen Haut auf. Ich kümmere mich um die Destillation und halte nach Schiffen Ausschau. Wenn die richtige Zeit gekommen ist und die Sache erfolgversprechend erscheint, werde ich wieder fischen. Die restliche Zeit sitze ich still da und versuche mich abzulenken. Ich arbeite Entwürfe aus für Schiffe und Rettungsinseln, die ich nach meiner Rückkehr nach Maine in meinem warmen, trockenen Büro vollenden werde. Notizen über Sicherheitssysteme, Kreuzfahrtboote, geschäftliche und private Ziele, alles findet seinen Weg in mein Logbuch. Oft sehe ich mich selbst als Makler für den Handel mit Zukunft.
Es tröstet und beruhigt mich, über die vielschichtige Realität nachzudenken. Die heißen Weizenbiskuits gestern nacht waren fast so gut wie echte Biskuits. Ich beginne den Traum vom Essen zu lieben, anstatt die verführerische Vision zu hassen. Im Traum komme ich der Sache am nächsten, und Speis und Trank nahe zu sein ist besser als gar nichts.
Ich lebe sowohl in der Wirklichkeit als auch im Traum. Ich bin nun von wilden Welten umgeben: der Vergangenheit, der Gegenwart, der Zukunft; dem Bewußten und dem Unbewußten, dem Greifbaren und der Phantasie. Ich versuche mich davon zu überzeugen, daß lediglich die Gegenwart höllisch ist, daß all die anderen Welten unberührbar sind, sicher vor jeder Gefangenschaft. Ich wünsche mir verzweifelt, diese anderen Welten vor Schmerz und Depression zu bewahren, damit ich mich zu ihnen flüchten kann, wenn mir danach zumute ist. Meine eigene Propaganda ist berauschend, aber ich kenne die scharfen, durchdringenden, beherrschenden Qualitäten der Realität. Steven Callahan kann nicht einfach auf und davon fliegen. Heute läuft alles glatt, aber morgen schon können sich die Wellen brechen, meinen Unternehmungsgeist vernichten und meine Träume fortspülen.

Als der Himmel dunkler wird und die Dämmerung über das Wasser fällt, kommen sie. Meine Füße, mein Hinterteil und meine Arme werden durchgeprügelt, als würde ich von einer Gangsterbande zusammengeschlagen. Eine Weile halte ich mir die Goldmakrelen mit dem Speer vom Leib, doch sie kommen immer wieder. Sie schlagen unermüdlich zu, und es werden immer mehr.
Sie sind hinter mir her. Wenn ich ins Wasser falle, werden meine Hündchen mich verschlingen. Visionen von Hitchcocks *Die Vögel* wirbeln mir durch den Kopf. Vielleicht haben die Fische der Welt ein Konzil abgehalten, haben den unersättlichen Appetit der Menschen und die Ausbeutung der Meere verdammt. Die Menschheit hat das gerechtfertigt, indem sie es als Nutzbarmachung von Ressourcen durch eine überlegene Rasse bezeichnet. Die Geduld der Fische mit diesem Egoismus ist nun am Ende angelangt. Ich sehe sauber abgenagte Matrosenskelette vor mir, deren leere Augenhöhlen zu der flackernden Oberfläche hochstarren, während sie in die dunklen Tiefen versinken. Warum tun die Goldmakrelen das? Warum befinden sie sich in einer derartigen Raserei? Wie können simple Fische dermaßen erschreckend sein?
Die Welt zieht sich die Nachtdecke über. Die Fische gehen schlafen. Ich kann den ganzen Schwarm sehen, dreißig bis vierzig Goldmakrelen, die sich dem sanften Tempo des Floßes angepaßt haben. Sie glänzen wie Silberplatten auf schwarzem Samt. Einige schimmern zu mir hoch, winken aus mehreren Faden Tiefe. Sie warten auf das Licht, auf die nächste Runde nach Anbruch der Morgendämmerung, auf die Jagd des Tages nach fliegenden Fischen. Ich schließe die Augen und lasse mich an andere Orte treiben.
Wumm! Ein gewaltiger Schlag gegen meinen Rücken. Klatschende Schläge rasen wie Maschinengewehrfeuer über den Boden des Floßes. Gummi quietscht, die Rettungsinsel wird vollständig aus dem Wasser gehoben und kracht wieder zurück. Haiattacke! Mit der Waffe in der Hand springe ich zum Eingang. Das Klatschen stammte von einer Goldmakrele; der Hai muß sie unten am Boden festgenagelt haben. Nun vergißt er den Fisch, packt das Floß und reißt es an

einer der Ballasttaschen auf der anderen Seite herum. Ich komme nicht an ihn ran, ohne zu riskieren, dabei über Bord zu fallen. Warte, du mußt warten. Ein scharrender Schlag von der Backbordseite. Du mußt warten! Draußen ist es pechschwarz, ich kann nichts erkennen. Da ist er. Ein Stoß — Treffer! Er rast davon, wendet, greift an. Ein weiterer schwerer Schlag reißt mich von den Knien. Ich warte — verflucht! Er scharrt über den Boden auf mich zu. Stoß — Treffer! Wieder kocht das Wasser, als er wendet und mich umreißt. Schweinehund! Warte .. Finsternis, Stille. Ich zittere am ganzen Leib; ich greife zur Wasserflasche und nehme ein paar kleine Schlucke. Eine Stunde lang zucke ich bei jedem Wasserklatschen oder Gummigeräusch zusammen, bereit, einen erneuten Angriff abzuwehren. Wenn ich das nur schon hinter mir hätte . . . Wenn nur . . .

Ist es erst einen halben Tag her, daß ich mich so zuversichtlich fühlte, daß ich davon überzeugt war, die Realität wäre nur ein kleiner Teil meines Lebens und die Phantasie könnte mir Sicherheit geben? Jetzt hat es den Anschein, als würde die ganze Wirklichkeit aus rasiermesserscharfen Zähnen und langsam austrocknenden, tiefen, offenen Wunden bestehen. Ich kann diesem scheußlichen Zustand nicht entrinnen, nicht einmal in meinen Träumen. Wie dürftig doch meine Chancen *tatsächlich* sind. Vielleicht sollte ich einfach aufgeben, anstatt diesen sinnlosen Kampf fortzuführen.

Ich kämpfe gegen die Vision von vierzehnhundert Meilen Wasserwüste an, die mich von der ersten Oase trennen. Ich versuche meine Angst vor den Angriffen der Haie zu verdrängen. Ich kämpfe dagegen an, daß ich es so satt habe, ewig das Floß aufzupumpen, und lenke meine Nerven von den brennenden Schnitten ab, die ich auf Rücken und Knien habe. Erschöpft versinke ich eine weitere Stunde in Schlaf. Wieder werden meine Träume vom Klatschen einer Goldmakrele gestört. Ich packe die Harpune und reiße die Zeltklappe auf. Kein Angriff. Das Meer liegt ruhig da. Mein Blick fängt funkelnde Lichter am schwarzen Horizont ein. Ein Schiff!

Es schaut aus, als würde es mir geradewegs über den Bug fahren, vielleicht vier Meilen entfernt. Ich wühle nach meinen Leuchtsignalen und der Pistole. Ich lege eines der fetten, roten Babies ein und schließe die Kammer. Dann flüstere ich ihr zu: «Laß mich jetzt nicht im Stich», stelle mich auf und richte den dicken Lauf gen Himmel. Ich drücke ab. Eine orangefarbene Sonne explodiert im Himmel, stößt Rauch aus und beleuchtet mit sanftem Schein einen kleinen Fallschirm, während sie aufs Meer niederschwebt. Sanft schwingend fällt ein Lichtkreis auf das trübe Wasser zweihundert Fuß tiefer.

Die Lichter des Schiffes sind nähergekommen. Ich brülle und johle. «Sie haben mich gesehn!» Ich warte und laße dann das Leuchtsignal Nummer zwei steigen. Meine Stimmung sprüht zusammen mit dem Licht. Meine geschwächten Beine beginnen zu tanzen. Ich beobachte, wie sich das Schiff nähert. Keine Haie mehr! Nach Hause! Frische Goldmakrelen, Königin der Meere, für die ganze Mannschaft! Ich ducke mich und beginne unter der Abdeckung Messer, Wasser und Vorräte in den Seesack zu werfen. Vielleicht nimmt das Schiff meine Rettungsinsel nicht mit. Zumindest will ich meine Ausrüstung behalten: die einzigen materiellen Dinge — die mir auf dieser Welt geblieben sind. Welch eine Erleichterung, nicht mehr daran denken zu müssen, Wasser nur in winzigen Schlückchen zu trinken. Ich nehme ein paar kräftige Schlucke, während ich hinausblicke.

Ein feiner Nebel senkt sich herab. Das Schiff nähert sich mir aus südlicher Richtung. Eine funkelnde Backbordseite und eine hell erleuchtete Brücke sprechen von Wärme und menschlicher Gesellschaft. Gerettet! Vierzehn Tage — und jetzt bin ich gerettet! Ich feuere ein dritte Leuchtrakete ab. «Hier bin ich», schreie ich. Visionen meiner Rettung rasen durch meinen Kopf . . .?»

«Wohin wollen Sie?» erkundigt sich der bärtige Kapitän.

«Sieht so aus, als hätten wir das gleiche Ziel.»

«Ha, schätze, das dürfte zutreffen! Gibraltar ist unser nächster Stopp.»

Ich präsentiere ihm die aufgefädelten Fischstücke. «Tut mir leid, daß ich sie so zerhackt habe. Hätte ich geahnt, daß Ihr zum Dinner reinschaut, dann hätte ich sie zu ordentlichen Steaks geschnitten.»

«Ich muß mich um meine Pflichten kümmern. Ruhen Sie sich erst mal aus, ich sehe Sie dann auf der Brücke, wenn Ihnen danach ist.»

«Ich müßte mich recht schnell erholen. Vor meiner Abfahrt war ich in ziemlich guter Verfassung.» Ich lege eine Pause ein und denke nach. «Ich habe verdammtes Glück gehabt, nicht wahr? Nicht wahr? . . .»

Die Phantasievorstellung weicht zurück, als ich ein Handleuchtsignal abbrenne. Meine unmittelbare Welt ist taghell erleuchtet. Meine Fischeskorte läßt sich mühelos im Wasser erkennen. Ihre Leiber gleiten mit leicht schlängelnden Bewegungen dahin: Anscheinend ist ihnen nicht bewußt, daß ihr Begleiter bald verschwunden sein wird. Bei derart glatter See und ausgezeichneter Sicht muß mich die Wache auf dem nur eine Meile entfernten Schiff sehen.

Der Bug des Schiffes schiebt sich weiterhin zielbewußt auf die Morgendämmerung zu. Das Kielwasser glänzt unter dem nach achtern fallenden Schein der Kabinenlichter. Ein schnurgerader, schäumender Pfad, das Dröhnen der Maschinen, dahinter eine langgezogene Rauchwolke. Der Dunst senkt sich jetzt schwer herab, geht fast schon in einen leichten Regen über. Mein erregt hämmerndes Herz hat die Kälte abgewehrt. Mein sinkender Enthusiasmus läßt zu, daß mir die Kälte unter die Haut kriecht. Dunkle Wolkenbänder werden von der dicht unter dem Horizont stehenden Sonne erleuchtet. Ich brenne ein weiteres Handsignal ab, bin immer noch zuversichtlich, daß man mich gesehen hat. Wellen vom Kielwasser des Schiffes, die ich stehend ausbalanciere, rütteln mein Floß durch. Gleich wird es beidrehen und sich von der Luvseite her nähern. Das Leuchtsignal brennt in meiner Hand zu einem Stück glühender Asche nieder, und ich werfe es weg; es klatscht zischend und rauchend auf und versinkt dann in der Tiefe.

Ein leichter Dieselgeruch liegt in der Luft. Vielleicht bleibt mir noch eine letzte Chance. Vielleicht steht jemand auf dem Achterdeck. Ich schieße ein viertes Fallschirmsignal ab. Dann sacke ich zusammen. Sie haben mich nicht gesehen.

Narr, Narr, verdammter Narr! Du hast sechs Leuchtsignale verschwendet, zähl sie doch, sechs, du Trottel! Die Wasserflasche zeigt, daß du einen halben Liter von dem mühsam errungenen Vorrat hinuntergestürzt hast. Du warst zu übermütig; du warst verschwenderisch; du hast Traum mit Realität verwechselt.

Ein eisiger Nieselregen trifft meinen Leib, während ich dastehe und den Horizont beobachte, bis nur noch ein winziger Rauchfetzen zu sehen ist. Mir hätte klar sein müssen, daß ich nicht vom ersten vorbeifahrenden Schiff gerettet werden würde. Die Baileys mußten bis zum achten Schiff warten. Es ist nicht gut, alles auf einen Scheck zu setzen, der angeblich mit der Post kommen soll. Ich werde erst dann gerettet sein, wenn ich ein Stahldeck unter meinen Füßen spüre.

Dougal Robertson schreibt, man solle sich nicht auf Schiffe verlassen. «Rettung wird als willkommene Unterbrechung . . . des Überlebenstörns kommen.» Verfluchte Untertreibung, typisch britisch! Wüten und Toben ist eher mein Stil! Nach einigen Minuten ist mein irisches Feuer so abgekühlt und abgesoffen wie das tote Leuchtsignal, das nun eine Meile unter mir schwimmt.

Es könnte schlimmer sein, denke ich mir. Vielleicht hat er mich gesehen und funkt um Luftunterstützung. Ich schalte mein Notfunksignal an. Ich bezweifle, daß ein Flugzeug auftauchen wird, aber vielleicht bin ich den Schiffahrtslinien näher als erwartet.

19. FEBRUAR
15. TAG

Meine Stimme reicht für ein bißchen Zynismus aus, auch wenn ich nicht lächle. Ich mache mich über mich selbst lustig — kein Kaffee zum heutigen Frühstück; scheußliche Sache.

Kommt die Rettung vor dem nächsten Haiangriff? Hoffnungen. Hoffnungen. Aber ich sehe der Tatsache ins Auge, daß ich höchstwahrscheinlich weitere Haie abwehren muß. Seit dem Verlust der *Solo* habe ich Energie zu sparen versucht, aber die in meinem Kopf herumwirbelnden Gedanken erschöpfen mich. Ich bin mir nur zu bewußt, wie stark meine Gedanken mit Klischees angereichert sind, die Art von Klischees, die man bei einem ums Überleben Kämpfenden erwarten würde. Da sind die an den ganzen Kosmos gerichteten Versprechungen, daß ich von nun an ein guter Mensch sein werde, wenn ich nur diesem Schlamassel entrinne. Da sind die ständigen Träume von Essen und Trinken, die schmerzende Einsamkeit, die Furcht. Nur zu gern würde ich meine Situation beherrschen, mich erhabenen Gedanken hingeben, heroisch Schmerz und Angst vergessen und alles unter Kontrolle haben. Vielleicht existiert diese Art von Heldentum nur in Romanen. Falls mir irgendeine Erleuchtung gekommen ist, dann die, daß der Geist des Menschen von seinen kleinen Wehwehchen und Schmerzen dominiert wird. Wir möchten glauben, daß wir mehr sind als das, daß wir unser Leben mit unserem Intellekt kontrollieren. Aber jetzt, wo keine Zivilisation die Sache vernebelt, frage ich mich, bis zu welchem Grad der Intellekt vom Instinkt kontrolliert wird. Ich wuchs mit der Vorstellung auf, ich könnte alles tun, alles sein, alles überleben. Ich möchte es glauben, möchte versuchen, es zu glauben.

Als ich am fünfzehnten Tag an meinem morgendlichen Mahl knabbere, beginnt der Kampf mit den Goldmakrelen von neuem. Ihre mächtigen Kiefer schnappen nach meinen Händen und Füßen. Ich versuche mich auf meinem Kissen zusammenzurollen, um die Stöße zu dämpfen; gelegentlich vertreibe ich sie. Als Tageslicht den Himmel hell überzieht, schießen sie davon, um zu jagen, kehren aber ab und zu zurück, rotten sich mit anderen zusammen und hämmern gegen das Floß. Fliegende Fische brechen in einiger Entfernung aus dem Wasser. Mehr als hundert Meter segeln sie flach über das Wasser, drehen sich in diese und jene Richtung; ihre Flügel legen sich in die Kurven, und ihre Schwänze wirbeln wie kleine Propeller. Goldmakrelen rasen los und springen hinter den Fliegern her, die ihre Lieblingsbeute sind, oder sie schnellen einfach nur zum Vergnügen im hohen Bogen aus den Wellen. Bei Sonnenuntergang kehren sie zu meinem Floß zurück, als wäre das der Klassentreffpunkt.

Ständig sehe ich mich mit schwerwiegenden Entscheidungen konfrontiert. Jedesmal, wenn ich fische, riskiere ich, die Harpune und das Floß zu beschädigen. Wenn das geschieht und ich nicht bald darauf gerettet werde, dann werde ich wahrscheinlich sterben. Andererseits kann ich auch sterben, wenn ich nicht genug fische. Jedesmal, wenn ich mich zum

Fliegende Fische steigen aus dem Wasser auf.
Goldmakrelen flitzen los, schnellen hinter ihrer Beute her.

Handeln entschließe, gehe ich die möglichen Folgen durch, um logisch zu entscheiden, was nun am besten zu tun ist, doch stets stelle ich fest, daß alle Entscheidungen zweischneidiger Natur sind, daß jede Handlung mir sowohl nutzen als auch schaden kann. Letztlich ist alles nichts weiter als ein Glücksspiel.

Im Verlaufe ihrer Angriffe habe ich zehn Goldmakrelen mit dem Speer getroffen. Fleisch von der ersten Makrele, die ich erwischt habe, hängt noch im Metzgerladen. Ich will die Fische nicht sinnlos töten; ich wollte, sie würden das spüren und mich in Ruhe lassen. Sie greifen in der Morgen- und Abenddämmerung an. Ich spieße zwei von ihnen auf und zerre sie aus dem Wasser. Ihre Augen starren mich an, während ich ihre peitschenden Leiber vom Floß weghalte. Frustriert schreie ich sie an: «Da, ist es das, was ihr wollt, ihr dämlichen Fische?» Sie reißen sich los, fetzen große Löcher in Flossen und Rücken. Es scheint sie nicht zu stören. Sie kommen zurück. An einer der Ballasttaschen ertaste ich einen kleinen Riß, und ich fürchte, die Fische werden erst Ruhe geben, wenn sie mich vernichtet haben. Ich versuche mich selbst davon zu überzeugen, daß ihre Angriffe mehr praktischer Natur sind, daß sie hinter den Entenmuscheln unter mir her sind.

Auf dem Boden des Floßes wachsen die klumpigen, schwarzen Entenmuscheln. Die ausgewachsenen Muscheln sind mit zahlreichen leuchtend weißgelb geränderten Schalenplatten gepanzert, die wie ein Puzzle zusammenpassen. Die Baby-Muscheln am Floß sind nicht mal einen Zentimeter lang und haben keine harten Schalen. Einmal lag die *Napoleon Solo* zwei Wochen lang auf der gleichen Seite. Obwohl die *Solo* wie der Teufel segelte, setzte sich eine kleine Muschelfarm an der glatten Unterwasserfarbe oberhalb des Schutzanstrichs fest.

Alles, was im Meer schwimmt, ist eine Insel. Treibgut läßt Muscheln und Tang gedeihen. Daraus wird eine Brutstätte für viele Tiere und Pflanzen, was kleine Fische anzieht, die wiederum größere Fische — einschließlich Haie — und Vögel anziehen. Als Chris und ich die Azoren verließen, entdeckten wir mitten im Ozean einen treibenden Styropor-

Alles, was auf dem Meer treibt, ist eine Insel.
Drückerfische fressen Muscheln von einem Stück Treibgut;
im Hintergrund untersuchen sie einen Klumpen Beerentang.

block, unter dem es sich ein großer Fisch gemütlich gemacht hatte. Wir hoben sein Haus hoch, und der Fisch schwamm total verwirrt im Kreis herum. Jedes Stück Treibgut, das sich seit mehreren Monaten im Wasser befindet, dient Muschelklumpen ebenso wie Krabben, Fischen, Würmern und Garnelen als Behausung. Ich habe gesehen, wie ein Tangfetzen, der in den Golfstrom hinausgetrieben worden war, von Riff-Fischen begleitet wurde, über tausend Meilen von ihrem eigenen Gebiet entfernt. Mein Floß gibt im Vergleich dazu eine verhältnismäßig große Insel ab.

Es ist ermutigend zu sehen, wie sich die Ökologie entwickelt. Fleisch, besonders das Fleisch der Goldmakrelen, ist sehr proteinreich, aber die meisten Vitamine befinden sich in photosynthetischen Organismen. Die Pflanzen und Tiere, die sich davon ernähren, wie beispielsweise Entenmuscheln und Drückerfische, liefern mehr Vitamine als das Fleisch fleischfressender Goldmakrelen. Das Fleisch der Organe ist ebenfalls vitaminreicher, weil hier die Nahrung des Fisches verarbeitet wird. Experimente haben gezeigt, daß selbst ohne Vitamin C ein Mensch in der Regel erst nach vierzig Tagen Skorbut bekommt, aber der Mangel an anderen Vitaminen kann zu einer ganzen Anzahl von Krankheiten und Organversagen führen. Ich hoffe, die Muscheln, Drückerfische und Fischorgane werden mir genügend Vitamine liefern. Die Leine, an der die Mann-über-Bord-Stange hängt, besteht aus gedrehten Strängen, mit langen, spiraligen Furchen, die sich ausgezeichnet für Muschelbewuchs eignen. Aber jede gute Sache hat ihren Preis. Der Bewuchs liefert mir Nahrung, drückt aber gleichzeitig auch mein Tempo, und die sich entwickelnde Nahrungskette wird auch Haie anziehen.

Zusätzlich zu dem kleinen Öko-System, das sich um mein Floß herum entwickelte, bin ich ständig von wunderbaren Naturschauspielen umgeben. Unter weißen, flauschigen Wolken führen die Goldmakrelen ihre akrobatischen Glanzleistungen vor. Die Wolken gleiten über den Himmel, bis sie sich am Horizont zusammenschließen, um für wirbelnde, flammende Sonnenuntergänge zu sorgen, die langsam von der Nacht gelöscht werden. Dann, als wäre die Sonne

urplötzlich abgestürzt, werden Tausende von funkelnden Galaxien in die pechschwarze Nacht geschleudert. Nirgendwo ist die Himmelslandschaft gewaltiger als auf See. Doch ich kann die unglaubliche Schönheit um mich herum nicht genießen. Sie liegt jenseits meiner Reichweite, verhöhnt und verspottet mich. Ich weiß, daß sie mir jeden Augenblick entrissen werden kann, durch einen Hai- oder Goldmakrelenangriff oder ein Floß, aus dem die Luft entweicht. Ich kann mich nicht entspannen und alles genießen. Es ist eine Schönheit, die von häßlicher Furcht umzingelt ist. In mein Logbuch schreibe ich, es sei ein Blick auf den Himmel mit Sitz in der Hölle.
Meine Stimmung folgt dem Lauf der Sonne. Das Licht eines jeden Tages stimmt mich optimistisch, daß ich weitere vierzig Tage durchhalten kann, doch die Dunkelheit einer jeden Nacht bringt mir die Erkenntnis, daß ich nicht überleben werde, wenn nur eine von vielen Sachen schiefgeht. Meine schnell wechselnden Launen jagen einander, bis ich total verwirrt bin. Schreiben hilft, die Dinge aus der richtigen Perspektive zu sehen, aber ich wünsche mir einen Begleiter, der mir sagen kann, ob ich träume oder wenigstens bei Verstand bin. Wenn ich durchdrehe, dann verschwende ich vielleicht meine Leuchtsignale oder tue noch Schlimmeres.
Mein schweifender Geist stolpert oft über Worte aus Zusammenhängen, die ein ganzes Menschenalter zurückzulegen scheinen. Bruchstücke meiner Vergangenheit fügen sich nahtlos zu einem Muster zusammen und verleihen Dingen Tiefe, die damals nur flüchtige, seltsame Einfälle darstellten. Meine Mutter und ich sprachen einmal über die Gefahren des Einhandsegelns. «Nein, ich trage lediglich dann ein Sicherungsgeschirr, wenn das Wetter zu scheußlich ist, um festen Halt am Schiff zu haben», sagte ich. «Das Ding ist einem ständig im Weg, noch was, worin man sich verfangen oder über das man stolpern kann — gleich über Bord.»
«Du solltest wenigstens eine Schwimmweste tragen», schimpfte sie. «Wenn ich *wirklich* über Bord gehe und sehen muß, wie mein Boot langsam in den Sonnenuntergang hineinsegelt», erklärte ich ihr, «dann reizt mich die Vorstellung ganz und gar nicht, noch einige Tage im Wasser zu hängen,

während mein Fleisch von Fischen abgeknabbert wird wie ozeanisches Vogelfutter.» Sie fand das gar nicht lustig und räusperte sich. «Nachdem ich mir so viel Mühe gegeben habe, dir das Leben zu schenken, wirfst du es besser nicht so leichtsinnig fort.» Ihre Worte verfolgen mich. «Du mußt mir versprechen, daß du durchhältst, so lange es nur irgendwie geht.» Das Versprechen wurde nie gegeben, wird aber trotzdem gehalten.

Kurz bevor ich die *Solo* aufgeben mußte, las ich einen Roman von Robert Ruark, *Nie mehr arm*. Der Großvater sagte zu dem Helden des Buches, als dieser noch ein Junge war, ungefähr folgendes: «Schau, ich weiß, daß ich bald sterben werde. Machen wir kein großes Theater darum. Es spielt keine Rolle. Aber schau dir deinen Vater an. In seinem ganzen Leben ist er nie ein Risiko eingegangen und schau dir an, was aus ihm geworden ist. Tu das nicht. Hab den Mut, das Leben ein bißchen herumzutreten. Laß es springen!» Meine Beine sind zu schwach und zittrig, um das Leben zu treten. Ich habe diese Risiken auf mich genommen — und was hat es mir eingebracht? Dieser Herumtreiber ist ausgesetzt worden. Nichtsdestotrotz muß ich versuchen, Kurs zu halten, bis ich einen sicheren Ankerplatz erreicht habe. Mit sechzehn lag ich mit einer Blutvergiftung am Fuß im Bett. Statt über meine Verletzung zu jammern, sagte ich mir, daß ich wenigstens noch einen klaren Kopf, starke Arme und ein gesundes Bein hätte.

Um mich herum liegen die Überreste der *Solo*. Meine Ausrüstung ist ordentlich gesichert, lebenswichtige Systeme funktionieren, und die täglichen Prioritäten sind festgelegt, Prioritäten, die nicht in Zweifel gezogen werden können. Irgendwie erhebe ich mich über aufrührerische Befürchtungen, Angst und Schmerz. Ich bin der Kapitän dieses winzigen Schiffchens in gefährlichen Gewässern. Ich bin dem wirren Aufruhr nach dem Verlust der *Solo* entronnen, ich bin sogar an Nahrung und Wasser herangekommen. Ich habe den fast sicheren Tod überwunden. Und jetzt stehe ich vor der Wahl: Entweder ich steuere mich auf ein neues Leben zu, oder ich gebe auf und schaue mir beim Sterben zu. Ich ziehe es vor, so lange zu treten, wie ich nur kann.

Zwölf Uhr mittags. Die sengende Sonne über mir tröstet meine trockene Haut. Ich gieße Meerwasser über meinen Leib und lasse kleine Tümpel in den Mulden meines Körpers stehen, bis sie wieder verschwinden. Seitlich liegend, um Rücken und obere Seite heilen zu lassen, sehe ich mich am Strand von Antigua faulenzen. Im nächsten Moment werde ich mich erheben und mir einen kalten Rumpunsch holen — aber noch nicht gleich, ich hab' ja so viel Zeit.
Auf der Zeltabdeckung habe ich Fischstreifen getrocknet. Dünne Fettschichten unter der Haut glänzen in der Sonne. Die Außenseiten sind getrocknet. Sie sind leicht salzig und würzig, stehen der besten Wurst in nichts nach.
Die Lage scheint sich zu bessern. Seit zweieinhalb Tagen keine Haiüberfälle mehr. Die morgendlichen und abendlichen Attacken der Goldmakrelen sind nun weniger wild — oder mir fällt es nicht mehr so auf. Gestern durchbrach ein Schauer die Hitze des Tages. Ich öffnete den Mund, wie ein Kind, wenn ich Schneeflocken zu fangen versuchte. Der Regen machte mein Gesicht naß, und in der Plastikschachtel fing ich weitere zwei Deziliter Wasser ein. Ich habe wieder damit begonnen, meinen Wasservorrat aufzustocken. Als ich den sich nähernden Regenguß entdeckte, zog ich achtern die Fangleine ein und ließ von dem Schauer die Muscheln sauberwaschen. Mit meinem Messer löste ich leicht eine Handvoll Muscheln von der Leine. Mit dem Regenwasser vermischt gaben sie eine ziemlich grobkörnige Suppe ab, die ich aus meiner Plastikbox trank. Die Vorstellung von einem Viertelpfünder McMuschel-Burger von McDonalds ging mir nicht aus dem Sinn. In einer Plastiktüte, in Salzwasser aufgeweicht, waren die mir noch verbliebenen Rosinen in Gärung übergegangen, bis sie kaum noch Ähnlichkeit mit der ursprünglichen Frucht besaßen. Aber sie bildeten den Abschluß meines Festmahls — meine letzte vom Festland stammende Nahrung.
Jetzt werde ich nicht mehr von bohrendem Hungergefühl geplagt; jetzt bin ich bei dem Prozeß des langsamen Verhungerns angelangt. Mein Körper weiß, was er braucht. Stundenlang überfallen mich Phantasievorstellungen von köstlicher Eiscreme, knusprigem Brot, vitaminreichen Früchten

und Gemüse; im Geiste läuft mir das Wasser im Mund zusammen, obwohl mein wirklicher Mund schon vor langer Zeit jeden Versuch aufgegeben hat, Speichel bilden zu wollen. Kein Abend vergeht ohne Träume vom Essen.

Fühle ich mich zuversichtlich, dann träume ich von der Zukunft. Meine Freunde bauen sich Häuser. Wir schleppen lange Holzbalken und hieven sie an ihren Platz. Wir machen Pause und essen von hoch mit Brot und Früchten beladenen Tischen. Oft träume ich davon, in Maine ein Gasthaus zu eröffnen, wo gutes Essen serviert wird — Krabben an Sherrysauce in dünnem Blätterteig, Schokoladekuchen, kaltes Bier. Wir essen langsam, gemütlich, schauen auf das sanfte, indigofarbene Wasser der Frenchman Bay hinaus, wo die Berge sich hartnäckig gegen den kalten Atlantik stemmen.

Ich sammle meine Energien, um mich um meine Ausrüstung zu kümmern. Ich zurre Spiegel und eine kleine Lampe an meiner Mann-über-Bord-Stange fest und binde die undichte Beobachtungsluke an die Abdeckung. Meiner Navigation nach habe ich ein Fünftel der Strecke zur Karibik geschafft. Es ist eine ernüchternde Erkenntnis. Kann ich noch weitere sechzig Tage durchhalten? Meine Gedanken wenden sich den unerträglichen Leiden zu, die die Baileys zu ertragen hatten. Mehr als hundert Tage dieser Qual kann ich mir nicht vorstellen. Aber andererseits, was ist mit jenen, die ihr Leben lang ständig am Verhungern sind?

Jeden Moment kann das Zuschnappen rasiermesserscharfer Zahnreihen mein Ende bedeuten, aber irgendwie habe ich das Gefühl, es sei mein Schicksal zu überleben. Mit der *Solo* habe ich meinen gesamten Besitz verloren, aber der Gedanke, ohne irgendwelche weltlichen Güter und nur mit meiner Erfahrung versehen ganz von vorn zu beginnen, hat seinen eigenen Reiz.

An ruhigen Tagen kann ich mein Gewicht von der Luvseite verlagern, ohne Angst haben zu müssen, ich könnte jeden Moment kentern. Ich sitze dem Metzgerladen gegenüber, wo meine Fische an ihren Wäscheleinen baumeln. Das ist ein Fleckchen auf dem Floß, wo ich fast aufrecht sitzen kann. Von hier aus kann ich leicht jede halbe Stunde den Destillationsapparat bedienen, einen Ausschnitt des Horizontes im

Auge behalten, schreiben und navigieren. Wieder und wieder bestimme ich meine mögliche Position. Sechzig Tage ... Es scheint unmöglich, aber viele fast unglaubliche Dinge werden Wirklichkeit.
George Bracy ist ein Freund von mir, daheim in Maine. Er ist einer von den Oldtimern, ein ehemaliger Hummernfänger und Muschelsammler. Manche bezeichnen ihn als komischen Kauz. Wie die meisten Seefahrer kann George unglaubliches Seemannsgarn spinnen. Als ich ihn kennenlernte, war George von schwerer Arthritis behindert. «War zwölf Jahre lang von der Hüfte abwärts gelähmt. Doktor meinte, würd' sich nie mehr ändern. Dann sitz' ich eines Tages auf einem Stamm, schneid' ein bißchen Brennholz zurecht, fall' runter — und potzblitz, kann plötzlich wieder laufen.»
Es läßt sich schwer beurteilen, wann Menschen sich an die Dinge so erinnern, wie sie wirklich waren, und wann sie ganz unschuldig ihre Erinnerungen selber basteln oder ausschmücken. Aber gelegentlich überraschte der Alte die Skeptischen und belegte mit alten Zeitungsausschnitten die Wahrheit einiger seiner Geschichten. Wer kann schon sagen, was unwahr und was unmöglich ist?
Schiff ahoi! Ich blicke auf und da ist es, ganz nahe, ein wunderbarer Frachter mit rotem Rumpf und weißem Plankengang; der schnittige Bug ist genau auf mich gerichtet. Unglaublich, daß ich das Schiff nicht früher gesehen habe. Sie müssen das Floß entdeckt haben und wollen nun der Sache auf den Grund gehen. Ich lade die Signalpistole, um ihre Neugier zu befriedigen. Als die Kugel himmelwärts schießt und explodiert, verringert das Schiff die Entfernung zwischen uns mit fast zwölf bis vierzehn Knoten. Das Leuchtsignal ist nicht so hell wie bei Nacht, aber die Mannschaft kann den in der Luft hängenden Rauch und die Flamme gar nicht übersehen. Falls jemand schaut, dann muß er mich bemerken. Das Floß taucht nicht in Wellentälern unter, ich habe das gesamte Schiff im Blickfeld. Ich zünde ein orangefarbenes Rauchsignal, das zischend einen lohfarbenen Feuerkobold dicht über die Wasseroberfläche schickt. Meine Augen suchen Brücke und Deck nach einem

Anzeichen von Leben ab. Das Schiff ist jetzt so nahe, daß ich die Kleidung eines Matrosen beschreiben könnte, wenn einer in meinem Blickfeld auftauchen würde. Aber das einzige, was sich bewegt, ist das Schiff selbst. Ich hole die Mann-über-Bord-Stange ein, recke sie hoch über meinen Kopf und schwenke sie wie verrückt. Ich überschreie das sanfte Gemurmel des durch das Wasser gleitenden Floßes, das Rauschen der Bugwelle des Schiffes und das Dröhnen der Maschine. «Hallo! Hier! Hier bin ich! Verdammt noch mal, habt ihr keine Augen im Kopf?» Ich schreie so laut, bis ich nur noch ein Krächzen hervorbringe. Ich weiß, daß die Schiffsgeräusche meine Stimme übertönen. Und doch ist es eine Erleichterung, das Schweigen zu durchbrechen. Das Schiff dampft weiter. So ein schönes Schiff... jammerschade. Innerhalb von zwanzig Minuten ist es hinter dem Horizont verschwunden.
Wie viele andere Schiffe werden womöglich so nahe an mir vorüberfahren? Höchstwahrscheinlich keines mehr. Wie viele werde ich gar nicht sehen? Wie viele werden mich nicht sehen? In diesem Jahrhundert gibt es kaum noch einen Ausguck an Bord eines Schiffes. Auf stark befahrenen Seestraßen, wo ständig Kollision droht, wird scharf Ausschau gehalten. Marineschiffe verfügen außerdem über genügend Männer, um ununterbrochen Wache schieben zu lassen. Doch auf dem offenen Meer läßt der Kapitän eines Handelsschiffes nur einen Mann seiner ohnehin knapp bemessenen Crew auf der Brücke, der gelegentlich mal einen Blick auf den Horizont werfen soll. *Vielleicht* schaut er auch mal auf den Radarschirm. *Vielleicht* ist das VHF-Radio auf Kanal 16 eingestellt, während das Schiff blindlings unter dem Kommando der automatischen Steueranlage den Ozean durchpflügt. Und selbst wenn ein Wachposten da ist, dann wendet der, nachdem er nirgendwo ein anderes Schiff gesehen hat, seine Aufmerksamkeit wieder seinem Roman oder seinem Heftchen mit Mädchen zu, oder er tritt hinaus auf die Brücke, um in Deckung eine Zigarette zu rauchen. Selbst wenn ein Schiff alarmiert worden wäre, ließe sich meine Rettungsinsel nur schwer entdecken. Ich sah mal einen 80 Meter langen roten Frachter erst, als er fast schon über mir war.

Was für eine Chance hat dann mein kleiner Ballon, gesehen zu werden? Vielleicht sollte ich nachts wachbleiben, wenn die Leuchtsignale wesentlich größere Wirkung haben. Aber ich muß tagsüber wachbleiben, um mich richtig um den Destillationsapparat kümmern zu können. Und eine vernünftige Nachtwache würde meinen kostbaren Wasservorrat dezimieren. Ich versuche meinen Frust zu überwinden, indem ich mir ständig vorsage: «Du tust, was dir möglich ist. Du tust, was dir möglich ist.» Eines ist klar. Ich kann mich nicht darauf verlassen, daß mich andere retten. Ich muß mich selber retten.
Die Freiheit der See lockt die Männer, doch Freiheit ist nicht umsonst zu haben. Der Preis ist der Verlust des sicheren Lebens an Land. Wenn sich ein Sturm zusammenbraut, kann der Seemann nicht einfach sein Schiff parken und davonmarschieren. Er kann sich nicht hinter Steinmauern verstekken, bis sich der Sturm ausgetobt hat. Es gibt keine Freiheit gegenüber der Natur, gegenüber der Macht, die selbst die Toten miteinander verbindet. Seeleute sind den Schönheiten und den Widrigkeiten der Natur intensiver ausgesetzt als die meisten Menschen an Land. Ich habe das Seemannsleben gewählt, um den Beschränkungen der Gesellschaft zu entgehen, habe damit aber auch ihren Schutz aufgegeben. Ich habe die Freiheit gewählt und ihren Preis gezahlt.
Der letzte Rauchfetzen zeichnet sich schwach am Horizont ab, wo das Schiff verschwunden ist. Trotz meiner Vernunftargumente bin ich bitter enttäuscht. Ich bin nicht wütend, aber ich bin bereit, mich eine Weile vom Landleben versklaven zu lassen. Worte aus *Der alte Mann und das Meer* kommen mir in den Sinn. «Wenn nur der Junge hier wäre . . . nur der Junge.» Ich brauche eine Rast, ein zweites Augenpaar, die Gesellschaft einer weiteren Stimme. Aber selbst mit einem Gefährten würden sich meine Chancen nicht verbessern. Für zwei wäre nicht genügend Wasser vorhanden.
Vielleicht erhöht sich meine Sichtbarkeit, wenn ich einen Drachen steigen lasse. Ich schneide ein Stück aus der Raumfahrerdecke, einen rautenförmigen Vogel; als Kreuzrahmen verwende ich einige Latten aus dem Stück Großsegel. Das Ding, recht schwer für seine Größe, benötigt unbedingt

einen Schwanz. Vom Floß aus kann ich den Drachen nicht zum Fliegen bringen, aber vielleicht kann ich es perfektionieren, bis ich die Schiffsrouten erreicht habe. Als Wasserschutz ist er recht effektiv. Ich befestige ihn an der Rückseite des Zeltes, wo er einen Großteil der Gischt abfängt, die durch die Beobachtungsluke dringt. Ein ordentlicher Drachen wäre eine wertvolle Ergänzung der Notfallausrüstung, ein heller, Hunderte von Fuß über dem Meer fliegender Leuchtturm, aber mein Drachen ist dazu bestimmt, meine Sachen trocken zu halten, was wiederum bei der Heilung meiner Wunden hilft.

Wieder geht die Sonne unter, und die Fische greifen an. Ich pumpe die Floßschläuche auf, aus denen langsam die Luft entweicht, esse meine Fischstreifen, suche Ruhe und Erholung und finde nur schweren Schlaf. In dieser Nacht taucht auch wieder ein Hai auf. Mit erstaunlicher Geschwindigkeit scharrt er quer über den Boden und reißt mich aus angenehmen Träumen. Beim zweiten Angriff strenge ich mich an, seine Form in der Tiefe zu entdecken, kann ihn aber nicht sehen. Er ist verschwunden; eine weitere windstille Nacht schwappt das Floß vor sich hin und wartet auf den endgültigen Angriff.

Bis jetzt habe ich meine Rettungsinsel immer nur schlicht als «das Floß» bezeichnet. Ich beschließe, daß es einen Namen braucht. In der Vergangenheit war ich Besitzer von zwei aufblasbaren Beibooten, die ich scherzhaft *Rubber Ducky I* und *Rubber Ducky II* taufte. Es scheint nur logisch, die Tradition fortzusetzen. Hiermit taufe ich dich auf den Namen *Rubber Ducky III*.

Am Morgen krieche ich auf *Rubber Ducky* herum, lasse meine Hände über den Gummi gleiten und taste nach Anzeichen von Auflösung. Der Boden fühlt sich gut an, zumindest so weit, wie meine tastenden Hände reichen, doch am unteren Schlauch beim Gaszylinder sind einige Fetzen herausgerissen. Vielleicht war das von Anfang an schon so, vielleicht hat sich hier auch ein Hai an meinem Floß gütlich getan. Der unter dem Floß baumelnde Gaszylinder macht mir immer noch Sorgen, aber mir fällt nichts ein, was ich in der Hinsicht unternehmen könnte.

Oberhalb der Wasserlinie werden die Schläuche unter der sengenden Sonne rissig und sehen aus wie eine Straßenkarte. Die äußere Griffleine ist an manchen Stellen so straff gespannt, daß sie an den Schläuchen scheuert. Als die Rettungsinsel noch auf der *Solo* festgemacht war, muß die Wucht der Wellen sie durch die Verankerungspunkte gerissen haben. Mit aller Kraft versuche ich sie zu lockern, habe aber keinen Erfolg damit. Die orangefarbene, wasserdichte Zeltabdeckung ist ausgebleicht und ausgewaschen. Sie hält das Wasser nicht mehr aus dem Floß, und jedes bißchen Regenwasser ist mit kleinen, orangenen Partikeln versetzt. Es zu trinken ist so, als wollte man das Erbrochene eines anderen herunterwürgen. Hätte ich bei den vergangenen Schauern richtig Wasser auffangen können, dann wäre ich jetzt ungefähr drei Liter reicher. Es ist ein Fluch. Robertson schreibt, man könne bis zu einem halben Liter ungenießbaren Wassers mittels Klistierspritze aufnehmen, aber ich habe keine Möglichkeit, mir eine zu verpassen.
Die Sonne steigt höher, und wieder beginnt die Rösterei. Meine Vergangenheit läuft vor meinem geistigen Auge ab. Es gelingt mir nicht, an die Zukunft zu denken. Ich sterbe nicht, noch finde ich Erlösung. Ich bin in der Vorhölle.
In meiner Phantasie windet sich ein kühler Fluß zwischen hohen, grünen Bäumen hindurch. Ich blicke in das sprudelnde Wasser, während es über felsigen Untergrund schießt. Der Geruch von frischen Biskuits, die über offenem Lagerfeuer bräunen, dringt mir in die Nase. In Wirklichkeit ist es bloß der Geruch von trockenem Fisch.
Ich sehe einen majestätischen Hafen voller Jachten. Die *Solo* ist auch da. Die zerklüfteten Vulkangipfel von Madeira wachsen in meinem Kopf in die Höhe. Vor einigen Ewigkeiten wuchsen sie vom Grunde des Meeres empor und explodierten an der Oberfläche. Catherine und ich fahren mit dem Bus, der an schroffen Abgründen vorbeiratttert, über gepflasterte, sich schlängelnde Straßen, die in die senkrechten Hänge eingehauen sind. Dörfer, in Luftlinie nur wenige Kilometer entfernt, sind über die Straße nur in einer Stunde zu erreichen. Ein kleiner Stoß läßt einen Stein Hunderte von Metern fallen. Fünfzig Kilometer sind acht Stunden Fahrt.

Üppige Terrassenfelder ziehen sich von den Tälern am Meer über die Hänge bis an die senkrechten Felswände hoch. Die Bauern ernten Weintrauben für den berühmten Madeirawein, Bananen und zahllose andere Früchte, einschließlich einiger Arten, die nur auf dieser mystischen Insel wachsen. Wir erforschen ein Dorf, das sich hoch über der See auf einem Kamm duckt. Melodien von Catherines Flöte vermischen sich mit der nördlichen Brise, die die Hänge hinabweht und die Musik der rauschenden Brandung in sich trägt. Stolze Gipfel, sanfte Täler und friedliche Menschen verbinden sich zu einer Märchenszenerie.

Es ist Sonntag. Elektrischen Strom gibt es nicht. Kein Fußball im Fernsehen, keine Video-Spiele. Die Dorfbewohner säumen die Straße, tauschen gelegentlich ihre Position mit ihrem Nachbarn, um ein bißchen zu klatschen, oder schauen einfach zu, wie das Leben vorüberzieht. Der natürliche Reichtum der Insel erlaubt diese friedliche Ruhe. Wasser gibt es im Überfluß. Ich möchte ein Bier. *«Aberto, Senhor?»* Er hat eigentlich nicht geöffnet, aber wir sind ein Sonderfall. Die Bar befindet sich im Kellergeschoß eines uralten Hauses. Die feuchten Felswände schenken uns Kühlung. Aus einer Wand ragt ein Hahn. Ein großes Holzfaß duckt sich schwach beleuchtet im Hintergrund. In der Ecke kochen auf einem Ofen gewürzte Tomatensauce und zartes Fleisch. Der Mann gibt uns Bier und füllt Wein aus dem Faß in die Gläser. Es ist frischer Wein von seinem Weinberg. Er gibt mir auch ein Sandwich mit gewürztem Fleisch. Er heißt uns in seinem Leben willkommen, als wären wir alte Freunde, aber wir halten uns nicht lange auf. Ich muß weiter zu den Kanarischen Inseln.

Ursprünglich war ein Zwei-Wochen-Törn geplant, aber die Winde waren schwach. Catherine und ich sind seit über einem Monat zusammen. Sie ist eine gute Crew, lernbegierig, aber sie erwartet mehr. Sie erwartet, daß alle Männer sie lieben. Es ist eine merkwürdige Umkehrung der üblichen weiblichen Klage: «Der Kapitän will nichts weiter, als mich in die Koje zu kriegen.» Catherine gegenüber bin ich zurückhaltend und schweigsam. «Du bist ein harter Mann», erklärte sie mir ständig.

Wahrscheinlich hat sie recht. Die meisten der Frauen, mit denen ich zu tun hatte, waren sehr progressiv. Ich habe das stets respektiert, aber dafür auch viel von ihnen verlangt. Ich habe verlangt, daß ich nicht dem weiblichen Chauvinismus unterworfen werde, daß ich nicht verpflichtet bin, die gesamte «Männerarbeit» zu verrichten. Wenn Catherine Wache hatte und ein Klüver oder eine Stange sich verhedderte und sie mich darauf um Hilfe bat, fuhr ich sie an: «Wenn es deine Wache ist, hast *du* dich darum zu kümmern!» Aber ich weiß, daß hinter meiner schroffen Härte mehr steckt. Meine Ungeduld und meine Unfreundlichkeit haben tiefere Ursachen. Nach sieben mit Scheidung endenden Ehejahren — und einer anschließenden leidenschaftlichen Beziehung, bei der ich als gebranntes Kind zurückblieb — bin ich der Traumata von Frauen und Liebe überdrüssig. Vielleicht ist es eine Furcht, der ich nicht ins Gesicht sehen will. Vielleicht habe ich mein Verlangen nach Liebe gegen das Verlangen eingetauscht, das zu vollenden, was ich mir vorgenommen habe. Ich weiß es wirklich selbst nicht genau, aber das gehört zu den Geheimnissen, die ich nicht mit Catherine teilen will, trotz ihrer weichen französischen Stimme und ihres liebenswerten Lächelns. Ich möchte nur segeln, schreiben und zeichnen. Je mehr sie mich aufzulokkern versucht, desto härter und unzugänglicher werde ich mit zunehmender Fahrtdauer. Ich will mein Boot wieder für mich allein haben. Als hätte ich vor dem Zauber Angst, den die Ruhe von Madeira ausstrahlt, setze ich schon nach drei Tagen wieder die Segel. Hatte ich mich getäuscht? Ein sicherer Hafen ... das ist das, was ich *jetzt* will. Was hat mich weitergetrieben? Warum habe ich nicht zugelassen, daß sich dieser harte Kern in mir löste?

Ich bin fest entschlossen, wieder Biskuits am Lagerfeuer zu essen, das kühle Wasser des Flusses zu fühlen; ich werde wieder ein Schiff bauen und mir noch eine Chance einräumen, die Wärme menschlicher Leidenschaft zu spüren. Ich denke nicht, «falls ich heimkomme», sondern «sobald ich heimkomme».

Es war dumm von mir, diese Goldmakrelen entwischen zu lassen. Der Metzgerladen ist leer. Mein Magen knurrt und

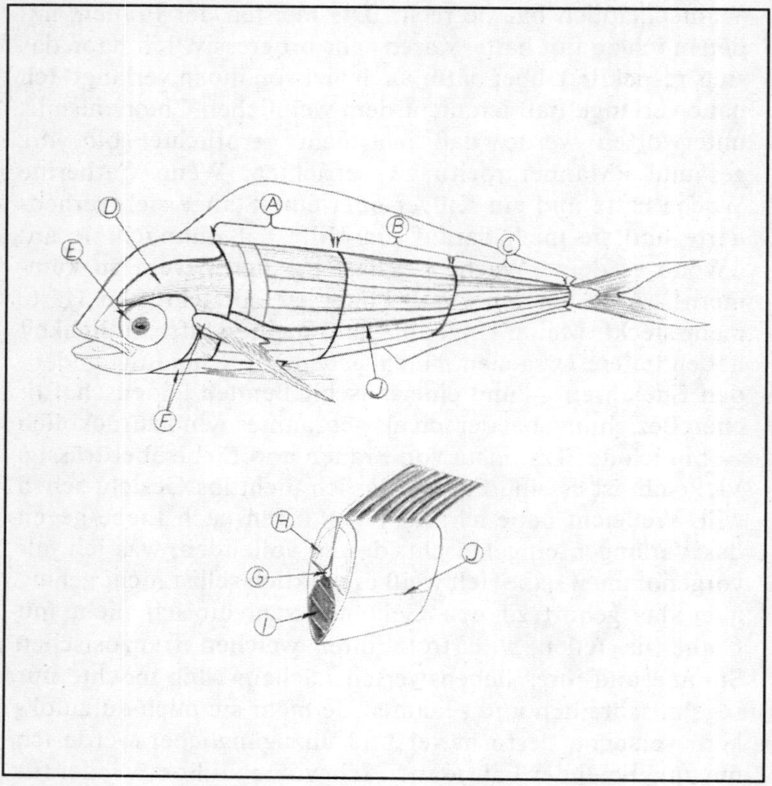

grollt vor Schmerz. Tagelang jage ich meine Begleiter. Viele kann ich mittlerweile unterscheiden. Dem einen hängt immer noch die Angelleine aus dem Maul, der andere hat eine zerfetzte Flosse, ein dritter hat eine große Wunde auf dem Rücken, die langsam vernarbt. Es gibt Unterschiede in Größe und Farbe. Die Weibchen unterscheiden sich deutlich von den Männchen. Sie sind schlanker, kleiner, mit gerundeteren Köpfen. Oft sehe ich zwei leuchtend grüne Fische, die nie nahe herankommen. Das Weibchen ist über vier Fuß lang, das Männchen sogar noch größer. Es ist von Goldmakrelen berichtet worden, die über sechs Fuß lang waren und sechzig Pfund wogen. Die älteren, ausgewachsenen

Das Ausnehmen der Goldmakrelen ist gründlicher und sauberer geworden. Nach Entfernung der inneren Organe aus der Bauchhöhle (I) wird der Körper in Segmente (A, B, C), Kopf und Schwanz aufgeteilt. Die Segmente können in Streifen geschnitten und zum Trocknen aufgehängt werden. Die Muskelfasern verlaufen in Längsrichtung des Fisches und werden auf den Schwanz zu sehniger und zäher. Die zartesten, schmackhaftesten Steaks lassen sich aus dem Rücken, oberhalb der Seitenmittellinie (J), und ganz nahe beim Kopf herausschneiden. Einige Steaks zum unmittelbaren Verzehr können quer zur Muskelfaserrichtung aus Segment A geschnitten werden. Alle anderen müssen längs geschnitten werden, damit sie aufgehängt werden können, ohne auseinanderzufallen. Die Bauchhöhle (I) endet ungefähr im mittleren Segment (B). Dahinter können sowohl unterhalb als auch oberhalb der Seitenlinie (J) Streifen herausgeschnitten werden. Davor teilen das Rückgrat (G) und die Knochen, die die Rückenfinne stützen, den Körper in Quadranten, die von den Knochen abgetrennt werden, bevor das Fleisch in Streifen geschnitten wird. Ein bißchen Fett findet sich in Bauchsteaks und in dem zu den Brustflossen (F) gehörenden Fleisch; ich bezeichne das als mein Brathähnchen. Ein Steak (D) kann aus der Kopfseite geschnitten werden. Die Augen mitsamt ihren angeschlossenen Muskeln und ihrer Fettflüssigkeit (E) liefern Feuchtigkeit. Die Augen, kleine Fleischstückchen vom Kopf, Organe und einige Steaks ergeben die erste Mahlzeit. Das Rückgrat, Rippen, die die Bauchhöhle umgeben, und Flossen werden mit den Fischstreifen für spätere Mahlzeiten aufgehoben.

Fische sind vor mir genauso auf der Hut wie ich vor ihnen. Die Jungen ignorieren die Warnungen und nähern sich, allerdings immer noch sehr vorsichtig, dem Floß. Sie wissen, wo ich schießen kann, und vermeiden diese Stellen oder huschen schnell vorbei, wenn ich nicht aufpasse. Sie schwimmen langsam in meine Reichweite und schießen dann in diese oder jene Richtung davon. Diese Fische sind alles andere als dumm; sie schaffen bis zu fünfzig Knoten, was sie zu den schnellsten lebenden Fischen macht. Die Alten springen durch die Luft und landen mit kräftigem Klatschen im Wasser. Es würde mich nicht überraschen, wenn sie plötzlich davonflögen. Es ist, als enthalte ihr Spiel eine Botschaft für mich: «Schau dir die Pracht und die Herrlichkeit unserer Rasse an.» Und doch sind diese Fische bescheidene Kreaturen. Sie sagen nichts und schwimmen weiter.

Endlich schaffe ich es, einen Drückerfisch aufzuspießen. Die winzigen Fleischstückchen sind nur ein schwacher Trost, aber das Innere ist voll süßer Überraschungen. Die Nahrung scheint meinen Körper augenblicklich zu beleben. Ein drittes, weiter entferntes Schiff taucht auf. Obschon ich sofort ein Leuchtsignal abfeuere, zieht es unbeirrt seine Bahn. Jetzt bleiben mir nur noch zwei Meteorsignale, zwei Rauchsignale und zwei Fallschirmleuchtsignale. Die Schiffe fuhren alle Richtung Osten, in einem Abstand von drei oder vier Tagen.

Ich muß mich ganz in der Nähe der Schiffsrouten befinden. Vielleicht habe ich beim viertenmal Glück.

26. FEBRUAR
22. TAG

Es ist der 26. Februar, mein zweiundzwanzigster Tag auf der *Rubber Ducky*. Ich kann mich nicht beschweren, der Morgen ist relativ gut verlaufen. Das Floß macht flottes Tempo, die Sonne scheint. Meine zweite Goldmakrele liegt ausgenommen vor mir. Ich säubere die Goldmakrelen jetzt viel sorgfältiger. Nichts wird mehr verschwendet. Ich esse das Herz und die Leber, sauge die Flüssigkeit aus den Augen und zerbreche das Rückgrat, um an die Gelatineklümpchen zwischen den Rückenwirbeln heranzukommen. Ich habe mich auf eine tägliche Wasserration von einem Viertelliter gesetzt und dadurch meinen Vorrat auf dreieinviertel Liter aufgestockt. Ich bin bei klarem Verstand, und das Floß zeigt keine Auflösungserscheinungen. Ich fühle mich gut, aber mir ist sehr wohl bewußt, daß meine Stimmung mit den rollenden Wellen steigt und fällt.

Dann richtet sich die Nachmittagssonne wie durch ein Brennglas auf mich und scheint mir Löcher in die Brust zu sengen.

Ich kämpfe mich auf die Knie, um nach dem Destillationsapparat zu sehen, blicke mich dabei um. Schwindel überfällt mich, wirft mich fast um, als Dunkelheit mein Blickfeld einengt.

Alles ist blau und verschwommen, als ich nach der Kaffeedose taste, um mir Wasser über den Schädel zu kippen. Ich sacke zusammen, sehe vage die Wellen, die meinem Ziel entgegenrollen.
Wie ein Donnerschlag kracht die Luvseite des Floßes auf mich, kippt vornüber, während sich der Bug ins Wasser bohrt. Wasser strömt herein. Jetzt ist es passiert — gekentert, denke ich ganz ruhig, doch der hintere Teil biegt sich zurück und klatscht herunter. Ungefähr sechzig Liter Wasser umgurgeln mich. Mein Schlafsack, einige Notizen, das Kissen und andere Gegenstände schwimmen herum. Die gewaltige Woge verschwindet in der Ferne, ein Bote, der signalisiert, daß noch Schlimmeres folgt.
Die Überflutung hat mich aus meiner Lethargie gerissen. Mechanisch mache ich mich an die ermüdende Schöpfarbeit, winde die Sachen aus. Wieder drei Tage kaltes, nasses Zeug.
Mein Schlafsack besteht bereits aus lauter Knoten und Klumpen, nach dem Trocknen mit Salz verkrustet. Nur schon das Wasser auszuwringen und den Sack wieder in einen lediglich feuchten Zustand zu bringen, ist eine entsetzliche Schufterei. Während der folgenden Abende ist die zerknitterte, klamme Raumfahrerdecke mein einziger Schutz gegen die Kälte. Der Schorf ist wieder aufgerissen. Diese plötzlichen Belagerungen durch das Meer und seine Kreaturen lassen mir keine Unterkunft.
Ich stelle mich hin, trotze dem stärker werdenden Wind und dem Meer, stütze mich dabei an der Abdeckung ab, weil mich sonst meine schlotternden Beine nicht tragen würden. Wellen rempeln meine Plattform und gurgeln um meine Füße. Zirruswolken hängen am Himmel wie zottiges weißes Hundehaar.
Die Dinge werden trostloser, sowohl innerlich als auch äußerlich.
Ich versuche mir eine positive Perspektive zu bewahren. Die wesentlichen Dinge — Nahrung, Wasser, Schutz — habe ich mir bewahrt.
Meine Gedanken können gelegentlich frei herumschweifen und mein Leben über das Hier und Jetzt hinausheben. Ich

bin die Vergangenheit. Ich bin das, was andere in Hinblick auf meine Person gekannt und empfunden haben. Ich bin die Dinge, die ich getan habe. Sie sind das Leben nach mir. Sie können nicht eingefangen oder getötet werden. Ich weiß, dies sind nur vorübergehende Beruhigungen, aber es muntert mich doch so auf, daß ich in regelmäßigen Abständen mein Kissen verlasse, die kalte Luft auf meiner Haut spüre und meine Umgebung absuche. Ich kann es mir nicht leisten, ein Schiff zu übersehen.

Am zweiten Destillationsapparat entdecke ich ein kleines Loch, klebe es zu und mache ihn so wieder funktionsfähig. Mein Wasservorrat wird dadurch weiter aufgestockt. Egal, wie positiv ich alles zu sehen versuche, die heranjagenden Wolkenfetzen und der Wind, der mir ins Gesicht bläst, jagen mir Angst vor einem weiteren Sturm ein.

27. FEBRUAR
23. TAG

Gegen Morgen pfeift der Wind. Die wogende See baut zehn Fuß hohe Wellen auf, die schäumen, sich kräuseln und niederkrachen. Eingewickelt in meinen salzigen Schlafsack klammere ich mich auf der Luvseite fest. Mit schnellen Abstechern zur Leeseite kümmere ich mich um den Destillationsapparat und halte Ausschau. Dieses Wacheschieben ist im Grunde ein Witz. Der sichtbare Horizont ist sehr nah. Stehend versuche ich, auf dem mit den Wellen schwankenden Floß das Gleichgewicht zu halten. Wird das Floß auf einen Wellenkamm gehoben, dann gehe ich zum Ausgleich in die Knie. Ganz oben zögern *Rubber Ducky* und ich für einen Moment, bevor wir uns in das Wellental stürzen. Während dieser kurzen Pause suchen meine Blicke einen Teil des Horizontes ab. Einige Minuten dieses Steigens und Fallens sind nötig, bis ich einen Überblick gewonnen habe. Ab und zu kriege ich irgendwas im Norden zu sehen. Aber die massiven, rollenden Schultern und die weißen Schaumköpfe der Wellen versperren mir die Sicht. Schließlich hebt mich ein großer Brecher hoch.

Jawohl! Da ist es! Ein Schiff, unterwegs in Richtung Norden. Aber es ist tatsächlich hoffnungslos. Es entfernt sich von mir und ist zu weit weg, um ein Leuchtsignal entdecken zu können.

Lediglich die Richtung ermutigt mich — von Südafrika nach New York.
Was vor vierundzwanzig verzweifelten Tagen nur ein Traum war, habe ich jetzt verwirklicht. Ich habe die Schiffsrouten erreicht und lebe immer noch.

DER BAU EINER WELT

Das Metall ist hart und kalt. Nachdem ich eine Stunde über der Reling gelehnt habe, schmerzen meine Ellbogen vor eisiger Kälte. Ich richte mich auf und vergrabe meine Hände tief in dem Wollmantel, den der Kapitän mir gebracht hat. «Ich möchte wetten, Sie dachten nicht im Traum dran, diese Stadt noch mal wiederzusehen», sagt er und sieht mich seltsam an. Ich suche den Horizont ab. Er ist nicht länger flach und leer, sondern voller monolithischer Wolkenkratzer und grauem Smog. Der Lärm der Stadt übertönt sogar das Dröhnen der Maschinen. Kräftige, tätowierte Arme ziehen schenkeldicke Trossen an Bord und winden sie um die Gangspills. Langsam schiebt sich das Schiff ins Dock. Mehr und mehr Leinen werden geworfen und festgemacht. Der Koloß wird an seinen Platz gebracht. Nein, ich hätte nie gedacht, daß ich New York noch mal sehen würde.

Dann Finsternis und Chaos. Eine Keule knallt auf meinen Kopf, kalt, naß und hart. Der Angreifer brüllt, grollt und rollt dann in die Nacht davon. Ich bin auf der dunklen Seite der Erde, eine Viertelwelt von New York entfernt. Der Wind hat aufgefrischt, ebenso die See. Die *Rubber Ducky* schwankt und kracht, als wäre sie in eine Massenkarambolage verwickelt. «Immer noch hier», stöhne ich.

Jede Nacht streicheln weiche Stoffe meine Haut, der Geruch von Essen dringt in meine Nase, und warme Körper umgeben mich. Manchmal, wenn mich der Schlaf noch in seinen Armen wiegt, höre ich meinen Verstand eine Warnung bellen: «Genieß es, so lange du kannst, denn bald wirst du aufwachen.» Diese Zweigleisigkeit ist mir vertraut. Wenn ich allein segle, verlassen mich für gewöhnlich niemals die Geräusche der knatternden Segel und der Wellen, die Bewegung des steigenden und fallenden Bootes, selbst dann nicht, wenn ich in meiner Koje von fernen Gegenden träume. Ändert sich die Bewegung auch nur die Spur oder ein unvertrauter Laut dringt an meine Ohren, dann bin ich sofort wach. Doch der Traum der letzten Nacht war fast zu real. Mein Leben ist zu einer Komposition vielschichtiger Realitäten geworden — Tagträume, nächtliche Träume und der anscheinend endlose physische Kampf.

Ich versuche daran zu glauben, daß all diese Realitäten gleichberechtigt sind. In irgendeinem letzten Sinne sind sie das vielleicht auch, aber es wird zunehmend deutlicher, daß in der Welt, wo es allein ums Überleben geht, mein physisches Ich und meine Instinkte die Herrscher der Manege sind, die all meine anderen Realitäten an ihren Platz peitschen und deren Bewegungen kontrollieren. Meine Träume und Tagträume sind angefüllt mit Phantasiebildern der Dinge, die mein Körper dringend braucht, und mit Vorstellungen, wie ich dieser physischen Hölle entrinnen könnte. Seit der Destillationsapparat funktioniert und ich effektiver zu fischen gelernt habe, gab es kaum etwas anderes zu tun als Energie zu sparen, zu warten und zu träumen. Allerdings habe ich das Gefühl, daß ich allmählich immer ausgehungerter und verzweifelter werde. Der Zustand meiner Ausrüstung wird immer schlechter.

Jeden Tag muß ich länger und härter schuften, um mir eine Welt zu bauen, in der ich leben kann. Das Stück heißt Überleben, und ich möchte darin die Hauptrolle spielen. Das Drehbuch klingt mehr als schlicht: Halt durch, rationiere Nahrung und Wasser, fische und kümmere dich um den Destillationsapparat. Aber jeder kleinen Nuance meiner Rolle kommt weitreichende Bedeutung zu. Halte ich zu angespannt Ausschau, dann werde ich müde und tauge nicht zum Fischen, zur Versorgung des Destillationsapparates und anderen lebenswichtigen Aufgaben. Aber jeder Moment, in dem meine Blicke nicht den Horizont absuchen, ist ein Moment, in dem ein Schiff vorüberfahren kann. Wenn ich jetzt beide Destillationsapparate in Betrieb nehme, dann kann ich vielleicht den schlimmsten Durst löschen und mich in bessere Verfassung bringen, um Wache zu halten und die nötigen Arbeiten zu erledigen, aber wenn sie beide ihren Geist aufgeben, dann werde ich verdursten. Mein Verstand begrüßt einige meiner Bemühungen mit Applaus, während mein Körper mit Buhrufen darauf reagiert und umgekehrt.

Es ist ein ständiger Kampf um Kontrolle und Selbstdisziplin, um das Einschlagen eines Kurses, der die größte Gewähr fürs Überleben bietet. Ich kann nicht mit Sicherheit sagen, was das für ein Kurs ist. Trifft meine Kommandozentrale die richtigen Entscheidungen? Bedeuten kleine, unmittelbare Erfolge auf lange Sicht den besten Kurs? Immer wieder kann ich mir nur sagen: «Du tust, was du kannst, du gibst dein Bestes.»

Ich benötige mehr Fisch, und die ständigen Stöße, die ich durch den Boden des Floßes spüre, teilen mir mit, daß Goldmakrelen in ausreichender Anzahl vorhanden sind, um den mit dem Fischen verbundenen Energieverbrauch vernünftig erscheinen zu lassen. Nach mehreren Fehlschüssen spieße ich schließlich eine Goldmakrele an der Schwanzflosse auf, aber das beeindruckt sie nicht sonderlich. Sie zerrt das Floß durch die Gegend, während ich mich mühsam festklammere; ich wünschte, ich könnte diesen Fisch so trainieren, daß er mich in die richtige Richtung zieht. Der Fisch reißt sich los, bevor ich ihn an Bord hieven kann. Na schön, neuer Versuch. Ich will die Harpune wieder spannen — plötzlich ist der Spanngummi verschwunden, sinkt jetzt durch drei Meilen tiefes Wasser! Das kann echte Probleme mit sich bringen.

Es ist mein erster größerer Verlust an Ausrüstung; aber ich habe schon genügend Notvorrichtungen zustande gebracht, also sollte mir auch hier irgendwas einfallen. Es stellt immer eine Herausforderung dar, ein lebenswichtiges Gerät mit dem zu reparieren, was einem zur Verfügung steht. Ich frage mich manchmal, ob nicht einer der Gründe für Hochseetörns und lange Seereisen darin besteht, sich und das Boot ein bißchen über die Grenzen der Belastbarkeit hinauszutreiben, zuzusehen, wie bestimmte Dinge versagen, und dann eine Lösung dafür zu finden. In vieler Hinsicht ist es oft genug lohnender, mit einem Notbehelf Erfolg zu haben, als bloß eine angenehme, ereignislose Fahrt zu erleben oder sogar ein Rennen zu gewinnen. Sich der Herausforderung stellen, das läuft wie ein roter Faden durch unzählige Seemannsgeschichten. Ich habe Masten wieder zurechtgebastelt, Steueranlagen, Bootsrümpfe und eine Menge kleinerer

Sachen. Obwohl mir nicht viel Material zur Verfügung steht, sollte die Reparatur der Harpune relativ einfach sein.
Wichtig ist, Ruhe zu bewahren. Die kleinen Details der Reparatur entscheiden über Erfolg oder Mißerfolg. Wie immer kann ich mir keinen Mißerfolg leisten. Nur keine Hektik. Mach es richtig. Morgen kannst du auch noch fischen. Der Pfeil und der Harpunengriff sind immer noch intakt. Nur die Spannvorrichtung fehlt. Ich lege den Pfeil in normaler Manier in den Schaft, ziehe ihn dann aber durch die Plastikschlinge am Ende des Griffs, um ihn so weit wie möglich zu verlängern. Ich wickle zwei lange Schnüre um Pfeil und Schaft. Ich verwende die schwere Angelleine, die besser als die synthetische Leine ist, weil sie sich zusammenzieht, wenn sie trocknet, wobei die Wicklungen strammer werden. Der glatte Pfeil hat immer noch Spiel, also lege ich eine dritte Wicklung darüber, dann zurre ich das Ganze im rechten Winkel fest. Dadurch soll verhindert werden, daß die Wicklungen wahllos verrutschen. Am Pfeilende sind Kerben angebracht, die normalerweise in den Abzugsmechanismus am Griff passen. Durch diese Kerben und wieder zurück zum Abzug ziehe ich Schlaufen, damit der Pfeil nicht vorn von einem flüchtenden Fisch herausgerissen wird.
Mir ist durchaus bewußt, daß meine reparierte Harpune kaum für die Jagd nach Goldmakrelen geeignet ist. Normalerweise zieht ein Taucher an seinem Harpunenpfeil, wenn er einen Fisch einholt. Ich muß meinen Speer durch den Fisch bohren, wobei das Gerät nicht gespannt, sondern zusammengepreßt wird. Wenn ich den Fisch aus dem Wasser hole, dann lastet auch noch ein großes Gewicht auf dem Pfeil, das ihn nach unten biegt. Doch meine neue Lanze fühlt sich recht stabil an, und ich bin bereit, sie auszuprobieren. Vor allem wird es auf Geduld ankommen, auf Geduld und Kraft. In dem Spanngummi war Kraft gespeichert gewesen; nun muß der improvisierte Speer von einem Augenblick zum anderen mit all der Kraft, die ich noch aufbringen kann, durch die dicke Haut einer Goldmakrele gestoßen werden. Ich stütze meinen linken Ellbogen auf den oberen Schlauch des Floßes, um beim Zielen eine ruhige Hand zu haben, und nehme die Speerspitze dann ganz locker zwischen die Fin-

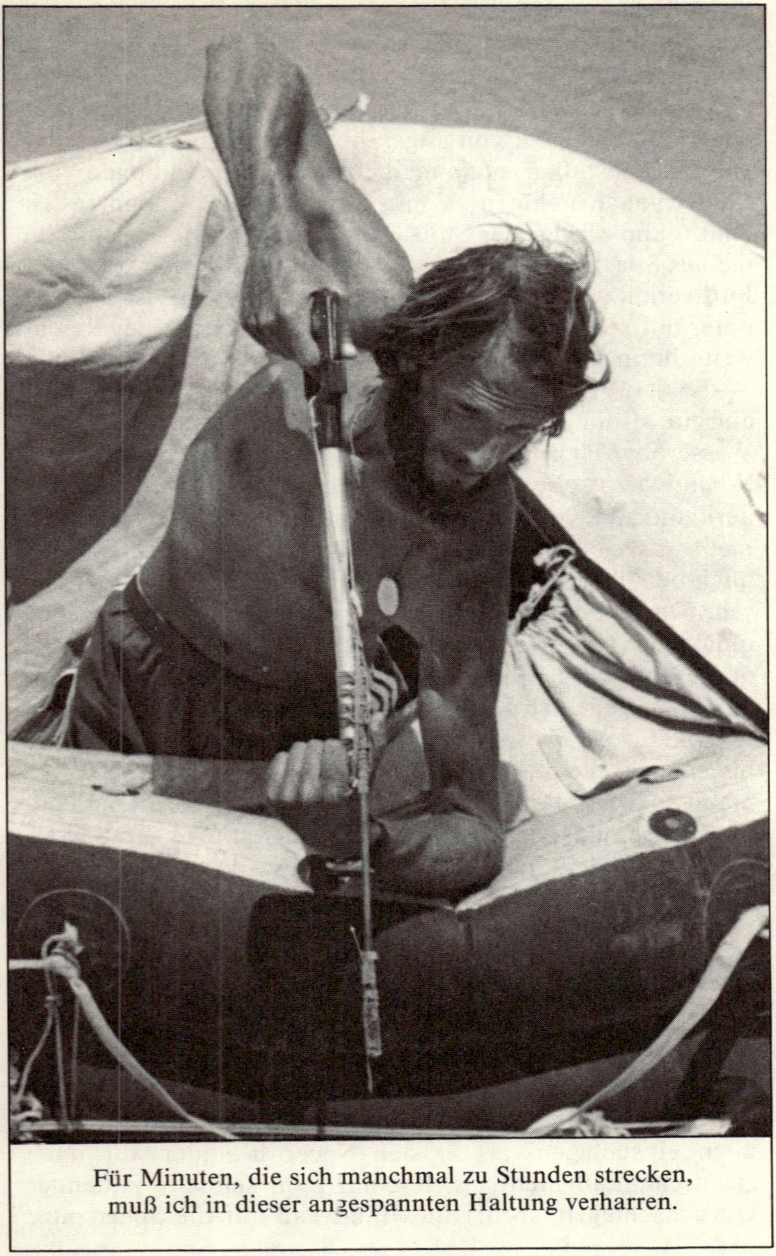

Benjamin Mendlowitz ©1982

Für Minuten, die sich manchmal zu Stunden strecken, muß ich in dieser angespannten Haltung verharren.

ger. Mit dem rechten Arm, angespannt, aber ruhig, ziehe ich den Harpunengriff hoch an meine Wange und warte auf meine Beute. Ich kann den Schaft hinunter zielen, und leichtes Schwanken verschafft mir ein begrenztes Schußfeld, mit einem Durchmesser von ungefähr dreißig Zentimetern; hier kann ich zustoßen, ohne meinen stützenden Ellbogen vom Floßschlauch nehmen zu müssen. Habe ich keinen festen Halt, dann wird jeder Stoß unkontrolliert. Die Reichweite meines Speers ist nun von sechs auf ungefähr drei oder vier Fuß verkürzt worden. Ich muß warten, bis ein Fisch direkt unter mir schwimmt, damit er sich innerhalb meiner Reichweite befindet und das Problem der Oberflächenbrechung — die den Fisch dort erscheinen läßt, wo er gar nicht ist — auf ein Minimum beschränkt ist. Bei schiefen Winkeln zur Wasseroberfläche stellt das ein gewaltiges Problem dar. Wenn ich zustoße, dann muß ich meine Reichweite vergrößern und alle Kraft einsetzen. Mein Arm schießt nach unten, mein ganzes Körpergewicht steckt dahinter, während ich mich bemühe, die Pfeilspitze nicht vom Ziel abirren zu lassen. Der Stoß muß blitzschnell kommen, da die Fische quicklebendig sind, muß aber auch vollkommen kontrolliert ausgeführt werden. Sobald ich meinen linken Stützarm vom Schlauch hebe, wird die Sache aussichtslos. Ich beobachte, wie die Fische überall herumschwimmen, muß aber warten, bis einer in mein Schußfeld kommt. Für Minuten, die sich manchmal zu Stunden dehnen, verharre ich in dieser Haltung. Ich spüre, wie ich langsam zu einer antiken Bronzestatue eines Bogenschützen ohne Bogen werde.
Das Stupfen der Hündchen hat sich zu einem Vorteil entwikkelt. Knapp hinter meiner Pfeilspitze drücke ich meine Knie tief in den Boden, locke sie so an. Bump, und ein Leib gleitet hervor, ein bißchen zu weit Steuerbord. Bump, ein bißchen zu weit Backbord. Genau die Mitte! Los! Stoß zu! Aufschäumendes Wasser, eine Wolke von Blut. Ich hab' ihn in der Luft. RIESENGROSS! Ein Blutschauer geht über mich nieder. Fühlt sich an, als würde jemand mit einem Ruder auf mich einschlagen, als er den Speer hinunter auf mich zurutscht. Laß nicht los, hol ihn rein, schnell! Wütendes Umsichschlagen, spritzendes Blut. Paß auf die Speerspitze

auf, *die Spitze, du Narr!* Auf den Boden, auf ihn, jetzt! Der gewaltige Leib mit dem quadratischen Kopf liegt für einen Moment still unter meinen Knien, als ich ihn mit meinem gesamten Gewicht niederpresse. Seine Kiemen flattern im Rhythmus meiner keuchenden Atemzüge, als ich den Speer zu beiden Seiten seines Leibes zu fassen suche, um mich einen Augenblick auszuruhen. Das Loch in seinem Körper, der sich fast über den ganzen Floßboden erstreckt, ist so groß wie meine Faust. Klumpiges Blut wirbelt in dem Krater herum, der durch mein anderes Knie entstanden ist.
Klatsch, klatsch, klatsch! Es klingt wie Donnerschläge, als sein Schwanz zu peitschen beginnt. Ich kippe nach hinten weg. Er hat sich mir entwunden. Die Spitze, paß auf die Spitze auf! Er schnalzt im Floß herum, sucht den Ausgang. Schmerzen in meinem Handgelenk, Schmerzen in meinem Gesicht. Er gewinnt. Ich greife nach der Speerspitze, die durch die Gegend peitscht. Dann stürze ich mich auf den Fisch, werfe ihn auf meinen Schlafsack und den Ausrüstungssack, und vergrabe die Speerspitze in dem dicken Stoff. Wir keuchen beide. Ich komme nicht an mein Messer heran. Seine Augen rollen, berechnend — mir bleibt nur noch wenig Zeit und er weiß es. Klatsch, klatsch, klatsch — wieder ist er los. Paß auf! Feuer schießt meinen linken Arm hoch. «Runter mit dir, runter!» Klatsch, klatsch, wie Peitschenschläge tobt er in der Rettungsinsel herum. Wieder zurück auf den Schlafsack. Ich werfe mich über ihn, stoße mit den Beinen, um ihn festzunageln. Flatternde Kiemen. Pack das Messer. Stoß es hinein. Trifft auf irgendwas Hartes — das Rückgrat. Dreh es. Knacken. Warten. Er japst immer noch nach Luft, wird langsamer, bewegt sich nicht mehr. Ausruhen ... So was mach' ich nie wieder.
Ich kann es nicht fassen, daß das Floß nicht zerrissen ist. Sorgfältig untersuche ich den Speer; er ist nur leicht verbogen, und die Wicklungen haben gehalten. Ich lausche, höre aber keine zischenden Lecks. Die Schläuche fühlen sich noch hart und fest an. Überall verspritztes Blut, ein Teil davon stammt zweifellos von mir. In Zukunft werde ich mich an die kleineren Weibchen halten. Außerdem werde ich mir von nun an meine Ausrüstung sorgfältig bereitlegen, bevor

ich zu fischen beginne. Mit dem Segeltuch decke ich den Floßboden ab, so gut es geht, lege mein Schnittbrett darauf und breite auf der Steuerbordseite meinen Schlafsack über den Ausrüstungssack. Seit ich den Destillationsapparat in Gang gebracht habe, war die Speerreparatur die erste ernsthafte Ausrüstungslücke, die ich überwunden habe.
Stundenlang bearbeite ich meinen großen Fisch. Zuerst hacke ich ihn in vier große Brocken, plus Kopf und Schwanz. Dann schneide ich jeden Brocken in vier lange Stücke, je ein Stück von jeder Seite des Rückens und jeder Seite des Bauches. Und die schneide ich dann schließlich in Streifen, die ich an der Schnur zum Trocknen aufhänge, wie ein Dutzend fette Finger, köstliche fette Finger. Ich schreibe in mein Logbuch, daß ich hier in einem merkwürdigen Gefängnis sitze, in dem ich langsam verhungere, gelegentlich aber ein zwanzig Pfund schweres Filet Mignon zugeworfen bekomme.
Die ersten Wochen meiner ungeplanten Floßfahrt sind gut verlaufen — so gut, wie man es eben erwarten konnte. Ich bin der unmittelbaren Gefahr beim Untergang der *Solo* entronnen, habe mich meiner Ausrüstung und meiner Umgebung angepaßt und bin nun tatsächlich besser mit Nahrung und Wasser versorgt als zu Beginn der Fahrt.
Das wäre die positive Seite. Die negative Seite ist nur zu offensichtlich. Mangel an Stärke, Zucker und Vitaminen hat meinen Körper schrumpfen lassen. Zuerst ist mein großer Gesäßmuskel verschwunden. Wo sich einst ein runder Hintern befand, spannt sich jetzt nur noch straffe Haut über Beckenknochen. Ich versuche so oft und so lange wie möglich zu stehen, aber meine Beine sind schlimm atrophiert und hängen wie Bindfäden von meinen Hüften, mit kleinen Knoten als Knie. Es gab eine Zeit, als drei Hände nicht ausreichten, um meine Oberschenkel zu umspannen; jetzt sind zwei mehr als genug. Brust und Arme sind dünner geworden, jedoch aufgrund der Überlebensübungen verhältnismäßig kräftig geblieben. Es übersteigt mein Verständnis, es ist verblüffend, ja fast schon erheiternd, wie der Körper dem einen Teil Wärme und Nahrung entzieht, um einen anderen Teil damit zu versorgen, wie er die Mangelerscheinungen kom-

pensiert, indem er nur noch die lebenswichtigen Systeme in Betrieb hält, wie sich überhaupt dieses Wrack funktionsfähig erhält. In mein Logbuch schreibe ich: «Kein Gramm Fett mehr an diesem Gerippe!»

Die Schnitte an meinen Knien sind immer noch nicht verheilt. Andere Risse haben häßliche Narben hinterlassen. Dutzende von kleinen Schnitten an meinen Händen, durch mein Messer oder Fischknochen verursacht, scheinen überhaupt nicht besser zu werden. Um die Wunden herum bildet sich Narbengewebe wie kleine Vulkane, mit Kratern offenen Fleisches in der Mitte. Obwohl ich peinlich genau darauf achte, das Wasser mit dem Schwamm aufzunehmen und die *Ducky* trocken zu halten, bin ich die Hälfte der Zeit naß. Die Salzwasserentzündungen beginnen als kleine, infizierte Geschwüre, die wachsen, aufplatzen und Eiterbeulen in der Haut zurücklassen, die dann größer und tiefer werden, als würde sich Säure langsam in die Haut einbrennen. Aber bis jetzt hat sich meine Mühe, mich einigermaßen trocken zu halten, ausgezahlt. Ich habe lediglich ein Dutzend offene Geschwüre, die sich an Hüften und Fußknöcheln konzentrieren. Mein Kissen und mein Schlafsack sind in trockenem Zustand mit Salz verkrustet, das sich in meine Wunden reibt.

Sonnenaufgang zum siebenundzwanzigsten Tag meiner Fahrt mit der *Rubber Ducky III.* Ich rolle den Zelteingang hoch und binde ihn fest, damit die nasse, kalte Haut des Materials nicht gegen meine Haut schlägt. Ich strecke den Kopf hinaus, schau nach achtern und beobachte den Sonnenaufgang so ehrfurchtsvoll wie ein Kind, das so was zum allerersten Male sieht. Ich notiere die Sonnenposition in Relation zum Floß.

3. MÄRZ
27. TAG

Falten in *Duckys* weichen Schläuchen öffnen und schließen sich wie zahnlose schwarze Mäuler, die an den Klebenähten herumkauen und an den weißen Kreidemarkierungen der Leute, die die Rettungsinsel abgenommen haben. Manchmal frage ich mich, wer diese Markierungen angebracht hat und was diese Menschen nun tun. Ich hoffe, es geht ihnen gut, denn sie haben einwandfreie Arbeit geleistet, und ich bin ihnen dankbar. Ich schiebe den Pumpenschlauch in die har-

ten, weißen Ventile und beginne mit meiner Arbeit, ein Job, der so undankbar und endlos ist wie Tellerwaschen und so ermüdend wie ein Marathonlauf. Die Ringprofile an der Pumpe haben meine Daumen mit dicken Schwielen überzogen. Der Blasebalg stößt jedesmal, wenn ich ihn zusammenpresse, ein kurzes jaulendes Wimmern aus, wie eine dieser Babypuppen, die schreien und Tränen vergießen. Uuh, uuh, uuh, uuh, eins, zwei, drei, vier . . . uuh, uuh, uuh, uuh, siebenundfünfzig, achtundfünfzig, neunundfünfzig, sechzig. Ich lege keuchend eine Pause ein, betaste den Schlauch — noch nicht so fest wie eine Wassermelone — und mache weiter. Dann kommt der untere Schlauch dran. Mittags, bei Sonnenuntergang, um Mitternacht und am Morgen quetsche ich die jaulende Pumpe. Zu Anfang mußte ich mir nur sechzig wimmernde Geräusche pro Tag anhören; nun muß ich dieses verhaßte kleine Biest über dreihundert Mal quetschen.
Der Destillationsballon fällt in sich zusammen. Jeden Morgen blase ich ihn auf, leere das Salzwasser aus dem Destillat und mache ihn wieder betriebsfertig. Dann erhebe ich mich und halte Umschau. Kitzlige Sache. Auf dem soliden Deck eines Schiffes sind die Wellenbewegungen berechenbar. Hier werden meine Beine von jedem Kräuseln des Wassers angehoben und sacken dann wieder durch. Winzige Blasen gurgeln um meine weichen Füße und kitzeln sie. Längst schon haben sie keine Hornhaut mehr. Ich halte mich vorsichtig an der Abdeckung fest; bei einem etwas kräftigeren Ruck könnte sie zusammenbrechen, und ich würde ins Meer stürzen. In meinem kleinen Schiffchen aufrechtstehen, das ist so, als würde man auf Wasser gehen.
Die einzigen Lebewesen in Sichtweite sind ein Sturmvogel und ein eleganter Sturmtaucher. Der Sturmvogel wirkt hier so unpassend wie ich, flattert und schwankt, droht jeden Moment abzustürzen. In Wirklichkeit hat er keinerlei Schwierigkeiten. Ich habe Sturmvögel in heulenden Windböen erlebt, die von einer gigantischen Wellenschlucht zur nächsten flatterten. Sie wiegen nur ein paar Unzen, und man könnte meinen, der kleinste Windstoß würde sie vom Antlitz der Erde fegen. Die winzigen Sturmvögel, selbst die wesent-

lich größeren Sturmtaucher, würden nur eine äußerst magere Mahlzeit abgeben, aber ich werde versuchen, einen von ihnen zu kriegen, wenn sie sich zu nahe wagen. Doch keiner von beiden hat Bedarf nach meiner gefährlichen Gesellschaft. Sie sind lediglich neugierig genug, um ab und zu vorbeizusegeln. Ihre winzigen Augen erfassen jedes Detail des Floßes, während sie vorbeizischen. Stundenlang könnte ich dem Flug des Sturmtauchers zusehen. Sie schlagen nur selten mit den Flügeln, selbst wenn es fast windstill ist. Dann gleiten sie in gerader Linie dicht über die Wasseroberfläche, um den Auftriebseffekt auszunutzen. Bei starken Winden kreisen sie in großen Schleifen und stoßen dann so tief auf die Wellen hinunter, daß ihre Schwingen vom Wasser nicht mehr zu unterscheiden sind. Für mich sind sie die Götter der Anmut. Beim Anblick der Sturmtaucher fühle ich mich plump und ungeschickt; sie erinnern mich daran, wie schlecht ich ihrem Reich angepaßt bin.

Robertsons Buch enthält Tabellen der Sonnendeklination, mit deren Hilfe ich bei Sonnenaufgang meine Richtung bestimme, was ich dann bei Sonnenuntergang noch mal wiederhole. Nachts kann ich mich am Polarstern und am Kreuz des Südens orientieren. Der Himmel stellt mir einen unzerbrechlichen, unsterblichen, einwandfreien Kompaß zur Verfügung. Zur Bestimmung meiner Geschwindigkeit messe ich die Zeitspanne, die Seetang für die Entfernung zwischen *Rubber Ducky* und Mann-über-Bord-Stange benötigt. Zuvor hatte ich die Entfernung zur Mann-über-Bord-Stange auf siebzig Fuß festgelegt, 1/90 einer nautischen Meile. Wenn ein Stück Tang oder anderes Treibgut eine Minute von der *Ducky* bis zur Stange braucht, dann schaffe ich 60/90 Meilen pro Stunde oder 2/3 Knoten, was sich dann auf 16 Meilen pro Tag addiert. Ich mache eine Tabelle mit Zeiten von 25 bis 100 Sekunden, 9½ bis 38 Meilen pro Tag. Einen 38-Meilen-Tag erlebe ich nie.

Da meine Karte den gesamten Atlantischen Ozean auf einem Blatt zeigt, lohnt es nicht, meine schneckenhaften Fortschritte täglich zu vermerken, aber alle paar Tage kann ich einige weitere Millimeter einzeichnen. Ich nehme mich selbst damit auf den Arm, daß ich nur noch eine kurze Weg-

strecke zurückzulegen habe — auf der Karte sind es doch nur noch ungefähr fünfzehn Zentimeter.
Ich bin zuversichtlich, daß wir — das heißt, die *Ducky* und ich — die Schiffsrouten erreicht haben und bald aufgefischt werden, aber es könnte auch durchaus sein, daß wir bereits darüber hinaus getrieben sind. Ich habe es wieder mit dem Notfunksignal probiert, aber ohne Erfolg. Die Batterie muß jetzt schon sehr schwach sein. Ich muß warten, bis ich eindeutig in Landnähe bin oder Flugzeuge sehe, bevor ich es erneut versuche. Kaum hatten wir das Gebiet erreicht, das ich für den äußeren Rand der Schiffsrouten gehalten habe, da wurde der Wind stärker. Vielleicht will Zephir uns hindurchblasen, bevor wir entdeckt werden können. Meine Enttäuschung hält sich in Grenzen; es ist eine Erleichterung, zielbewußt voranzukommen. Haie hab' ich keine gesehen. In sechs Tagen hab' ich nur ein einziges Schiff gesichtet — ziemlich leer, dieser ozeanische Highway.
Die Verhältnisse sind günstig für meine kleine Wanne. Der Wind weht kräftig genug, um uns ein flottes Tempo zu ermöglichen, jedoch nicht so stark, daß die Wellen aufgepeitscht werden. Wenn wir nicht von einer großen Einzelgängerwoge getroffen werden, wird die *Ducky* schön mit ihrem Boden auf dem Wasser bleiben. Sie gleitet die Wellenberge flott hinunter, weich und ruhig und friedlich und scheinbar reibungslos. Die Vorstellung eines Raumschiffes, das in langgezogenen Kurven durch die Leere des Alls gleitet, geht mir nicht aus dem Kopf. In meinem Logbuch skizziere ich die zu einer fliegenden Untertasse umgewandelte *Rubber Ducky,* mit einem lichterbesetzten Band um ihre Peripherie. Ich umgebe sie mit Planeten, Sternen und Fischen.
Frühstückszeit. Ich lasse mich auf mein Kissen zurückfallen und lehne mich gegen den Ausrüstungssack. Ich lege mir den Schlafsack über die Beine und warte auf die Wärme des Tages. Die seit zwei Tagen aufgehängten Fischstreifen sind halbtrocken, leicht kaugummiartig. Goldmakrelen beginnen mit ihrer eigenen Tagesroutine, pochen ein paarmal gegen mein Hinterteil, bevor sie sich zur Jagd aufmachen.
Acht halbe Liter Wasser, unter großen Mühen gewonnen,

lagern in drei ungeöffneten Wasserbüchsen, zwei wieder verschlossenen Büchsen, zwei Plastikbeuteln mit destilliertem Wasser und meiner Wasserkanne, die ich in täglichem Gebrauch habe. Der Metzgerladen hängt randvoll mit Fischstreifen. Feuchtes, frisches Protein benötigt zur Verdauung weniger Wasser als gekochtes oder getrocknetes Fleisch, also versuche ich gleich soviel wie möglich davon zu essen. Als die Tage vergehen und die Streifen zäher werden, rationiere ich das Fleisch sorgfältig und beginne wieder zu fischen.
Mein Verdauungstrakt macht mir Sorgen. Dougal Robertson weist auf den Fall eines Überlebenden hin, der dreißig Tage lang keinen Stuhlgang mehr hatte. Wenn der Körper mit der Verdauung der winzigen Nahrungsmengen fertig ist, die er zu sich genommen hat, dann bleibt kaum noch was zu tun. Ich spüre keinen Drang, mich zu entleeren, sorge mich aber wegen einer Hämorrhoide. Sollte es bei mir hinten plötzlich losgehen, dann kann es zu einem Riß und einer Blutung kommen, die ich nur schwer stoppen könnte. Ich beginne mit leicht abgeänderten Yoga-Übungen — drehen, beugen, krümmen, strecken - wobei ich allmählich lerne, wie ich die Bewegungen meines Wasserbetts ausbalanciere. Am einunddreißigsten Tag beginnt die blutige Blase zu schrumpfen, und ein bißchen Durchfall enthebt mich meiner Befürchtungen.
Früher Morgen, Abenddämmerung und Nacht sind die einzigen Zeiten, zu denen ich meinem Körper Leibesübungen abverlangen kann. Die Mittagstemperaturen schnellen bis auf fünfunddreißig Grad hoch, manchmal auch darüber. Mein Körper verfügt über keine Flüssigkeit, die er ausschwitzen könnte. Die Luft unter der Zeltabdeckung ist feucht und abgestanden. Es kostet mich große Anstrengung, wach zu bleiben und mich um die Destillationsapparate zu kümmern. Mit benommenem Kopf rede ich mir gut zu. Du mußt aufstehen, Umschau halten. Langsam, schön langsam, jetzt hoch auf die Knie. Ich starre in das blaue Wasser. Okay. Warte, ruh dich ein paar Minuten aus. Ich versuche mich auf etwas zu konzentrieren, aber meine Augen stolpern in meinem Kopf herum, knallen gegen die Seiten meines Schädels und prallen zurück. Pack die Kanne, laß sie nicht fallen, eine

hast du schon verloren. Gurgelnd tauche ich sie ein, hebe sie über mich und laße das Wasser über mich strömen, das meinem Nacken und meinem verfilzten Haar kühle Erleichterung verschafft. Wieder tauche ich die Kanne ein, wieder und wieder, stelle mir dabei vor, daß ich unter einer rauschenden Trauerweide durch hohes, feuchtes Gras krieche. Jetzt heb schön langsam den Kopf. Schau nach rechts. Schau nach links. Okay. Ein Bein hoch, jetzt das andere. Steh. «Braver Junge», sage ich laut, während ich in halbem Delirium herumschwanke und dabei hoffe, daß mein Kopf wieder klar wird. Der Wind trocknet die Meerwassertropfen an meinem Körper und leitet dabei winzige Hitzeströme ab. Manchmal funktioniert dieses Ritual. Ich halte das Gleichgewicht und bleibe mehrere Minuten lang aufgerichtet stehen. Manchmal aber fühlt sich mein Kopf auch so an, als würde er von einem schweren Gewicht zermalmt, wirbelnder bläulicher Nebel füllt mein Blickfeld, und ich sacke in mich zusammen, wobei die letzten Restchen meines bewußten Verstandes dafür sorgen, daß ich ins Floß zurückfalle. Ja, ich bin in wesentlich besserer Verfassung, als ich es für diesen Zeitpunkt vorausgesehen habe, aber gegen Mittag bin ich oft «jenseits des Punktes vernünftigen Handelns», wie Robertson es so trocken formuliert. Wenn ich es schaffe, nicht aus dem Leim zu gehen, dann kann ich die Inseln erreichen. Aber wie lange kann ich das noch durchhalten?
Immer wieder bestimme ich meine Position; ich schätze, daß ich noch tausend Meilen entfernt bin. Durchschnittsgeschwindigkeit fünfundzwanzig Meilen pro Tag. Gesamtfahrtzeit siebzig Tage. Wenn ich nur geradewegs auf Guadeloupe zutreiben würde. Ich habe die Zeltabdeckung so in den Wind gesetzt – und die Achterleine ist nicht genau in der Mitte befestigt –, daß die *Rubber Ducky III* eine Spur nach Süden von der westlichen Richtung abweicht.
Von den Kanaren aus schrieb ich meinen Eltern und Freunden: «Ihr könnt damit rechnen, daß ich so um den 24. Februar herum in Antigua sein werde.» Das war vor sieben Tagen. Aber ich hatte sie auch gewarnt, daß die Passatwinde noch nicht richtig eingesetzt hatten und ich deswegen auch erst um den 10. März herum, also heute in sieben

Tagen, eintreffen könnte. Sollte dann eine Suchaktion gestartet werden, dann befinde ich mich immer noch außer Reichweite, bin noch viel zu weit draußen auf See. Wenn mich doch nur bald ein Schiff aufnehmen würde, dann brauchten meine Leute zu Hause nicht erst anfangen, sich Sorgen zu machen.

In ungefähr dreißig Meter Entfernung vor dem Bug der *Ducky* sehe ich eine Haifischflosse in schnellem Zickzackkurs. Es ist eine kleine Flosse, aber ich bin trotzdem froh, daß er sich nicht für uns interessiert. Statt dessen gleitet er gegen Wind und Strömung nach Osten davon, um auf das Fressen zu warten, das ihm der nördliche Äquatorialstrom zutreibt.

Wie die meisten Raubfische kann sich auch der Hai keine ernsthafte Verletzung leisten, die ihn an der Jagd hindern oder ihn vielleicht sogar zum Ziel von Angriffen seiner eigenen Gattung machen würde. Die meisten Haie rempeln ihr Opfer erst mal kräftig an, bevor sie attackieren. Leistet das Opfer keinen Widerstand, dann schlägt der Hai sofort zu. Haie fressen so gut wie alles; in ihren Mägen sind Nummernschilder und Anker gefunden worden. Ich frage mich, wie es mit Rettungsinseln steht. Ich rechne damit, daß ich durch ihr Anrempeln die Chance habe, sie fortzujagen. Aber ich denke auch an den Film *Der weiße Hai*. Ich habe Geschichten über zwei gewaltige weiße Haie gehört, die gefangen wurden, seit der Film angelaufen war. Die beiden echten Haie hatten ungefähr die gleiche Größe wie das mechanische Ungeheuer, fast acht Meter lang, bei einem Gewicht bis zu vier Tonnen. Große Weiße sind eine unberechenbare Spezies. Sie sind so gewaltig und wild und mächtig, daß sie keine natürlichen Feinde kennen und sich nie Gedanken darüber zu machen brauchen, daß ihr Opfer wirklichen Widerstand leisten könnte. Sie greifen ohne jede Vorwarnung an; man weiß, daß sie ganze Boote zerschmettern und selbst Wale angreifen.

Dann gibt es die Mörderwale, von denen berichtet wird, daß sie sogar schon große Jachten zertrümmert haben. Ich betrachte meine kleine Harpune aus Aluminium und Plastik, die vielleicht ein Pfund oder zwei wiegt. Die Spitze könnte einem kleinen Hai so viel Schmerz bereiten wie mir ein Mükkenstich. Selbst wenn es ein kleiner Hai auf einen Zweikampf ankommen lassen würde, hätte ich die wesentlich schlechteren Karten in der Hand. Ich würde mit Vergnügen auf den Kampf verzichten.

Bei eiskalten Nächten und sengendheißen Tagen bieten nur die Abenddämmerung und das Morgengrauen einige Annehmlichkeiten. Wenn die Sonne am Horizont versinkt, beginnt es abzukühlen. Wie am Morgen lehne ich mich zurück, werfe den Schlafsack über meine Beine, pumpe *Dukkys* schrumpfende Glieder auf und beobachte durch mein Aussichtsfenster das große Finale des Himmels. Die scharfe weiße Scheibe spitzt gelegentlich hinter den bauschigen Kumuluswolken hervor, die sich am Horizont gesammelt haben. In Antigua ist jetzt Mittag vorbei. Wenn ich nur ein Floß hätte, das mit bescheidenen drei Knoten segeln könnte, dann wäre ich jetzt schon gemütlich in einem Hafen gelandet. Aber ich schaffe es trotzdem ... wenn ich nur die Kräfte, von deren Existenz ich bis jetzt keine Ahnung hatte, mobilisieren könnte.

Während die Wolken sich in den Sonnenuntergang schieben, bereite ich mein Abendessen vor, wähle verschiedene Fischstücke für ein ausgewogenes Mahl aus: einige zähe Streifen, die ich als Würste betrachte, ein besonders fettes Bauchsteak und ein Stück Rückgratschinken mit dünnen Streifen braunen, knusprigen Fleisches. Ich breche das Rückgrat auseinander und lasse die Gelatineklümpchen zwischen den Rückenwirbeln auf das Brett tropfen. Ein nudelähnliches Band zieht sich das Rückgrat entlang, und ich gebe es zu der Gelatine, mache eine «Hühnersuppe» daraus. Eine unsichtbare jüdische Mama redet mir gut zu. «Iß, iß. Nur zu, mein kranker Liebling, du mußt deine Hühnersuppe essen, um wieder gesund zu werden.» Von dem fleischigen Teil hinter der Bauchhöhle kommen prächtige Lendenstücke hinzu. Als Toast wähle ich einige durchgetrocknete Streifen, die schon mehr als geröstet und dementsprechend knusprig sind. Aber die wirklichen Köstlichkeiten sind die Organe, so ich welche habe. Magen und Eingeweide zu kauen ähnelt einem Biß in einen Uniroyal-Autoreifen, also gebe ich mich

gar nicht erst mit ihnen ab. Aber alles andere verzehre ich mit Genuß, vor allem Leber, Rogen, Herz und Augen. Die Augen sind erstaunliche sphärische Flüssigkeitskapseln von zweieinhalb Zentimetern Durchmesser. Ihre dünne, zähe Oberschicht hat große Ähnlichkeit mit dem Material von Tischtennisbällen. Meine Zähne quetschen einen großen Spritzer Flüssigkeit heraus, Linsen wie zähe Tautropfen und eine papierdünne, grünhäutige Kornea.
Ich verbringe immer mehr Zeit damit, an Essen zu denken. Phantasien über Restaurantbesuche werden mit unzähligen Einzelheiten angereichert. Ich weiß genau, wie die Stühle angeordnet sind und was die Speisekarte zu bieten hat. Dampfende Krabben in Blätterteig quellen über Reispilaw und geröstete Mandeln. Muffins, frisch aus der Pfanne. Geschmolzene Butter tröpfelt über warmes Brot. Der Duft von Pasteten und Schokoladekuchen zieht durch die Luft. Kalte Berge von Eiscreme ragen vor meinem geistigen Auge auf. Ich versuche die Visionen zu verjagen, aber der Hunger hält mich viele Nachtstunden lang wach. Ich bin wütend auf den Hungerschmerz, aber selbst beim Essen weicht er nicht von mir.
Den Großteil meiner Wasserration hebe ich mir zum Nachtisch auf. Da ich meinen Vorrat wieder aufgestockt habe, kann ich es mir leisten, tagsüber einen Viertel- und zum Abendessen einen Dreiachtelliter zu trinken; dann bleiben mir immer noch ein paar Schlucke für die Nacht. Langsam lasse ich das köstliche Naß über die Zunge rollen, bis das Wasser mehr absorbiert als geschluckt wird. Nach meiner Rückkehr wird mir selbst Eiscreme keinen größeren Genuß bereiten können.
In diesen friedlichen Momenten halte ich Mangelerscheinungen für eine seltsame Giftsorte. Jeden Tag einige Stunden Fischfang stellen meine Nahrung sicher; Unterschlupf und Schutz finde ich in einem Gummizelt. Mein vergangenes Leben erscheint mir unnötig kompliziert. Zum erstenmal sehe ich einen weiten Abgrund zwischen menschlichen Bedürfnissen und menschlichen Wünschen klaffen. Vor dieser Reise hatte ich stets, was ich brauchte — Essen, Obdach, Kleidung und Gesellschaft —, und doch war ich häufig

unzufrieden, wenn ich nicht das bekam, was ich wollte, wenn die Leute meinen Erwartungen nicht gerecht wurden, wenn ein Ziel durchkreuzt wurde oder wenn ich mir irgendwelche materiellen Güter nicht leisten konnte. Meine Zwangslage hat mir eine merkwürdige Art von Reichtum geschenkt, den wichtigsten Reichtum. Ich genieße jeden Augenblick, der frei von Schmerz, Verzweiflung, Hunger, Durst oder Einsamkeit ist. Selbst hier existiert überall um mich herum Fülle und Reichtum. Vom Floß aus erkenne ich Gottes Antlitz in den glatten Wogen, sehe Seine Grazie in den Schwimmbewegungen der Goldmakrelen, fühle Seinen Atem, der vom Himmel gegen meine Wangen weht. Ich sehe, daß die gesamte Schöpfung Seinem Ebenbild gleicht. Doch Seine ständige Gesellschaft reicht mir noch nicht. Ich brauche mehr als Speise und Trank. Ich brauche die Gesellschaft anderer menschlicher Wesen. Ich brauche mehr als einen Augenblick der Ruhe, des Glaubens, der Liebe. Ein Schiff. Ja, ich brauche immer noch ein Schiff.

Die See liegt glatt da. Alles ist still. In mir spüre ich eine Symphonie der Erregung anschwellen, wie Musik, die sehr leise, fast unhörbar beginnt und die dann immer lauter wird, bis das gesamte Publikum in einen einzigen, hämmernden Herzschlag eingehüllt ist. Ich erhebe mich, um den Horizont abzusuchen. Achtern türmen sich gigantische Gewitterwolken auf. Regen stürzt aus ihren flachen, schwarzen Böden, über denen sich dicke, schneeige Wolkendecken hoch aufbauschen, die dann von den Amboßköpfen kleiner Eiskristalle zerhämmert werden. Vor ihrer grauen Regenwand schieben die Wolken strahlend blauen Himmel her. Ein unsichtbarer Pinsel malt plötzlich einen ausgewachsenen Regenbogen mit scharf abgegrenzten Farben von Horizont zu Horizont. Die Spitze des Bogens führt direkt über meinen Kopf, verliert sich dreitausend Meter hoch in turbulentem Weiß. Die Brise streichelt mein Gesicht; die Zeltabdeckung des Floßes flattert. Die glatte, schieferfarbene See zeigt weißschäumende Risse. Weit im Westen spitzt plötzlich die Sonne zwischen aufgebauschten Himmelsskulpturen hervor, balanciert auf dem Horizont. Die Sonnenstrahlen schicken Wärme gen Osten, heizen meinen Rücken auf und lassen die

orangefarbene Abdeckung aufglühen. Ein weiterer unsichtbarer Pinselstrich malt noch einen vollkommenen Regenbogen hinter den ersten. Zwischen den beiden Farbgürteln quillt tiefes Grau auf. Der kleinere Regenbogen ist ein höhlenartiger, an den Rändern beleuchteter Mund, der nach innen hin mit einem intensiven, elektrisierenden Blau gefüllt ist. Ich habe das Gefühl, als würde ich den Korridor eines himmlischen Gewölbes von einzigartiger Pracht entlanggehen. Die Goldmakrelen springen in hohen Bögen aus dem Wasser, als wollten sie die Wolken erreichen; in ihrer funkelnden Schuppenhaut fängt sich die untergehende Sonne. Ich stehe bequem da, den Rücken der Sonne zugewandt, während kühler Regen mein Gesicht bespritzt, meine Tasse füllt und mich sauber wäscht. Weit entfernt im Norden und Süden berühren die Enden der Regenbögen das Meer. Vier Regenbogenenden und keine mit Gold gefüllten Töpfe, aber der Schatz ist trotzdem mein. Vielleicht habe ich bisher immer nach den falschen Goldmünzen Ausschau gehalten. Als das Naturschauspiel weiterzieht, leere ich das aufgefangene Wasser in meine Behälter, decke den Schlafsack über mich und schließe die Augen. Mein Körper ist wund, aber in mir herrscht Frieden. Für eine kurze Weile habe ich das Gefühl, ich hätte meinen Logenplatz in der Hölle verlassen. Diese wohltätige Stimmung hält drei Tage an.
In der Nacht zum 6. März stürmt es wieder auf Teufel komm raus. Die ganze Nacht werde ich herumgeworfen; es ist, als wollte man in einem Zementmixer schlafen.

6. MÄRZ
30. TAG

Am nächsten Tag erreicht der Sturm vierzig Knoten. Brecher stürzen sich auf die *Rubber Ducky,* und ich frage mich, ob uns der starke Wind in die Lüfte heben und nach Antigua tragen wird. Ausschau zu halten kommt gar nicht in Frage. Der Eingang ist fest zugezurrt. Auch um den Destillationsapparat kann ich mich nicht kümmern. Wenn ich nur Fenster hätte, dann könnte ich sehen, was draußen los ist, bevor es über mich hereinbricht; vielleicht würde ich ein Schiff entdecken, das mich aus diesem Schlamassel herausholt.
Ich nage an einem Fischstreifen, während ich auf das Ende des Sturms warte. Goldmakrelenhaut ist zum Beißen viel zu

zäh, also schabe ich das Fleisch mit den Zähnen ab. Ich spüre einen harten, scharfen Gegenstand in meinem Mund, wie ein Knochensplitter. Ich fische ihn heraus; es ist ein Plastikstückchen. Ein Teil der Jacketkrone, die einen meiner Schneidezähne abdeckt, ist abgesplittert. Als ich noch jung war, passierte mir dies mehrmals, und der bohrende Schmerz, der mir über den entblößten Nerv des Zahnstummels bis ins Gehirn schoß, ist mir noch sehr lebhaft in Erinnerung. Ich kann fühlen, daß ein Teil der Krone den Nerv noch abdeckt, aber sie ist locker und wird nicht mehr lange halten.

Wasser tröpfelt ständig durch die Zeltabdeckung. Am 8. März kriegt die *Ducky* wieder voll eins auf die Mütze. Ich schöpfe die Gallonen an Wasser aus und fange an, den schweren Klumpen, der ein Schlafsack sein soll, auszuwinden. Meine Krone ist ganz verschwunden, aber erstaunlicherweise schmerzt der Zahn kein bißchen. Der Nerv muß abgetötet sein. Dem Himmel sei Dank für kleinere Wunder. Seit zwei Tagen habe ich nicht mehr geschlafen. Meine Haut ist weiß, und selbst meine Falten haben noch Falten. Verfilzt und tropfend hängen mir die Haare am Kopf. Fischschuppen kleben wie Nagellacksplitter an mir. Ich muß wie eine richtige alte Hexe ausschauen. Na ja, wir Floßbewohner können nicht ständig Charme versprühen.

Zwei Stunden später bekommt die *Ducky* den nächsten Schlag ab. Erschöpft sitze ich inmitten der herumschwimmenden Trümmer, ausgelaugt, nicht länger in der Lage, die Beherrschung zu bewahren. In einem wasserspritzenden Wutanfall schlage ich mit den Fäusten um mich und brülle: «Du gottverdammter Hundesohn von einem Ozean!» Fünf Minuten lang verfluche ich nur Wind und Meer. Schluchzend breche ich zusammen: «Warum ich? Warum ausgerechnet ich? Ich will bloß heim, nichts weiter. Warum kann ich nicht einfach heimgehen?» In meinem Inneren schimpft eine zweite Stimme: Hör auf, dich wie ein kleines Kind zu benehmen. Aber ich habe längst jede Beherrschung verloren. Ich schreie zurück: «Ich scheiss' drauf, vernünftig zu sein! Ich bin verletzt, hungrig, müde und habe Angst. Ich möchte heulen.» Und das tue ich dann auch.

Ich habe keine Ahnung, daß an diesem Tag, vielleicht in diesem Moment, mein Vater die U.S. Küstenwache alarmiert, daß die *Napoleon Solo* überfällig ist. Einige Zeit zuvor hatte meine Mutter einen Alptraum gehabt. Sie hatte gesehen, wie ich in schwarzem Wasser um mich schlug und darum kämpfte, wieder an die Oberfläche zu gelangen. Schwitzend und zitternd war sie aus dem Schlaf geschreckt; seitdem hatte sie angespannt auf eine Nachricht von mir gewartet, die nie kam.

Nach ein paar Minuten verlöscht die Flamme in mir. Ich mache mich wieder an die endlose, schwere Arbeit des Schöpfens und Auswindens. Vielleicht werde ich nach meiner Rückkehr mit Freunden und Nachbarn ein Picknick veranstalten. Jawohl, allein deswegen muß ich schon zurückkehren. Gelächter und Kinder und frisch gemähtes Gras, Pinien und Forellenteiche. Wir werden ein gigantisches Barbecue machen, mit riesigen Salatschüsseln und Bergen von Eiscreme. Die Leute werden mich fragen, wie es war. Ich werde ihnen sagen, ich hätte jede einzelne Minute davon gehaßt. Man kann es nicht lieben. Man kann nur das tun, was man tun muß. Ich haßte es, wenn die See ganze Gewehrsalven dicht neben meinem Ohr abfeuerte, schwere Steine über mich wälzte, Wunden aufriß, mich schlug, siegte. Wochenlanges Anstürmen ohne Pause, ohne Rundengong. Ich haßte sogar die Ausrüstung, die mir das Leben rettete; die primitive Rettungsinsel, nichts weiter als ein ziellos treibendes Dreckstück von einem Floß, das elende Zelt, das sauberes Wasser faulig machte. Ich haßte es, Trinkwasser in dem gleichen Gefäß aufzufangen, in das ich mich entleerte. Ich haßte es, prächtige Kreaturen an Bord zu zerren und wie eine Bestie in ihrem Fleisch zu wühlen. Ich haßte es, zweiunddreißig Tage lang jede Minute zu zählen. Ich haßte ... ich haßte ...

Ich wußte nicht, daß ein Mann so viel Haß und so viel Sehnsucht in sich tragen kann. Ja, irgendwie werde ich heimkommen. Ich muß. Hat der Wind etwas nachgelassen, oder ist das nur meine Einbildung?

Nein. Während den nächsten beiden Tage hält der Sturm unvermindert an, das Leben ist die Hölle. Ich habe es geschafft, einen weiteren Drückerfisch, meinen dritten, und eine Goldmakrele, meine vierte, zu fangen. Die Goldmakrele hat meinen Speer erneut verbogen. Ich muß den Einsatz meiner Ausrüstung rationieren. Wer weiß, wie viele Goldmakrelen es noch braucht, bis der Speer endgültig kaputt ist? Und wie lange muß der Speer noch halten?

10. MÄRZ
34. TAG

Vor einer Stunde noch war der Sammelbeutel des Destillationsapparates fast voll. Jetzt hängt er schlaff herunter. In einer Ecke ist ein winziges Loch hineingebissen worden. Verdammter Drückerfisch. Ich hab' über sechs Unzen Wasser verloren. Ein halber Tag Leben dahin, alter Junge. Würdest du dir nicht wie ein Idiot vorkommen, wenn du einen halben Tag vor deiner Rettung sterben würdest?

Am 11. März hat sich alles wieder einigermaßen beruhigt, und ich verfalle wieder in meine gelassene Routine. Die halbe Strecke zu den Westindischen Inseln habe ich geschafft. Wieder habe ich Zeit, mir vorzurechnen, was für ein Glück ich doch hatte. Die *Solo* hielt sich lange genug über Wasser, damit ich all das retten konnte, was ich benötigte. Meine gesamte Ausrüstung funktioniert und leistet einwandfreie Arbeit. Bergsteigen, Camping, Pfadfinder, Bootsbau, Segeln und Konstruktion und die ständigen Ermutigungen meiner Familie, das Leben frontal anzugehen, all das hat mich mit ausreichenden Fähigkeiten ausgestattet, um mich auf dieser winzigen, treibenden Insel «häuslich einzurichten». Bis jetzt ist alles eine Aneinanderreihung von kleinen Wundern.

13. MÄRZ
37. TAG

Am 13. März jedoch bin ich nicht gerade fröhlich aufgelegt. Wegen des schlechten Wetters konnte die letzte Goldmakrele nicht richtig trocknen und wurde seifig und ranzig. Ich habe nicht viel davon gegessen und das meiste schließlich weggeworfen. Ich plage mich mit meinen Yoga-Übungen ab, schaffe in anderthalb Stunden das, was normalerweise in einer halben Stunde erledigt ist. Selbst in der Stille des Abends glaube ich nicht, noch viel länger durchhalten zu können.

Es genügt jetzt nicht nicht mehr, gerade soviel zu tun, um

über die Runden zu kommen. Ich muß mich in der bestmöglichen Verfassung halten. Ich muß mehr essen. Ich ziehe die Leine ein, die ich achtern hinterherschleppe, und kratze mit der Messerklinge die Muscheln ab. Von den Erdnuß- und Kaffeebüchsen schabe ich etwas Rost in mein Trinkwasser, in der Hoffnung, etwas Eisen aufzunehmen und dadurch die Anämie zu lindern.

Ich spreche mit dem faulen Vagabunden, der meinen Körper kontrolliert. Ich rede ihm gut zu, sich am Eingang niederzuknien und auf die nächste Goldmakrele zu warten. Anfangs reagiert mein Körper zu langsam. Eine Goldmakrele schwimmt heran. Ungeschickt stoße ich nach ihr. Daneben. Noch eine. Wieder daneben. Aber das pumpende Blut hilft, mein anderes Ich, den physischen Teil, zu beleben. Beim dritten Versuch ramme ich meine Waffe durch den Rücken des Fisches. Er zieht mich über den Schlauch, als er um sich schlägt und sich loszureißen sucht. Ich gehe so vor, als hinge der Fisch an einer dünnen Angelleine, um jedes Risiko zu vermeiden, daß meine Lanze bricht oder sich verbiegt. Aber ich muß ihn auch so schnell wie möglich an Bord hieven, bevor er mir wieder entkommt. Also lasse ich ihn zucken und schlagen, während ich hinuntergreife und den Speer dicht über dem Körper packe; dann hebe ich ihn hoch, ohne daß dabei der Schaft verbogen werden könnte. Ich werfe den Fisch auf die Segeltuchdecke, die den Boden schützt. Als ich die Goldmakrele mit den Knien festgenagelt habe, schiebe ich ihr das Schnittbrett unter den Kopf, dicht hinter den Kiemen, stoße das Messer seitlich hinein und breche mit einer schnellen Drehung der Klinge das Rückgrat. Normalerweise säubere ich den Fisch vollständig, bevor ich zu essen beginne, aber jetzt bin ich sehr hungrig. Ich nehme ihn bloß aus und schiebe den Rest beiseite.

Am Spätnachmittag esse ich die Organe; ich fühle mich, als hätte ich eine Transfusion erhalten. Der Magen der Goldmakrele scheint mit irgendwas gefüllt zu sein. Ich schneide ihn auf. Fünf teilweise verdaute fliegende Fische rutschen auf den Boden. Ich zögere, koste vorsichtig und muß mich fast übergeben. Ich sammle die Fische ein und werfe sie über Bord. Kaum fliegen sie durch die Luft, da denke ich schon, du Narr, du! Du hättest sie abwaschen und trocknen sollen. Das nächstemal. Aber welch eine Verschwendung. Ich wische die verspritzten Magensäfte auf und mache mit der Säuberung der Makrele weiter. Schweiß tropft mir von der Stirn, während ich über meinem Fang kauere und in der Hitze schufte, um den Leib zu zerlegen. Zweimal lege ich eine Pause ein, um meine Beine auszustrecken und meinen verkrampften Knien und meinem Rücken Erleichterung zu verschaffen. Die Arbeit ist hart, aber ich beeile mich, damit ich mich eher ausruhen kann. Ich arbeite stets so — ich treibe mich bis an die Grenzen an, damit ich schnell fertig bin und mich dann richtig ausruhen kann.

Als ich Löcher in die Fischstreifen bohre, um sie aufzuhängen, erhalte ich einen gewaltigen Schlag und werde zwischen den Schläuchen der *Rubber Ducky* zusammengequetscht. Wasser tröpfelt herein, dann schnellt das Floß in seine ursprüngliche Form zurück, als wäre nichts geschehen. Ich brauche einen Augenblick, um wieder zu Atem zu kommen und mich von dem Schock zu erholen. Die durchschnittlichen Wellen erreichen jetzt gerade eine Höhe von ungefähr drei Fuß, doch vor mir rollt eine Monsterwelle davon. Achselzuckend mache ich mich wieder an die Arbeit. Ich gewöhne mich an die kleineren und größeren Katastrophen, die ohne Warnung zuschlagen.

Der Destillationsballon liegt leblos da, über den Bug ausgebreitet. Er muß einen ordentlichen Klaps abbekommen haben. Die Luft entweicht fast genauso schnell, wie ich sie hineinblase. Das Tuch über dem Boden, durch das überflüssiges Meerwasser sickern kann und das in nassem Zustand luftdicht ist, weist jetzt ein Loch auf. Der ständige Wechsel zwischen nassem und trockenem Zustand hat dem Tuch zugesetzt, zusammen mit der Reibung an den Schläuchen der *Ducky*. Weniger als dreißig Tage in Gebrauch, und schon ist der Destillationsapparat im Eimer. Das andere Gerät habe ich nie hinbekommen. Je weiter wir nach Westen treiben, desto häufiger werden die leichten Regenschauer, aber ich habe schon Glück, wenn ich innerhalb einer Woche sechs bis acht Unzen Wasser auffangen kann.

Ein weiterer wichtiger Überlebensfaktor existiert nicht

mehr. Ich stecke in großen Schwierigkeiten — was nicht heißen soll, daß ich nicht bereits seit geraumer Zeit in Schwierigkeiten stecken würde.
Ich muß den anderen Destillationsapparat funktionstüchtig machen und dann dafür sorgen, daß er durchhält, vielleicht sogar für länger als dreißig Tage. Ich blase ihn auf, bis er ganz fest und prall ist. Gerade unterhalb der Stelle, wo sich die Halteleine durchzieht, pfeift ein winziger Mund eine eintönige Melodie, bis die Lungen des Ballons leer sind. Das Loch befindet sich in der hintersten Ecke an einer klumpigen Naht, was es unmöglich macht, wirkungsvoll einen Flicken draufzukleben. Irgendwas wasserdicht zu machen ist schon schwierig genug, selbst für einen gut ausgerüsteten Bootsbauer. Etwas luftdicht hinzubekommen ist noch wesentlich schwieriger.
Stundenlang überlege ich mir, wie ich das Leck abdichten könnte. Vielleicht kann ich einige Plastikstücke des alten Gerätes verbrennen und die geschmolzenen Klümpchen auf das Loch tropfen. Aber ich muß feststellen, daß meine Streichhölzer aufgeweicht sind und mein Feuerzeug leer ist. Also zwänge ich den Flicken so fest ich kann auf das Loch und blase mürrisch jede halbe Stunde den Ballon wieder auf. Jedesmal, wenn ich mit dem Pumpen aufhöre, beginnt der Ballon auch schon einzufallen. Wasser sammelt sich in dem Destillatbeutel, aber es ist salzig. Bei diesem Tempo habe ich jetzt bereits das Gefühl, als hätte ich einen Anfall von Kiefernsperre; mein Mund ist vollkommen ausgetrocknet. Ich muß eine effektivere Lösung finden. Hätte ich nur ein Silikonsiegel oder sonstwas in der Art.

16. MÄRZ
40. TAG

Ich habe jetzt vierzig Tage geschafft, aber mein Wasservorrat geht zur Neige, und im Metzgerladen baumeln nur noch wenige harte Fischstückchen. Außerdem ist es ein bißchen beunruhigend, daß für die Lebensdauer der *Ducky* eine Garantie von vierzig Tagen gegeben wird. Ob ich mein Geld zurückbekomme, wenn sie mich jetzt im Stich läßt?
Trotz dieser Probleme habe ich guten Grund, diesen Meilenstein zu feiern. Ich habe länger durchgehalten, als ich es zu Beginn je für möglich gehalten hätte. Ich bin auf halbem

Weg in die Karibik. Jeder Tag, jede Mühsal, jeder Moment des Leidens hat mich der Rettung einen kleinen Schritt nähergebracht. Die Wahrscheinlichkeit einer Rettung nimmt ständig zu — aber ebenso die Aussicht, daß Ausrüstungsgegenstände versagen. Ich sehe zwei Pokerspieler vor mir, die mit steinernen Gesichtern Chips auf einen Haufen werfen. Der eine Spieler heißt Rettung und der andere Tod. Der Einsatz wird größer und größer. Der Chip-Haufen ist nun so groß wie ein Mann und so umfangreich wie ein Floß. Bald schon wird einer gewinnen.

Die Goldmakrelen beginnen ihren morgendlichen Überfall. Sie hämmern gegen den Boden des Floßes, schwimmen manchmal außen herum und schlagen heftig mit ihren Schwanzflossen gegen *Ducky*. Ich packe meinen Speer und warte. Manchmal habe ich Schwierigkeiten, den Blick klar zu kriegen. Während des letzten Sturms habe ich mir mit einem Stück Polypropylenleine, mit der ich den Destillationsapparat festgezurrt hatte, ins Auge gestochen. Nachdem mein Auge über einige Tage hinweg anschwoll und tränte, wurde es dann wieder besser, aber in meinem Blickfeld blieb ein blinder Fleck zurück, den ich oft für ein Flugzeug oder die erste Andeutung eines unter meiner Speerspitze hindurchschießenden Fisches halte. Goldmakrelen sind so wendig, daß ich sofort, ohne einen weiteren Gedanken, blitzschnell zustoßen muß. Sekundenbruchteile des Zögerns, ein Stoß, ein Aufspritzen, ein scharfer Ruck in meinem Arm, und der Fisch ist entkommen. An anderen Tagen habe ich morgens und abends zwei oder drei Fische getroffen, dann meist aber doch mit leeren Händen dagestanden. Heute morgen habe ich Glück und erwische ein hübsches, fettes Weibchen. Für meine Streichholzbeine bedeutet es harte Arbeit, auf dem rollenden Floß zwei Stunden lang über dem Fisch zu kauern. Schließlich ist der Job getan und der Fisch zum Trocknen aufgehängt. Ich beginne Blut und Schuppen aufzuwischen, aber meine Schwämme haben sich in nutzlose kleine Klumpen verwandelt. Anscheinend haben die Magensäfte der letzten Goldmakrele sie zersetzt. Da mein Schlafsack seine Fähigkeit, Wasser aufzusaugen, ausreichend unter Beweis gestellt hat, nehme ich etwas von der

Füllung heraus, binde es mit Angelschnur zusammen und verwende es als Schwamm.
Jeden Tag lege ich aufgrund meiner ständigen Analyse des Zustands von *Ducky,* der körperlichen Verfassung, der Nahrung und des Wassers fest, was unbedingt Vorrang hat. Jeden Tag bleibt zumindest ein Faktor hinter dem zurück, was ich als gerade noch ausreichend erachte. Für das bedrückende Problem, Wasser zu sammeln oder zu destillieren, muß ich unbedingt eine Lösung finden.
Aus dem ersten Destillationsapparat, den ich zuvor schon aufgeschnitten hatte, hole ich etwas von dem schwarzen Tuch heraus. Ich befestige es über dem Loch des Destillationsgerätes mit dem defekten Boden; das Gewicht des Ballons hält es an Ort und Stelle. Jetzt habe ich vorne und hinten einen Ballon, die einzigen verfügbaren Positionen, wo ich mich ständig um sie kümmern kann. Den ganzen Tag hindurch verwandle ich mich alle zehn Minuten für den einen oder anderen Ballon in einen menschlichen Blasebalg. Zwischendurch leere ich das Destillat aus, nur für den Fall, daß sich Salzwasser einschleicht und es verschmutzt, während ich gerade mal nicht hinschaue. Bei Einbruch der Nacht habe ich einen ganzen Liter Frischwasser gesammelt. Ständig erhöht sich der Preis, den ich für meine kleinen Erfolge zahlen muß. Die Arbeit ist anstrengend und verbraucht eine Menge Körperflüssigkeit.
Ich weiß nicht, ob meine dampfenden Zellen dabei etwas gewinnen. Momentan bleibt kaum Zeit zum Träumen, kaum genügend Zeit zum Leben, aber vor meinem geistigen Auge sehe ich immer noch das Panorama ganzer Berge von Früchten vor mir.
Am nächsten Tag schon wird die Frage akut, ob es einen Sinn hat, beide Destillationsapparate gleichzeitig zu betreiben. Der gesamte Tuchboden des älteren Gerätes gibt nach. Tagsüber lasse ich den einen Apparat arbeiten und versuche den anderen zu flicken. Gewissenhaft bohre ich mit meiner Ahle Löcher rund um den Rand der Öffnung, dann fädle ich Zwirn durch und nähe einen neuen Tuchboden ein. Mit den restlichen Klebestreifen versuche ich es zu versiegeln, aber das Flickwerk erweist sich als totaler Fehlschlag. Der Ballon

bleibt wie tot liegen, ganz gleich, wieviel Mühe ich mir mit seiner Wiederbelebung gebe.
Zum Glück lerne ich den neuen Destillationsapparat bald besser kennen. Der Innendocht aus schwarzem Tuch wird von Meerwasser befeuchtet, das durch ein oben am Gerät angebrachtes Ventil tropft. Das Tempo, in dem der Innendocht befeuchtet wird, ist der kritische Punkt bei der Frischwasserproduktion. Ist er zu feucht, dann heizt sich das Innere nicht wirksam auf. Statt dessen versickert das überschüssige warme Meerwasser einfach durch das Bodentuch. Ist der Docht zu trocken, dann steht nicht die maximale Wassermenge zur Verdunstung zur Verfügung. Ich muß das Tempo steigern, in dem das Wasser verdunstet, das Kondensat sich an der Innenseite des Plastikballons niederschlägt und schließlich in den Sammelbeutel tropft. Anscheinend beeinflußt der Innendruck die Tropfgeschwindigkeit durch das Ventil. Der Destillationsapparat scheint dann am wirksamsten zu arbeiten, wenn der Druck ein leichtes Einfallen zuläßt, aber nicht so stark, daß der Plastikballon den Docht berührt, denn dann sickert das Salzwasser im Docht in das Destillat. Es erfordert ständige Aufmerksamkeit, den Ballon richtig aufgeblasen zu halten.
Um einen weiteren Fehlschlag mit dem Bodentuch zu vermeiden, bastle ich aus einem Stück Segeltuch eine Art Windel für das Gerät und stopfe es mit dem Tuchdocht des aufgeschnittenen Gerätes aus. Ich decke den Boden des Destillationsapparates ab, indem ich die Windel mit den Ecken an der Halteleine festbinde, in der Hoffnung, sie werde die Reibung von der *Ducky* dämpfen und das Bodentuch stets naß halten, um ein Durchlaufen zu verhindern.
Auch mein Regenauffangsystem ist verbesserungsbedürftig. Beim ersten Klatschen von Wassertropfen vom Himmel zwänge ich gewöhnlich die Kunststoffschachtel gegen die Achterseite des Destillationsapparates, von deren Befestigungsleinen sie an Ort und Stelle gehalten wird. Das Arrangement ist ganz simpel und läßt sich schnell aufbauen, genauso wie sich die Schachtel schnell leeren läßt, was wichtig ist, um die Salzwasserverschmutzung durch Brecher und Gischt so gering wie möglich zu halten. Ich glaube jedoch,

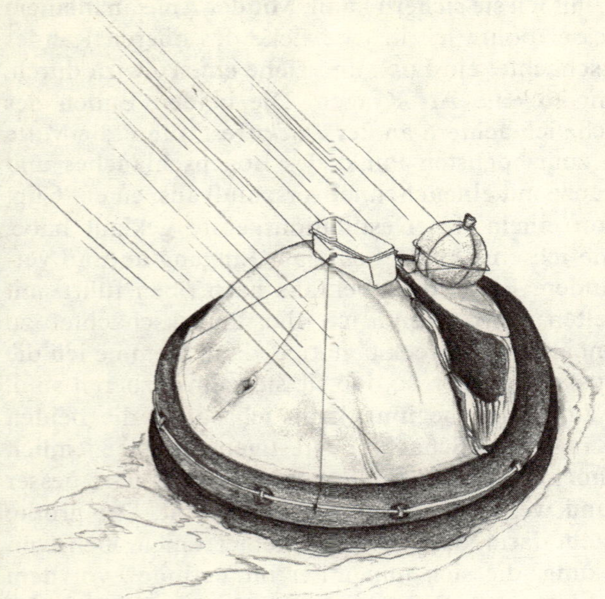

Die Plastikschachtel ist als Sammelbehälter für den Regen doppelt so wirkungsvoll, wenn ich sie ganz oben am Floß befestige. Die Leinen, mit denen sie am Heck der *Ducky* festgezurrt ist, können schnell gelöst werden. Durch einen Haken sind sie mit der um den Schachtelrand laufenden Schnur verbunden. Ein weiterer Haken mit Leine, nach vorn gespannt, ist auf dem Bild nicht zu sehen. Wenn man die beiden Haken aneinanderhängt, kann man die Schachtel entfernen und zwischen den Regenfällen für andere Zwecke verwenden.

daß ich mehr Wasser auffangen kann, wenn ich eine Möglichkeit finde, die Plastikschachtel ganz oben auf dem Floß zu befestigen. Ich muß der Schachtel eine Art Zaumzeug anlegen, damit ich sie sichern kann. Mit der Ahle an meinem Taschenmesser bohre ich in jede Ecke des oberen Randes der Plastikschachtel ein Loch und ziehe einen Zwirn durch, verpasse ihr so eine Art Kragen. Die beiden Enden des Zügels mache ich achtern an der *Ducky* fest, führe die Mitte nach oben zum höchsten Punkt des Bogenschlauches und rüste das ganze mit einem Schnellverschluß aus, einem Clip, den ich von einem der Destillationsgeräte geklaut habe. Vorne binde ich eine kurze Leine am Eingang an und versehe das andere Ende, das ebenfalls nach oben führt, mit einem zweiten Clip. Wenn ich die Plastikschachtel zu irgendeinem anderen Zweck benötige, dann klemme ich die beiden Clips aneinander, so daß sie stets einsatzbereit sind. Sobald es zu regnen beginnt, kann ich sofort die beiden Clips am Kragen der Schachtel befestigen, was sie ziemlich sicher am höchsten Punkt des Bogenschlauches hält, besser im Wind und weiter von den Wellen entfernt. Der größte Vorteil besteht darin, daß die Schachtel jetzt nicht mehr von der Abdeckung, die sich nun unter ihr befindet, vor dem Regen geschützt wird. Tatsächlich fängt sie so die doppelte Wassermenge ein.

Schließlich muß ich mich um meine Messer kümmern. Mein Pfadfinder-Taschenmesser mit der Ahle habe ich mit zwölf Jahren gefunden. Die Feder an der Hauptklinge war schon immer zerbrochen gewesen, deshalb wackelte die Klinge ein bißchen. Jetzt ist alles ein einziger Rostklumpen, den ich erst mal sauberkratzen muß. Sowohl dieses Messer als auch mein anderes schärfe ich häufig. Wenn ich den Stahl kräftig gegen Fischhaut mit noch einer Spur Fettgewebe reibe, dann fettet das die Klingen, bis sie glänzen. Rohmaterialien und ganz grundlegende Werkzeuge hüte ich wie kostbare Schätze; man kann so unglaublich viel mit ihnen anfangen. Papier, Schnur und Messer waren schon immer meine bevorzugten menschlichen Erfindungen. Und jetzt sind alle drei so ungemein wichtig für mein Überleben und meine geistige Gesundheit.

Jeder Tag kommt mir jetzt länger vor. An meinem zweiundvierzigsten Tag liegt die See flach und heiß da, wie ein Blechdach im August am Äquator. Hunderte von anderen Sonnen, die durch kleine Wellen aufblitzen, schließen sich der Sonne am Himmel an. Wie ein Punkt in einem Buch mit leeren Seiten, so sitzen die *Ducky* und ich da.

18. MÄRZ
42. TAG

Ich stelle fest, daß mein Schlafsack mich nicht nur wärmt, sondern auch kühlt. Ich breite ihn über dem Boden aus, damit er in der Sonne trocknen kann. Strecke ich meine Beine darunter, dann befinden sie sich im Schatten, zwischen dem nassen Schlafsack und dem kühlen, feuchten Boden. Meinen Entzündungen tut das nicht besonders gut, aber sie sind jetzt gar nicht mehr so schlimm, und die Erleichterung ist doch beträchtlich, was die Hitze anbelangt. Ohne Schlafsack erhitzt sich der schwarze Boden stark, und das ganze Innere der *Ducky,* ohnehin schon heiß genug, wird zum unerträglichen Ofen.

Es gibt nichts zu tun, als auf den Wind zu warten und zu versuchen, weitere Nahrung zu erwischen. Ein paar köstliche, frische Innereien sollten meine Stimmung heben. Eine ganze Schule von Drückerfischen nähert sich der Floßseite, taucht drunter weg, kommt wieder zum Vorschein, die Fische zeigen Pirouetten und Schwünge, drehen sich umeinander in einem erstaunlichen Unterwasserballett. Sie sind jetzt ungemein auf der Hut vor mir und lassen sich schwerer fangen als die Goldmakrelen. Sie sind zwar bei weitem nicht so schnell wie diese, können aber mit raschen, kleinen Schlenkern meinem Speer bequem ausweichen. Sie tanzen knapp außerhalb meiner Reichweite herum. Stoß. Daneben. Auf eine Goldmakrele muß ich mit zwei Armen zielen, aber vielleicht kann ich einen Drückerfisch mit einem schnellen, einarmigen Stoß durchbohren. Wieder und wieder steche ich zu. Ihre winkenden Flossen verspotten mich. Schnurgerade schießt mein Arm herunter; ein Drückerfisch kriegt den Speer in den Bauch. In seinem Inneren entdecke ich weiße Säckchen — das müssen die männlichen Organe sein —, die ich bald genauso zu schätzen weiß wie die goldenen Eier der Weibchen.

Ducky, könntest du bitte aufhören, so herumzuplätschern? Du schickst ja jedem Hai in der Gegend eine persönliche Einladung. Vielleicht sollte ich noch weitere Fische erlegen, solange das Wasser so ruhig ist.

Wieder sinkt die Sonne auf den Horizont zu, und die Goldmakrelen sammeln sich zu ihrer Abendbeschäftigung. Die Ruhe und Stille scheint sie zu hypnotisieren; wie Phantome gleiten sie durch das Wasser und stupfen uns sanft an. Die Älteren streichen noch am Rande herum und behalten ihre Klasse im Auge. Allmählich unterscheide ich die einzelnen Fische nicht nur aufgrund von Größe, Markierungen und Narben, sondern auch anhand ihrer Persönlichkeiten. Sie wachsen mir richtig ans Herz. Einige scheinen diese, andere jene Seite des Floßes zu bevorzugen. Einige schlagen aggressiv dagegen und huschen dann schnell davon, als wären sie verärgert oder wollten meine Stärke testen. Andere gleiten sanft unter dem Boden entlang und schlängeln sich wieder hervor ... direkt ... vor ...... mir! Feuer frei! Ich treffe zu weit hinten, zu nahe an der Schwanzflosse. Der Fisch schießt an die Oberfläche und reißt sich los. Ich ruhe mich aus.

Wolken beflecken wie schmutzige Fingerabdrücke eine silberne Sonne, die fast schon den Horizont berührt. Lichtbänder schnellen über den Himmel. Am östlichen Horizont hat sich der Himmel tiefblau verfärbt; bald wird er ganz schwarz werden und sich mit funkelnden Sternen füllen. Die sanften, gerundeten Wellen erinnern mich an weite, reife Weizenfelder. Die Halme mit den schweren Ähren beugen unter der leichten Brise die Köpfe und warten auf die Sense des Schnitters. Mir bleibt nicht mehr viel Zeit zum Fischen. Wieder gehe ich in Stellung.

Links von mir taucht eine große Form auf. Mittlerweile habe ich es mir angewöhnt, so lange zu warten, bis ich mit einiger Sicherheit einen Treffer erzielen kann, aber vielleicht bekomme ich heute abend keine weitere Chance mehr. Ohne nachzudenken, ohne Furcht vor einem Kampf mit einem Männchen rolle ich nach rechts und stoße den Speer nach links. Humph! Solider Treffer. Alles ist still.

Wo bleibt der Wutausbruch? Fest umklammere ich die Harpune, hänge wie erstarrt über dem Schlauch. In der nächsten

Sekunde wird die Schlacht beginnen. Aber nichts dergleichen geschieht. Das Auge in dem gewaltigen Kopf schaut glasig aus. Der leicht geöffnete Mund ist paralysiert. Die Kiemen sind wie zugeklebt. Die Spitze des Speers sitzt in dem Streifen, der sich seitlich hinunterzieht und die Position des Rückgrats markiert. Der Widerhaken ist gerade noch zu sehen. Der Speer ist nicht glatt durchgegangen. Vorsichtig ziehe ich den Fisch heran, packe den Speer mit der anderen Hand und beginne ihn sanft anzuheben. Es ist, als würde man einen Ball am Ende eines Stocks balancieren. Welch eine Erleichterung, keine weitere gefährliche Schlacht durchstehen zu müssen. Das ist Nahrung für eine Woche. Die glasige Oberfläche wirft Blasen, als sein Leib zu steigen beginnt. Nimm jetzt das Gewicht ... Ein Aufspritzen. Ich werfe mich vor, um ihn zu packen. Zu spät. Die glitschige Haut rutscht mir zwischen den Fingern durch.
Wie ein leuchtendes, totes Blatt, das von einem Ast fällt, trudelt der große, steife Leib abwärts. Sein leerer, glotzender Blick dreht sich im Kreis, während er tiefer und tiefer sinkt. All die anderen Goldmakrelen haben zugesehen. Wie Finger, die nach dem toten Fisch greifen, so lassen sie sich mit ihm immer tiefer sinken. Schließlich ordnen sich ihre Formen wie Blütenblätter um das Staubgefäß des toten Fisches an. Die winzige Blume kreiselt unentwegt tiefer, wird kleiner und kleiner, bis sie ganz verschwunden ist. Die Sonne ist untergegangen. Das Wasser ist nun schwarz und leer. Ich starre in die Tiefe.

SCHREIE UND FLÜSTERN

Am 9. März wies die New Yorker Küstenwache Stationen in Virginia und Puerto Rico an, in ihren «Schiffsnachrichten», die normalerweise von Handelsschiffen und Vergnügungsbooten auf hoher See gehört werden, die übliche Standardmeldung für eine überfällige Jacht zu senden. Durch Lloyds in London verfolgte die Küstenwache meine Spur bis zu den Kanarischen Inseln. Da keine offizielle Eintragung darauf hinwies, daß ich je auf Hierro gewesen war, weigerten sie sich zu glauben, daß ich die Insel Ende Januar verlassen hatte. Erst als meine Mutter und mein Vater ihnen eine Kopie meines auf Hierro abgestempelten Briefes zeigten, schenkten sie meinen Eltern Glauben. Diese Art von Mißtrauen gegenüber emotional beteiligten Amateuren, die in Such- und Rettungsaktionen verwickelt sind, sollte sich noch als typisch für die Behandlung meines Falles erweisen und zu einigen bürokratischen Problemen führen. Anschließend leitete die Küstenwache eine Hafenkontrolle der Westindischen Inseln ein, um zu überprüfen, ob die *Napoleon Solo* unbemerkt eingetroffen war.

Niemand weiß genau, wann ich die Kanaren verlassen oder ob ich eine direkte Route eingeschlagen habe, ob ich nach Süden ausgewichen bin, um die Passatwinde auszunützen, oder via Kapverdische Inseln gesegelt bin. Meine Familie weiß, daß ich nicht die kapverdische Route genommen habe, aber die Küstenwache ist sich da nicht so sicher. Der Ozean ist von unvorstellbarer Weite, eine endlose Wüste. Es ist im wahrsten Sinne des Wortes schwieriger, die Position eines Schiffes genau festzulegen, selbst wenn sie ungefähr bekannt ist, als eine Nadel in einem Heuhaufen zu finden. Selbst wenn meine Position auf hundert Meilen genau eingeschätzt werden könnte, so entspricht das einem Kreisgebiet mit einem Durchmesser von zweihundert Meilen oder dreißigtausend Quadratmeilen, die nach mir abgesucht werden müßten. Die Küstenwache teilt meiner Familie nicht mit, daß ich höchstwahrscheinlich tot bin, wenn ich mehr als eine Woche überfällig bin. Es passiert ständig. Zwischen 1972 und 1977 starben in den Gewässern vor den USA allein bei kommerziellen Fischereiunglücken 347 Seeleute. Der Etat der Küstenwache wurde beschnitten, sie verfügt deshalb über zu wenig Personal und mangelhafte Ausrüstung. Abgesehen davon würden sie mich auch nicht finden, selbst wenn sie einen Suchtrupp losschickten. Ich bin immer noch so weit draußen auf See, daß eine effektive Suche unmöglich ist. Die Küstenwache teilt meiner Familie mit, daß es nicht in Frage kommt, Flugzeuge auf die Suche nach der *Napoleon Solo* zu schicken.

In der Zwischenzeit suche ich von meinem Floß aus immer noch den Himmel nach einem Flugzeug ab, obwohl mir die Unmöglichkeit, eines zu entdecken, schmerzlich bewußt ist. Am 18. März, meinem zweiundvierzigsten Tag auf der Rettungsinsel, schließt die Küstenwache die Hafenüberprüfung ab, die sich in erster Linie auf die französischen und englischen Karibikinseln konzentriert hat. Niemand hat die *Solo* gesehen.

Jede Nacht schlafe ich ungefähr anderthalb Stunden, bevor mir der Gummi der *Ducky* ein Büschel Haare ausreißt oder die Krämpfe in meinen Beinen so stark werden, daß ich sie unbedingt bewegen muß. Ich erhebe mich, schaue mich um und lege mich wieder in einer der beiden anderen halbwegs bequemen Stellungen nieder. Der Mond ist abgenagt worden, bis nichts mehr von ihm da war, wurde dann wieder rund und fett und wird jetzt während der endlosen Folge von Nächten ein zweitesmal verschlungen. Trotz meiner Sorgen und Ängste, die sich vor allem auf die plötzliche, endgültige Zerstörung meines Floßes durch Haie oder andere Kreaturen konzentrieren, hält alles durch, und ich fühle mich recht ausgeruht. Am 19. März erhebe ich mich wie gewöhnlich, in der Hoffnung, daß mir dieser Tag den Schlüssel zur Befreiung bringen wird.

Ich kann nicht aufhören, der großen Goldmakrele nachzutrauern, die ich gestern abend vergeblich aufgespießt habe. Ich versuche mir einzureden, daß ich nur deswegen so niedergeschlagen bin, weil ich verzweifelt Fleisch benötige,

aber mein Verlustgefühl ist nicht einzig und allein pragmatischer Natur. Vergebliche Fischfangsversuche sind für mich nichts Neues, und ich denke kaum darüber nach. Ich fühle mich emotional niedergeschmettert. Die Goldmakrelen bedeuten mir längst schon mehr als nur Nahrung, sie sind für mich sogar mehr als Haustiere. Ich betrachte sie als Gleichberechtigte — in vieler Hinsicht sind sie mir sogar überlegen. Ihr Fleisch hält mich am Leben. Sie leisten mir Gesellschaft. Ihre Angriffe und der Widerstand, den sie bei der Jagd leisten, machen sie zu würdigen Gegnern, aber auch zu Freunden. Ich bin dankbar für ihr Fleisch und ihre Gesellschaft und fürchte ihre Kraft und Stärke. Ich frage mich, ob mein tiefer Respekt für sie auf die Achtung zurückgeht, die meine indianischen Vorfahren allen Naturkräften entgegenbrachten. Es ist seltsam, wie das Töten von Tieren manchmal derartige Bewunderung für sie auslösen kann. Ich kann das Töten der Goldmakrelen damit rechtfertigen, daß ich es nur tue, um mein eigenes Leben zu retten, aber selbst das wird zunehmend schwieriger.
Das gestrige Abschlachten hat niemand einen Vorteil eingebracht. Den Fisch habe ich seines Lebens beraubt und mich selbst seiner Gesellschaft. Ich fühle mich, als hätte ich eine schwere Sünde begangen, und das ist ein sehr schlechtes Omen. Diese Verschwendung. Wie ich Verschwendung hasse. Und doch ist mir klar, daß ich weiterhin fischen muß, wenn ich überleben will. Ich muß mich darauf vorbereiten, heute morgen erneut zu töten.
An der Spitze der Aluminiumschiene meiner Harpune ist eine große Plastiköse befestigt. Der Pfeil pflegte durch diese Öse zu schießen, steckt aber nun fest angebunden in ihr. Ich entdecke einen Riß in dem Plastikmaterial. Die Öse nähert sich ihrem Lebensende. Wenn sie bricht, dann kann der schlanke Silberpfeil abgedreht und rausgerissen werden. Verliere ich ihn, dann habe ich nichts mehr, womit ich fischen könnte. Ich lege noch einige Wicklungen darüber, um den Pfeilschaft besser an die Plastikspitze und die Plastikspitze besser an die Aluminiumschiene zu binden. Das Ganze scheint geradezu lächerlich übertrieben gesichert zu sein, aber ich weiß, daß die Vorrichtung bestenfalls dürftig

ist. Ich frage mich, wie viele Goldmakrelen sie noch überleben wird.

Die Fische beginnen mit ihrer morgendlichen Galaprozession. Ein Kopf taucht direkt unter meiner Spitze auf. Ich stoße zu und treibe den Speer durch den Körper, der sich sofort in ein saltoschlagendes Monster verwandelt und mir fast die Harpune aus der Hand reißt. Ich halte fest. Nein! Die Plastikspitze explodiert, Wicklungen fliegen auseinander und baumeln in der Luft, der Metallschaft des Pfeils bricht glatt ab, und der Pfeil wird aus der Harpune gerissen. Ich stürze vor, versuche ihn zu packen, aber er ruckt wasserspritzend davon. Ein schreckliches Geräusch, wie das Aufreißen eines riesigen Reißverschlusses, dringt an meine Ohren. Die Goldmakrele hat die scharfe Spitze in den unteren Schlauch des Floßes gebohrt. Mit scheußlichem, spukkendem Sprudeln kommt Luft heraus.

Der Fisch ist frei. Irgendwie habe ich es geschafft, Harpune und Speer nicht aus den Händen zu lassen. Ich werfe sie auf den Schlafsack und greife nach dem Riß. Oh, mein Gott! Es ist ein klaffendes Loch, ein ungefähr zehn Zentimeter langer, gähnender Mund. Ich versuche seine Lippen zusammenzurollen, aber die *Ducky* sinkt weiter. Gewaltige Luftblasen explodieren an der Öffnung, dann kommen kleinere Bläschen langsamer herausgequirlt. Schließlich liegt der untere Schlauch flach und still da.

Es ist vorbei. Die *Rubber Ducky* wird nur noch von ihrem oberen Schlauch getragen. Die Freibordhöhe beträgt jetzt nur noch ein paar Zentimeter. Wellen waschen über den Rand. Der Wasserdruck unter dem Floß stößt den Boden nach oben. Der Druck zerrt den unteren Schlauch aus meinem Griff und nach unten und gibt so dem Boden genügend zusätzliches Material, um sich bis auf Höhe der Wasseroberfläche aufzubauschen. Ich kämpfe mich durch den Gummi-Treibsand, versuche meine überschwemmte Ausrüstung zu finden.

Wenn ich den Schaden nicht beheben kann, dann ist es mit mir bald vorbei. Ich kann mich dann unmöglich trocken halten, und Salzwassergeschwüre werden sich in meine Haut wühlen. Meine Beine ragen ins Wasser. Anstatt nach den

Ballasttaschen werden vorbeischwimmende Haie lieber danach schnappen. Durch den Gummi hindurch hämmern die Fische bereits gegen meine Gliedmaßen und beißen danach. Ich werde nicht schlafen können. Meine Beine drükken sich so tief in den Boden der Rettungsinsel, daß Goldmakrelen außerhalb der Reichweite meines Speers sein werden, wenn sie dagegen stoßen. Und wenn ich tatsächlich einen Fisch erwischen sollte, dann werde ich ihn nicht trocknen können, und er wird bald ungenießbar sein. Die *Ducky* schwankt mehr denn je, und damit wird die Reibung am Destillationsapparat zunehmen. Ich muß etwas tun und zwar schnell, solange das Wetter noch hält.
Die konischen Stöpsel aus der Reparaturkiste sind viel zu klein, um den Riß zu verstopfen. Vielleicht ist es mit einem Stück Schaumstoff aus dem kleinen Kissen zu schaffen, das ich noch aus der *Solo* geholt habe. Zum Glück ist es ein ganz dichter Schaumstoff mit geschlossenen Zellwänden, der aus Millionen winziger Bläschen besteht. Er nimmt kein Wasser auf und ist auch noch luftdicht. Die Schläge der Goldmakrelen ignorierend suche ich mein Werkzeug und mache mich so schnell wie möglich an die Arbeit. Ich schneide einen Streifen Schaumstoff und einige Stücke dünner Leine zurecht, lehne mich über den Rand und ziehe am unteren Schlauch, gegen das Gewicht der Ausrüstung und mein eigenes Gewicht. Der Riß ist nahe genug, um ihn auseinanderklaffen zu lassen, aber immer noch außer Sicht. Ich stopfe den Schaumdübel hinein, packe den oberen und unteren Rand, lege mit der Leine eine Lassoschlinge darum und verschnüre das Ganze kräftig. Die Leine hat die Mundwinkel der Öffnung nicht erwischt, also füge ich weitere Leine hinzu. Die Windungen ziehen den Mund so weit zusammen, daß die Ränder eingeschlossen sind. Der Flicken ragt hervor wie Flunderlippen, zwischen denen eine kleine Schaumzunge heraushängt. Es ist Zeit, es auszuprobieren. Die Pumpe wimmert. Der Schlauch beginnt aufzuquellen, zieht den Boden etwas strammer. Als die *Ducky* zu steigen beginnt, durchbricht das Unterwassergegurgel die Oberfläche, der Mund kommt hoch und zischt mich an wie eine Seeschlange. Innerhalb von fünfzehn Minuten ist der Schlauch

wieder schlaff, und mein Körper sinkt wieder in den Gummi-Treibsand.
Erneut lehne ich mich über den Rand. Durch die zahlreichen Fältchen im Material, die sich von dem zusammengebundenen Mund wie die Wurzeln eines Baumes erstrecken, entweicht die Luft. Ich probiere die Füllung des Schlafsacks als Abdichtung, aber selbst stark zusammengepreßt ist es nicht luftdicht. Vielleicht erweisen sich meine alten klumpigen Schwämme als wirksamer, wenn ich sie mit Schaumstoffstreifen umwickle. Fünf Stunden lang versuche ich die Lükken in der Abdichtung zu verstopfen. Jedesmal, wenn ich den Schlauch aufpumpe, steigen Bläschen an die Oberfläche. Ich stopfe mehr Dichtungsmasse hinein, aber die Bläschen vervielfältigen sich und werden größer. Um den Schlauch halbwegs aufgeblasen zu halten, muß ich jede halbe Stunde fünzig Mal pumpen. Dreitausend Pumpbewegungen werden täglich nötig sein, um die *Rubber Ducky III* am Leben zu halten. Das bedeutet über zwei Stunden mörderische Arbeit, mehr, als ich meinem Körper zutraue. Wenn der Wellengang höher wird, wenn die Abdichtung überhaupt hält, dann werde ich wahrscheinlich meine Anstrengungen verdoppeln müssen. Es ist unmöglich.
Wir sind ungefähr sechshundert Meilen oder vierunddreißig Tage vom nächsten Land entfernt. Der schlaffe untere Schlauchring wirkt nun wie ein Treibanker und hemmt *Dukkys* Geschwindigkeit. Ich schufte wie verrückt in der wahnsinnigen Hitze. Mein Mund ist ganz salzig von der Leine und dem Messer, die ich zwischen den Zähnen halte; ich habe eine neue, verzweifelte Ebene des Durstes erreicht. Jetzt schon sind meine Muskeln völlig erschöpft. Vierunddreißig Tage werde ich niemals durchhalten.
Ich lege mich zurück und spüre, wie der Schlauch schon wieder erschlafft. Ich versuche mich auszuruhen und ruhig zu bleiben. Vielleicht existiert eine Schiffslinie zwischen Brasilien und der Südküste der Vereinigten Staaten, ungefähr dreihundert Meilen von mir entfernt. Immer noch zu weit. Ich habe das Gefühl, von meinem Platz in der Hölle direkt ins Feuer geworfen worden zu sein.
Meine Gedanken wandern zu den vielen Reparaturwerkzeu-

gen, die sich als zweckmäßig erweisen könnten — Nadeln, Zwirn und gute Dichtungsmasse; eine gewaltige Arterienklemme von den Ausmaßen einer Schere; vielleicht ein Ballon, der eingeführt und aufgeblasen werden könnte —, aber derartige Materialien finden sich erst einige hundert Meilen weiter westlich.
Die einzige Lösung, die mir einfällt, besteht darin, einen Dübel in das Loch zu stopfen und ihn fest zu verlaschen. Wie sehr vermisse ich doch Rat und Aufmunterung, Findigkeit und Kreativität und Barmherzigkeit eines Menschen, der mir zur Hand gehen könnte!
Eine Wolkenbank gleitet Richtung Norden vorbei. Ich muß dem Wetter zuvorkommen. Eine sehr dünne Mondsichel sitzt in einem tiefschwarzen Himmel wie ein verträumtes Auge, das sich gerade weit genug öffnet, um die schlafende See zu beobachten. Ich binde meine Taschenlampe an meinem Kopf fest, wie eine Grubenleuchte an einem Bergarbeiterhelm. Meine gesamte Ausrüstung ist an der Luvseite gesichert, damit sie nicht auf mich kippt. Vorgeschnittene dünne Leinen hängen in bequemer Reichweite von den Fischschnüren. Wenn ich meine Nase fest ins Wasser stecke, kann ich das beschädigte Gebiet sehen. Es behagt mir ganz und gar nicht, in diese Schwärze hineinzugreifen. Langsam zerre ich das Rattennest aus Leinen und Stöpseln los. Der Lichtstrahl beleuchtet das stille Wasser und macht kleine Fischschwärme darunter sichtbar. Bis zu welcher Tiefe kann dieser Leuchtturm gesehen werden? Wird er Fische anziehen? Ich beginne den Stöpsel wieder einzusetzen. Der Lichtstrahl fängt plötzlich eine gewaltige graue Form ein, die nur Zentimeter von meinen Händen entfernt vorbeigleitet. Ich reiße sie aus dem Wasser. Der Hai ist ungefähr drei Meter lang. Durchschnitt. Träge zieht er seine Bahn um das Floß, durchbricht kurz die Wasseroberfläche und taucht wieder unter. Ich stoße mehrmals mit dem Speer nach ihm, aber es gleicht dem Versuch, einen Berg mit einem Zahnstocher in Bewegung zu setzen. Gemächlich schwingt er seine Schwanzflosse in diese und jene Richtung, als würde er die Speerspitze gar nicht spüren. Für eine Weile sehe ich ihn nicht mehr. Nun steht das erwachte Auge des Mondes höher und strahlt hel-

Der verdammte Hai ist noch da; er zieht träge seine Kreise, wartet, bis seine Zeit gekommen ist.

ler. Ich beuge mich wieder vor, um weiterzuarbeiten, presse den Stöpsel tief in den Riß, binde ihn sorgfältig mit der Leine fest, wickle, ziehe kräftig an, wickle. SCHARFE ZÄHNE! Meine Hände schießen aus dem Wasser. Adrenalin muß förmlich aus meiner bebenden Haut sickern. Ich knipse die Taschenlampe an. Ein Drückerfisch wirbelt um den Flicken und verschwindet. Meine Uhr! Natürlich — die Leuchtzeiger und Leuchtziffern. Der Drückerfisch muß das für was Eßbares gehalten haben. Ich nehme die Uhr ab und greife wieder in Wasser.

Aus dem unteren Schlauch muß die Luft vollkommen raus. Erst dann kann ich genügend Material um den Stöpsel herum zusammenziehen, daß die Leine auch die äußeren Ränder der Mundöffnung erfaßt. Eine wirkungsvolle Abdichtung wird den Außenumfang des Floßes um zehn oder mehr Zentimeter verkürzen. Wenn die Backen hinter dem Mund aufgeblasen werden, dann werden sie versuchen, wieder die ursprüngliche Form einzunehmen und den gespitzten Mund glattzuziehen. Der Druck, dem hier Widerstand geleistet werden muß, beträgt etwa ein Pfund pro Quadratzentimeter. Ich benütze meinen Unterarm als Hebel, den oberen Schlauch als Stützpunkt und ziehe die Wicklungen so straff, daß die Leine in meine Hände schneidet und der obere Schlauch mir die Haut vom Unterarm rubbelt.

Es taugt immer noch nichts. Die Flickstelle leckt fast so schnell, wie ich pumpen kann. Ich bin so erschöpft, daß ich einschlafe, in meinem durchweichten Boot hin und her rollend.

20. MÄRZ
44. TAG

Im Morgengrauen erwache ich, zum nächsten Versuch bereit. Wie erwartet werden bei aufgeblasenem Schlauch die Ränder der Mundöffnung so stramm gezogen, daß eine Falte aus den Wicklungen hinausschlüpft. An der Stelle perlen Blasen heraus. Ich stopfe Schaumstoffstückchen und Schwammbällchen in die Vertiefung und verschnüre das mit dem Hauptpfropfen. Ein grauer Koloß mit weißen Finnenspitzen gleitet unter mir weg. Der verdammte Hai ist immer noch da, kreist und wartet darauf, daß seine Zeit kommt.

Ich habe meine Harpune wieder zusammengebunden und

dabei sorgfältig darauf geachtet, daß alles so fest ist, daß ich weder den Pfeil herausziehen noch die Wicklungen lockern kann. Es ist eine ziemlich solide Sache. Wann immer es geht, stoße ich nach dem Hai, aber der dreht einfach bei, entgleitet meiner Reichweite. Treffe ich ihn, dann ignoriert er meine lächerlichen Stiche. Ich mache mit meiner Arbeit weiter. Um die Haupt- und Nebenstöpsel lege ich einen Schaumstoffkragen und pumpe auf. Aus jeder Falte des zahnlosen Mundes strömen Luftblasen. Sechzig Pumpbewegungen jede halbe Stunde, oder meine Beine hängen wie Würste hinunter, zum Anbeißen einladend. Ich werde wütend. Die Bestie kommt näher. Mit haßverzerrtem Gesicht warte ich auf den Hai. Ich richte mich auf, so hoch es nur geht, und ramme den Speer mit meinem ganzen Gewicht nach unten; ich treffe ihn genau an der Linie, die von der Seite seines Kopfes zum Rücken verläuft. Diese Linie ist so empfindlich, daß sie über mehrere hundert Meter hinweg die Vibrationen eines um sich schlagenden, verwundeten Fisches orten kann. Innerhalb einer Sekunde ist er verschwunden, schießt in die Tiefe davon.

Ich ziehe eine Verbindungsleine von der Verankerungsschlinge der Bordleiter zum Leck und von dort zum Griffband des Floßes. Wenn ich die Leine anspanne, bringe ich genügend Außendruck auf den Flicken, so daß die Luft wesentlich langsamer entweicht. Ich füge noch einige «Aderpressen» hinzu. Jetzt benötigt die *Ducky* wenigstens nur noch vierzig Pumpbewegungen alle zwei Stunden, aber ich höre das ständige Zischen der wütenden Schlange, die nach einer Fluchtmöglichkeit sucht.

Die Arbeit verbrennt das schmerzende Muskelgewebe meines Körpers, aber eine Ruhepause gibt es nicht. Ich muß den Destillationsapparat wieder funktionsfähig machen und neue Kräfte sammeln. Getrockneten Fisch habe ich auch keinen mehr. Als mir die Goldmakrelen zwischen ihren Jagdausflügen einen Besuch abstatten, bin ich bereit. Ich überprüfe die Wicklungen am Speer und bringe mich in Position. Die richtige Position ist wichtig. Ungeschickte, ungenaue, übereifrige Stöße lassen nur das Wasser aufspritzen und verscheuchen die Fische. Endlich kommt einer in

Reichweite. Ächzend treibe ich den Speer nach unten, treffe ihn am Rücken, kann ihn aber nicht durchbohren. Er spiralt unglaublich schnell um das Pfeilende und ist schon weg, bevor ich meine Waffe mit beiden Händen packen kann. Benommen starre ich auf das stumpfe Ende des Speers. In weniger als zwei Sekunden hat der Fisch die Spitze glatt abgedreht und ist damit verschwunden. Die Goldmakrelen haben auf ihre Chance gewartet. Sie haben mein Floß zerstört, mich entwaffnet, und jetzt machen sie sich über mich lustig. Wäre ich doch nur eine Kreatur des Meeres. Fische bringen sich nicht in problematische Situationen, zu deren Lösung sie Intellekt und Werkzeug benötigen. Sie tun nichts weiter als schwimmen, sich vermehren und sterben. Ich stehe der ausgeklügelten Perfektion der Welt, in der ich mich befinde, mit Ehrfurcht gegenüber, aber für ehrliche Bewunderung bin ich einfach zu müde. Statt dessen sacke ich deprimiert in mich zusammen. Ich kann kaum noch die Arme heben, aber es muß sein. Es gibt jetzt mehr zu tun als je zuvor.

Ich beginne meinen Ausrüstungsbeutel zu durchwühlen, auf der Suche nach etwas, aus dem ich eine neue Speerspitze basteln könnte. In einer der Taschen finde ich Pfadfinderutensilien aus rostfreiem Stahl: Messer, Gabel und Löffel im Paket. Ein weiterer Gegenstand, den ich seit Jahren herumgeschleppt und zur Notausrüstung geworfen hatte, weil ich sonst kaum Verwendung dafür fand. Ich kann versuchen, entweder aus der Gabel oder dem Messer eine Spitze zu formen. Die Gabel ist recht stabil und könnte sich zum Aufspießen eines Drückerfisches eignen. Ich beschließe, es zuerst mal mit dem Messer zu versuchen. Wieder benütze ich Angelschnur als Wicklung, ziehe sie so fest wie möglich um Messergriff und Pfeilschaft. Das Messer hat zwei Löcher; ich ziehe eine Schnur von dem hinteren Loch zurück zu der Leine, die den Pfeil hält, und dann noch weiter zurück zum Harpunengriff. Selbst wenn das Messer abgerissen wird, verliere ich es nicht. Die schmale Klinge ragt einige Zentimeter über den Pfeilschaft hinaus. Es ist eine recht wackelige Angelegenheit; ich kann die Klinge leicht biegen, und so habe ich meine Zweifel, ob sie zum Fang von Goldmakrelen geeignet ist. Ich werde zuerst mal einen Versuch mit einem Drückerfisch starten. Wahrscheinlich wird schon die zähe Haut der Drückerfische die Spitze umbiegen, aber sie halten sich sowieso außer Reichweite, so als wüßten sie, daß ich wieder bewaffnet bin.

Vielleicht ist die Zeit gekommen, es auch mal mit Haken und Leine zu versuchen. Entenmuscheln geben einen guten Köder ab, und sie sind reichlich vorhanden. Ich ziehe die Leine ein, die achtern zu der Mann-über-Bord-Stange führt, kratze ein paar fette Muscheln ab, mache eine davon an einem Forellenhaken fest und lasse ihn achtern hinterhertreiben. Innerhalb einer Stunde habe ich einen Fisch an der Angel. Großartig! Vielleicht kann ich mich von Drückerfischen ernähren. Als ich meinen Fang einhole, bläst er sich plötzlich wie ein Ballon auf und schwenkt Hunderte von scharfen Stacheln. Igelfische sind giftig, und die Stacheln stellen eine weitere Bedrohung für die arme *Rubber Ducky* dar.

Ich schüttle den Haken los und probiere es noch mal. Wieder stürzt sich der Igelfisch drauf. Sonst interessiert sich niemand dafür. Zum Teufel damit.

Unter dem Floß wird es merkwürdig lebendig, schrilles Quietschen dringt hoch. Tümmler tauchen auf, halten aber Abstand. Sie springen übereinander, schwimmen weiter und lassen hinter sich einen Hauch ihrer sprühenden Laune zurück. Ein Fisch, länger, schlanker und nicht so bunt wie eine Goldmakrele, flitzt vorbei. Er ist zu schnell und zu weit entfernt, um ihn eindeutig zu identifizieren.

Tangklumpen tauchen jetzt häufiger auf; sie schauen aus, als wären sie schon länger unterwegs, als es weiter östlich der Fall war. Sie haben Zeit gehabt, ihr eigenes Ökosystem zu entwickeln. Laich glitzert zwischen den Verästelungen, von denen viele abgestorben sind, wie Tautropfen in einem ergrauenden Bart. Während ich die Eier herausklaube, huschen ein paar Krabben davon, gerade etwas über einen Zentimeter groß mit weißen Zeichnungen auf den Rücken. Eine wühlt sich durch den Tang, stürzt sich in die Wellen und schwimmt wie eine Wasserwanze davon. Die andere erwische ich und stecke sie mir in den Mund. Das winzige

Bröckchen Krabbenfleisch stellt eine willkommene Abwechslung zum ewigen Fischgeschmack dar.
Die *Ducky* treibt über durchsichtige Kugeln Phytoplankton mit einem Durchmesser von wenigen Millimetern. Seit Beginn der Reise habe ich sie gelegentlich gesehen, aber je weiter wir nach Westen treiben, desto dichter klumpen sie sich zusammen; eine ganze Menge dieser Klumpen sind stets in Sicht. Hätte ich Nylonstrümpfe zu meiner Ausrüstung gesteckt, dann könnte ich Planktonnetze basteln und sie nachts hinterherschleppen, wenn das große Plankton phosphoreszierend an die Oberfläche steigt. Aber ohne wirksames Sammelsystem reichen die Brosamen, die mir Tang und Wellen zutragen, bei weitem nicht zum Leben aus.
Ich lege mich zurück und starre zum Himmel hoch, das einzige, was ich mit den Festlandbewohnern gemeinsam habe. Ein schneeweißer Vogel mit zwei langen Schwanzfedern und einer schwarzen Maske über den Augen schlägt wild kreischend mit den Flügeln um sich. Oft genug habe ich beobachtet, wie tropische Vögel stundenlang versuchten, sich auf der Spitze eines schwankenden Mastes niederzulassen. Ich hoffe, der Vogel ist dumm genug, um auf der *Rubber Ducky III* zu landen. Nach einer Weile flattert der Vogel in seiner verwegenen Manier in Richtung Norden davon.
Jeder Wandel im Tierleben oder beim Tang bedeutet ein Signal. Jede Veränderung kündet von wechselnden Strömungen, und diese zeigen mir, daß ich nach Westen vorankomme. Bin ich dem Festland näher, als ich angenommen hatte? Nein. Das ist nichts weiter als Wunschdenken, du Trottel! Mein eigenes Ächzen und Stöhnen begleitet die Pumpgeräusche, während ich den Kampf fortsetze, die *Ducky* aufgeblasen zu halten. Ich werde so lange durchhalten, wie es mir möglich ist. Dann werde ich ein letztes Mal das Notfunksignal einschalten und hoffen, daß ich mich im Bereich westlicher Flüge befinde und daß die Batterie noch mehr Kraft hat als ich.
Dougal Robertsons Buch enthält mehrere nützliche Karten. Auf einer sind die Routen der Zugvögel verzeichnet, eine andere zeigt die zu erwartenden Regenfälle — in meiner Gegend nicht viel —, wieder eine andere die Hauptschiff-

fahrtswege. Meine große Karte zeigt diese Routen ebenfalls sowie Strömungen, Winde und andere Details. Ich übertrage die Umrisse des Kontinentalschelfs von einer der Karten von Robertson auf meine große Karte, obwohl der Maßstab der kleinen Karten recht ungenau sein kann. Keine der Karten zeigt Schiffsverbindungen von Süd- nach Nordamerika, aber es erscheint nur logisch, daß zwischen den Karibikinseln eine Anzahl kleinerer Schiffe verkehren, ebenso wie von Brasilien zu den Inseln und zu weiter nördlich gelegenen Häfen. Ich zeichne die von mir geschätzten Schiffsrouten und den eventuellen Flugverkehr ein, damit ich weiß, wann ich das Notfunksignal einzuschalten habe. Ständig kalkuliere ich meine möglichen Navigationsfehler, sowohl zu meinen Gunsten als auch zu meinen Ungunsten, und trage auf meiner Karte die maximale und die minimale Anzahl von Tagen ein, die ich bis zu den Routen, zum Festland, zu den Inseln brauchen werde.

Selbst die günstigsten Schätzungen schauen nicht besonders gut aus, und mit jedem Tag klaffen Mindest- und Höchstdauer weiter auseinander, was einerseits unglaubliche Hoffnungen in mir aufsteigen läßt, andererseits zu unglaublichen Depressionen führt. Bei meiner gegenwärtigen Geschwindigkeit von acht Meilen pro Tag werde ich nirgendwo schnell hingelangen.

Vor Anbruch der Nacht überrasche ich einen schläfrigen Drückerfisch, wobei ich die Spitze meines Buttermessers verbiege. Ich brauche fast eine Stunde, um das kleine Rhinozeros zu säubern. Nichts wird verschwendet. Um Augen und Maul herum sind kleine Fleischtaschen eingelagert. Aus den Augensockeln läßt sich eine fettige Schmiere kratzen. Ich schneide sogar das Ende der Zunge ab und tue so, als wäre es eine harte Wassernuß. Das meiste Fleisch ist weißliches Leder, aber zwischen den Flossenknochen, die ein bißchen aus dem Leib herausstehen, läßt sich ein Stückchen roter Hamburger schaben. Ich hebe einige Grätenknochen auf, falls ich eine Ahle basteln muß.

Die Nacht bringt mir tiefen Schlaf, der nur durch gelegentliche Krämpfe und einen Hai, der über den Boden der *Ducky* schrammt, gestört wird. Ich jage ihn recht lässig davon.

Wir haben den 22. März, mein sechsundvierzigster Tag. Die New Yorker Küstenwache gibt eine Radiomeldung durch, daß die *Napoleon Solo* überfällig ist. Sie benachrichtigt Lloyds in London, die Behörden der Kanarischen Inseln und die Küstenwachstationen von Miami und Puerto Rico, daß die «aktive Suche eingestellt wurde». Sie warten bis zum 1. April, bevor sie meine Familie davon in Kenntnis setzen. Ich halte immer noch Ausschau, sooft es geht, suche jeden Tag stundenlang den leeren Horizont, jeden Wolkenschleier nach der Andeutung eines Kondensstreifens ab, lausche angestrengt, ob nicht irgendwo das ferne Dröhnen von Propellern zu hören ist. Ich weiß, daß ich für eine aussichtsreiche Suche noch zu weit entfernt bin; außerdem bin ich schon so lange überfällig, daß bestimmt niemand mehr glaubt, ich könnte noch am Leben sein. Offiziell hat man mich sicher schon als «spurlos verschwunden» eingestuft. Nichtsdestoweniger halte ich weiterhin Wache.

22. MÄRZ
46. TAG

Das Leck ist gestern schlimmer geworden. Ich versuchte den Außendruck zu verstärken, indem ich eine weitere Halteleine über den Flicken zog, aber dadurch wurde der Stöpsel ein bißchen zur Seite gezogen, und die silberne Bläschenzunge der Schlange schnellte hervor. Nach stundenlangem Hantieren fing ich sie wieder ein, aber ein bösartiges Zischen entweichender Luft bleibt.

Momentan habe ich oft Wasser im Floß. Meine Beine drükken den Gummiboden nach unten, bis ich bis zu den Oberschenkeln im Wasser stehe; der Gummi legt sich eng um meine Beine. Es ist ein Gefühl, als würde ich überflutete, hüfthohe Gummistiefel tragen. Wenn ich mich bewegen will, dann muß ich jeweils ein Bein aus dem durchsackenden Boden ziehen, um es anschließend ein bißchen näher auf mein Ziel zu wieder abzusenken, wobei ich die ganze Zeit auf einem Bein balancieren muß. Wenn ich das Gleichgewicht verliere, dann falle ich in die saugende Schwärze; es erfordert einen echten Kampf, nicht total eingeschlossen zu werden. Natürlich ist es in der Mitte am schlimmsten, deshalb versuche ich mich am Rand des Floßes zu halten. Trotzdem reißt der saugende Gummi die vielen Geschwüre auf,

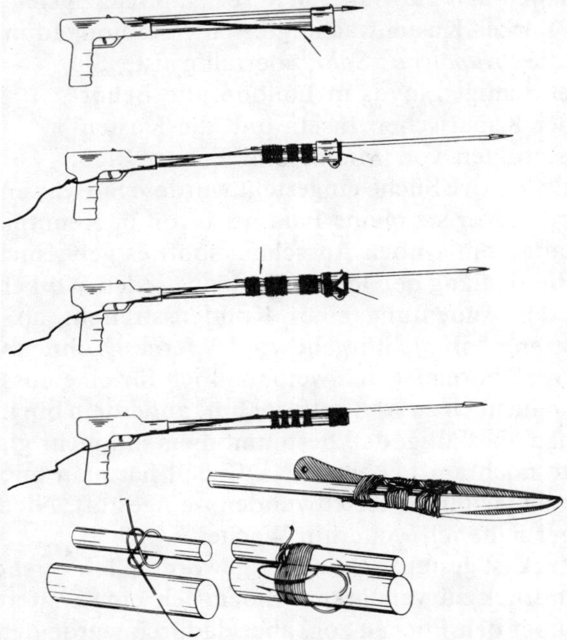

DIE ENTWICKLUNG DES SPEERES, *Seitenansichten: Im ersten Bild* weist der Pfeil auf den elastischen Gummistrang hin, der, bevor er verlorenging, den Speer geschleudert hat. *Im zweiten Bild* ziehe ich den Speer so weit wie möglich nach vorne, um die Reichweite der Waffe zu verlängern, und binde dann das Speerende fest an den Harpunenschaft. Eine Halteleine von der Kerbe im Speerschaft zurück zum Harpunengriff sorgt dafür, daß der Speer nicht nach vorn herausgezogen werden kann. Der Speerschaft geht durch die Plastikumhüllung an der Harpunenspitze. Die Kämpfe mit den Goldmakrelen brachten großen seitlichen Druck auf Speerschaft und Harpune; im Normalfall tritt hier kein Druck auf. Diese Spannungen führten bald zu einem Riß in der Plastikumhüllung, im Bild durch einen Pfeil angedeutet. *Im dritten Bild* versuche ich diesen Seitendruck zu reduzieren, indem ich den Speer weiter in den Harpunenschaft zurückschiebe. Außerdem verstärke ich die Plastikhülle durch weitere Wicklungen. Die nächste Goldmakrele jedoch ist so kräftig, daß sie die Plastikhülle sprengt; der Speer verbiegt sich und bricht an der vom Pfeil angedeuteten Stelle ab.

Darauf zerrt der Fisch den Speerschaft aus der hinteren und mittleren Wicklung; er wird nun lediglich noch von der vorderen Wicklung am Harpunenschaft gehalten. Der Fisch biegt den Speer herum und rammt ihn in den unteren Schlauch des Floßes. *Im vierten Bild* zurre ich den Speerschaft direkt am Harpunenschaft fest. Die Halteleine verläuft nun von der vordersten Wicklung zurück zum Harpunengriff, damit die Wicklung nicht über das Ende des Harpunenschaftes gezerrt werden kann.

Ich improvisiere eine neue Speerspitze: Eine Goldmakrele riß schließlich die mit Widerhaken versehene Speerspitze los und verschwand damit. Auf der einen, im Bild hinteren Seite des Schaftes befestige ich ein Buttermesser aus rostfreiem Stahl, auf der anderen, vorderen Seite die Klinge eines Rasiermessers. Jedes Messer hat Löcher hinten am Griff, also binde ich sie fest zusammen und sichere sie dann mit dichten Wicklungen. Ich biege den Griff des Buttermessers vom Speerschaft ab, damit er als eine Art Widerhaken dienen kann. Durch das im Griff sichtbare Loch führe ich eine weitere Halteleine und ziehe sie nach hinten. Selbst wenn die Messer vom Speerschaft gezerrt werden sollten, sind sie immer noch mit dem Floß verbunden. Um die Widerstandskraft zu verstärken und es den Klingen zu erlauben, kräftigen seitlichen Spannungen zu trotzen, biege ich die Messerklingen zusammen, so daß sich ihre Spitzen berühren und eine große, V-förmige Klinge entsteht. Die vorderste Wicklung geht über den Speerschaft hinaus und hilft so zusätzlich, die Klingenspitzen zusammenzuhalten.

Die beiden untersten Skizzen zeigen, wie diese für Seeleute äußerst nützlichen Wicklungen angelegt werden. *Links:* Mache einen Schifferknoten um den einen Schaft. Legt man ihn nämlich um beide, dann folgt er den einzelnen Lagen der Wicklung, die sich dann sehr schnell lockert. *Rechts:* Ziehe die Leine ordentlich und fest herum. Fädle das Ende der Leine durch die kleine Lücke *zwischen* den beiden Schäften hindurch, rechtwinklig zu den Wicklungen. Dadurch zurrt man die Wicklungen sehr stramm und verhindert ein Verrutschen. Es genügt, wenn man das drei- oder viermal macht. Abschließend legt man einen weiteren Schifferknoten, vorzugsweise dem Schaft und der Stelle gegenüberliegend, wo man begonnen hat. Der abgebildete Schifferknoten besteht lediglich aus zwei Windungen um den Schaft. Zusätzliche Windungen können jedoch einen mehrfachen Schifferknoten erzeugen. Normalerweise bevorzuge ich vier Windungen, am besten einen Schifferknoten neben dem andern. So bleibt, sollte sich einer lockern, der wesentliche Knoten direkt neben der Wicklung fest.

die sich an Beinen und Rücken gebildet haben. Einige der Salzwassergeschwüre zwängen sich zwischen meine Beine, andere sprießen auf meiner Brust. Mein Körper verfault vor meinen Augen.

Ich ignoriere den Schmerz und versuche zu fischen. Mit fiebrigen, benommenen Blicken erkenne ich gerade noch, daß ich es geschafft habe, zwei Drückerfische an Bord zu bekommen. Ich habe auch zwei Goldmakrelen getroffen, doch jedesmal bog sich die dünne Messerklinge, die ich jetzt als Speerspitze benütze, einfach um. Selbst wenn mein Stoß hart genug ist, um die Haut der Goldmakrelen zu durchdringen, reißen sie sich mit Leichtigkeit wieder los. So wie sich die Klinge hin und her biegt, rechne ich damit, daß sie jeden Moment abbricht.

Aus meinem Beutel hole ich das Rasiermesser, mit dem ich vor anderthalb Monaten die *Ducky* vom Deck der *Solo* abgeschnitten habe. Ich breche den Holzgriff ab, entferne die starre Stahlklinge und wetze sie an meinem Schleifstein. An der einen Seite des Speerschaftes binde ich das Buttermesser, an der anderen die Rasiermesserklinge fest und biege die drei Spitzen zu einer V-förmigen Pfeilspitze zurecht. Durch die Löcher in ihren Griffen zurre ich die Messer aneinander und am Speerschaft fest. Wenn ich noch ausreichend Kraft habe, dann wird der Speer wie ein Meteorit in die Goldmakrele einschlagen und einen klaffenden Krater reißen. Damit die Spitze noch besser hält, biege ich den Griff des Buttermessers vom Schaft weg, um so eine Art Widerhaken zu bekommen. Diese Klingen sind meine letzten verfügbaren Metallteile, aus denen ich eine Speerspitze basteln kann. Verliere ich sie, so kann mich das das Leben kosten. Eine Sicherungsleine vom Buttermesser zum Harpunengriff ist meine Lebensversicherung. Mit einer weiteren Leine binde ich die Harpune am Floß fest; für die Spitze baue ich eine Scheide, damit die Schläuche der *Ducky* vor ihr sicher sind, selbst wenn der Atlantik mit seinen Händen nach dem Speer greift und ihn schleudert.

Bevor ich Zeit habe, die neue Speerspitze zu testen, beginnt der Stöpsel am unteren Schlauch zu zittern, und am Bug schießen kleine Fontänen hoch. Mit einer Presse binde ich

die Pflaster und Stöpsel noch einmal ab und ziehe sie stramm.
Ein kleiner Vulkan explodiert und spuckt dicke Blasen aus. Das Leck ist wieder da.
Auch der Destillationsapparat leckt wieder stärker, nachdem sich mein vorangegangenes Flickwerk gelockert hat. Mittendrin in der Schlauchreparatur kann ich den Ballon nicht aufblasen, und so fällt er in sich zusammen, bevor ich mich um ihn kümmern kann. Salzwasser verschmutzt das Destillat. Schwer zu sagen, wie stark die Verschmutzung ist. Nicht zu salzig zum Trinken, entscheide ich, aber je höher der Salzgehalt meines Körpers wird, desto weniger schmecke ich das Salz. Die Tatsache, daß für mich Meerwasser allmählich fast wie Frischwasser zu schmecken beginnt, ist erschreckend.
Es ist Abend, als mir der Flicken wegknallt; der Schlauch wird schlaff, und ich liege die Nacht hindurch wach, dränge mich so weit nach außen wie möglich, um nicht zu tief mit dem Boden der *Ducky* durchzusacken. Kalt und naß, wie ich bin, habe ich das Gefühl, in einer auf die Seite gedrehten, mit Wasser gefüllten Hängematte zu liegen. Ein schwerer, rauher Klumpen streift mich. Wieder ein Hai. Ich packe meinen Speer und versuche mich in eine Position zu bringen, aus der ich zustoßen kann. Der quietschende Gummiboden legt sich saugend um meine Beine, verwindet sich, versucht mir die Haut abzuziehen. Ich kann den Hai nicht sehen, also ziehe ich meine Beinköder aus dem Meer, indem ich mich halb auf den aufgeblasenen Schlauch setze, den Kopf schief gegen die Zeltabdeckung gepreßt. Zitternd warte ich auf das Morgengrauen.
Jeden staubigen Winkel meines Hinterkopfes suche ich nach einer Idee ab, wie ich ein für alle Mal das Leck im Schlauch flicken könnte. Die dünne Leine, die ich für die Wicklungen verwendet habe, verschiebt sich regelmässig, bis die gesamten Wicklungen über die gekräuselten Lippen des Risses rutschen. Ich werde jetzt nur den letzten Zipfel der gespitzten Lippen packen und die Leine so schnüren, daß eine Wicklung glatt neben der nächsten liegt, wie Drahtspiralen auf einer Spule, so daß die Lippen immer stärker zusammenge-

zogen werden, bis die ganze Öffnung des Mundes geschlossen ist.
Bei Tagesanbruch probiere ich es mit einer Viertel-Inch-Leine vom Treibanker. Gott sei Dank funktioniert es.
Drei Stunden später fliegt die ganze Angelegenheit in die Luft.
Ich verschnüre das Leck erneut, lege innerhalb der Wicklungen der dicken Leine noch einige Pressen mit dünner Schnur an und ziehe die Halteleinen für den Außendruck drüber. Ich pumpe den Schlauch gerade so fest auf, daß er seine Form hält.
Etwas klopft monoton gegen den Boden. Ich schiebe mich über die Abdeckung der *Ducky,* drücke sie nieder und spähe über die Heckseite. Ich kann spüren, daß der rostige Gaszylinder, der ursprünglich die ganze Rettungsinsel aufgeblasen hat, aus seiner Tasche gefallen ist. Er gibt jetzt nicht nur einen guten Haiköder ab, sondern kann mit seinem rauhen Metall auch leicht ein weiteres Loch in mein Floß schaben. Der Wind hat aufgefrischt, und Wellen schwappen über mich, als sich die *Ducky* wie eine Membranpumpe hebt und senkt. Ich zerre an der Leitung, die den unteren Schlauch mit dem Gaszylinder verbindet. Die Gasflasche ist schwer, vermutlich voller Wasser, und läßt sich nicht wieder an den alten Platz befördern. Die Gasleitung zieht sich durch die Aufbewahrungstasche der Flasche, so daß nicht genügend Spielraum bleibt, um den Zylinder aus dem Wasser zu ziehen. Ich kann ihn weder an seinen alten Platz kriegen, noch kann ich ihn loswerden, und ganz sicher kann ich ihn nicht dort lassen, wo er jetzt ist. Verdammt! Ich taste nach der Aufbewahrungstasche und beginne mit meinem Messer daran herumzusäbeln, sorgfältig darauf achtend, die Klinge weder fallenzulassen noch sie in den Schlauch zu rammen. Zweimal schießt ein scharfer Schmerz meinen Arm hoch. Egal. Macht nichts, wenn ich mich selber schneide. Endlich ist es geschafft, ich ziehe die Flasche hoch und binde sie am oberen Schlauch fest.
Meine Arme sind bleiern, mein ganzer Körper schmerzt, und mein Kopf fühlt sich wie ausgestopft an. Während der letzten paar Tage habe ich nur einige Stunden Schlaf bekommen

und ständig in Salzwasser gesessen. Eiterbeulen sind aufgeplatzt. Geschwüre wachsen. Das Loch, das ich mir bei der Reparaturarbeit am Schlauch in meinen linken Unterarm gerieben habe, ist größer geworden und stinkt faulig. Ich muß unbedingt die einander widersprechenden Forderungen von Nahrung, Wasser und Schlaf befriedigen — fischen, navigieren, den Destillationsapparat versorgen und Wache halten, bis ich umkippe. Ich erwische einen weiteren Drükkerfisch und verschlinge ihn, als wäre er eine gebratene Ente. Die Notwendigkeit, das Floß wieder und wieder aufzublasen, raubt mir meinen nächtlichen Schlaf. Eine klare Trennung zwischen Gut und Böse, zwischen Schönheit und Scheußlichkeit existiert längst nicht mehr. Das Leben besteht nur noch aus verschwommenen Augenblicken, die sich auf dem Weg zu größerer Müdigkeit und tieferem Schmerz aneinanderreihen. Ich habe mich so sehr an die Bewegungen der Überlebensabläufe gewöhnt, daß ich sie ohne nachzudenken ausführe. Es regnet, und ich springe auf, um ungefähr zwei Deziliter Wasser aufzufangen, während ich gleichzeitig voller Abscheu beobachte, wie sich kleine Sturzbäche in der Zeltabdeckung sammeln, reines Wasser, das sich augenblicklich in eine gallige Flüssigkeit verwandelt.

Seit dem Schaden am unteren Schlauch ist das Wetter ruhig geblieben. Einerseits war das ein Glück, weil mir dadurch Zeit blieb, das Leck zu flicken. Hätte mich bei defektem unteren Schlauchring ein Sturm überrascht, dann wäre ich wahrscheinlich ertrunken, meine Ausrüstung wäre mit Sicherheit weggerissen und fortgespült worden. Was einerseits gut ist, hat wie stets natürlich auch eine schlechte Seite. Während dieser Periode der Ruhe und Stille bin ich fürchterlich langsam vorangekommen. Jetzt hat der Wind aufgefrischt — mittlerweile bis zu zwanzig Knoten —, und das Wetter ist rauh, aber nicht stürmisch. Ich bin froh, daß es wieder ein bißchen weht. Zumindest kommen wir wieder einigermaßen voran.

Ich bin so schwach, daß ich seit einer Woche keine Yogaübungen mehr gemacht habe. Vor dem Unfall hatte ich geglaubt, bereits ein ausgehungertes, gleichbleibendes Stadium erreicht zu haben, aber jetzt ist mein Körper noch zerschlagener und ausgemergelter. Es läßt sich aushalten. Andere haben Schlimmeres ertragen. Du befindest dich jetzt auf der Zielgeraden, laß nicht nach, setz zum Endspurt an. Du mußt in Bewegung bleiben, selbst wenn du dir dabei noch ein paar Löcher ins Fell schlägst, du mußt dich vorwärtstreiben. In diesem Rennen gibt es keinen zweiten Platz, nur Sieg oder Niederlage. Und wir reden hier nicht von Pokalen oder Trophäen. Du mußt dich reinhängen, bleib zäh und halt durch, Junge.

Werden die Wellen das geflickte Leck wieder aufreißen? Nein, nur keine Panik. KEINE PANIK! Irgendwie schlafe ich. Ich träume, daß meine ganze Familie, Freunde und all jene, die ich geliebt habe, sich zu einem Picknick versammeln. Sie sitzen auf einer Steinmauer, und ich versuche, ein Foto von ihnen zu machen. Ich kriege sie nicht alle drauf. «Du mußt ein Stück zurück», rufen sie mir zu. «Zurück, zurück, du mußt weiter zurück.» Ich gehe weiter und weiter zurück, habe eine ganze Menschenmenge im Sucher. Tausende von kleinen Punkten schreien, «Weiter zurück!» Sie schrumpfen weiter zusammen, und immer noch werden es mehr und mehr, die in mein Blickfeld kommen, bis alles verschwimmt und schließlich ganz verschwunden ist.

Der durchweichte Floßboden ist in so unglaubliche Bewegung geraten, daß ich mich wie auf einem Kirmeskarussell fühle. Unmöglich, unter diesen Bedingungen eine weitere Reparatur durchzuführen. Der Flicken sprüht und spuckt, aber er hält.

Um den Bug des Floßes vor meinem Speer zu schützen, falls da nochmals was schiefgehen sollte, und um neugierige Fische daran zu hindern, an der Leckabdichtung zu knabbern, drapiere ich vom Eingang aus eine Segeltuchschürze über den Rand und lasse den Stoff unter das Floß treiben. Die *Rubber Ducky III* ist zu einem großmäuligen Seeungeheuer mit heraushängender, abgezehrter Zunge geworden. Ich hänge drin wie ein schwächliches Rachenzäpfchen. Ich ziehe die Zunge straff gegen das Floß, damit sie nicht herumschwappt, meine Sichtbarkeit beeinträchtigt und meinen Fischbereich einengt. Die *Ducky* und ich sind nun bereit, alles zu verschlingen, was des Weges kommt. Je weiter wir nach Westen gelangen, desto stärker machen sich die warmen, feuchten, östlichen Passatwinde bemerkbar. Blumenkohlartig sprießen Kumuluswolken am fruchtbaren Himmel. In graufleckigen Strichen regnen kleine Schauer ab. Ich entferne den Drachen, der ursprünglich als Signalgerät gedacht gewesen war, aber schließlich als Wasserschutz an der leckenden Beobachtungsluke fungiert hatte. Ich ersetze ihn durch einen Plastiksack, der vorübergehend, wenn auch nicht sonderlich effektiv, seinen Zweck erfüllt. Wenn es regnet, dann halte ich den Drachen wie einen Schild den Tropfen entgegen, die Spitze auf die Kunststoffschachtel gerichtet. Diese zusätzliche Fläche erlaubt mir, einen weiteren halben Liter des Himmelselixiers einzufangen.

Der Metzgerladen hat seit Tagen keine frischen Nahrungsmittel mehr gesehen. Nur noch einige getrocknete Fischstreifen sind übrig. Sie scheinen in Ordnung zu sein, auch wenn sie schon einen Monat gehangen haben. Die steinharten, bernsteinfarbenen Stangen lassen sich erst dann ein bißchen kauen, wenn ich sie eine halbe Stunde im Mund aufgeweicht habe.

Zwei Beatles-Songs beginnen mich zu quälen, gehen mir unermüdlich durch den Kopf. Wie es im ersten Song heißt, ich bin so furchtbar müde, und mein Verstand steht auf Messers Schneide. Okay, na los, warum stehst du nicht auf und mixt dir einen Drink? Trinken . . . trinken . . . Wie eine Antwort auf meine Frustrationen ertönt der zweite Song. Help! Hilfe! Yeah, sicher brauche ich jemanden, aber ich wäre schon mit dem ersten besten zufrieden. Ja, sicher, ich könnte jemanden brauchen — oh, Universum, hörst du mich? — Hilfe! Natürlich kommt niemand, auch kein Drink, aber der Song will nicht verstummen.

Träume vom Essen werden realistischer denn je. Manchmal kann ich das Essen riechen; einmal habe ich sogar einen Traum gekostet, aber stets fehlt die Substanz. Selbst in der Wirklichkeit bin ich nach dem Essen immer noch hungrig.

Wieder gehe ich auf Goldmakrelenjagd. Ich muß jetzt mit meinem Stoß vorsichtiger zu Werke gehen. Die Messer sind zu zerbrechlich, als daß sie aus jedem Winkel die Fischhaut oder den muskulösen Rücken durchdringen könnten. Irgendwie muß ich die Eingeweide durchbohren. Diese schwimmenden Ziele schießen manchmal mit mehr als dreißig Meilen die Stunde dahin, und ich muß dabei ins Schwarze treffen, das nur wenige Quadratzentimeter mißt. Es scheint meine schwachen Kräfte zu übersteigen. Im Laufe der Zeit haben die Goldmakrelen jedoch identifizierbare Stilarten entwickelt, in denen sie gegen die *Rubber Ducky* klopfen und hämmern. Einige versetzen dem Boden oder der Außenrundung immer noch kräftige Schläge mit den Schwanzfloßen, doch andere reiben sich an mir, gleiten an meinen Knien vorbei und schwimmen, seitlich liegend, direkt vor mir heraus. Sie sind so nah, daß ich Details ihrer Augen, winzige Narben und die noch winzigeren Löcher vorn sehen kann.

Messer blitzen im Sonnenschein auf. Die *Ducky* gibt ein gummiertes Stöhnen von sich, als hätte sie Angst. Ich breite Segeltuch, Schlafsack und Kissen aus, um das Floß, so gut es geht, zu schützen, vor allem natürlich die Schläuche. Ich stoße zu und treffe eine Goldmakrele direkt unterhalb der Wirbelsäule, reiße ein großes Loch in sie. Ich packe den Speer mit der linken Hand und hebe den peitschenden Fischleib aus dem Wasser, die Spitze hoch in die Luft rekkend. Ich muß wie verrückt kämpfen, um den Fisch in meinen Schlafsack zu pressen. Als mein Messer endlich sein Rückgrat bricht, ist alles mit Rogen und Blut bespritzt. Na und? Ich habe Nahrung! ich mache kleine Freudenhüpfer und brülle: «Essen! Essen!»

Mein improvisierter Speer funktioniert. Ich kann meine Kräfte erneuern. Die *Ducky* macht gute Fahrt, und der Flikken hält. Mit den vorhandenen Vorräten kann ich mindestens acht, vielleicht sogar fünfzehn Tage durchstehen. Ich bin leer und ausgebrannt, aber diese paar Minuten eben haben mir die zweite Luft gebracht ... oder ist es die achte oder neunte? Vor anderthalb Monaten schätzte ich meine Chancen auf eins zu einer Million ein, gestern noch eins zu zehn. Heute stehen sie fifty-fifty.

Beim Säubern der Drückerfische habe ich einiges gelernt, und so entdecke ich nun am Kopf der Goldmakrelen neue

Stellen mit Fleisch. Wichtiger noch sind die neuen Flüssigkeitsquellen, von der Fettschmiere der Augensockel bis zu der schleimigen Höhle der Kehlenvertiefung. Als ich den Schädel über Bord werfe, ist der Knochen sauber abgekratzt. Der Magen ist stark aufgebläht. Ich schneide ihn heraus, kippe sorgfältig die Magensäfte nach außen, schlitze ihn auf und entdecke, daß er voller Beute steckt. Ein gewaltiger Fisch liegt eingezwängt zwischen Rachen und Eingeweiden. Es ist unglaublich, daß die Goldmakrele etwas derartig Großes schlucken konnte. Die Vorstellung, daß ihr jemand das die Kehle hinuntergerammt hat, ist wesentlich einfacher. Ich wasche die Beute im Meer. Nur die Haut ist bereits verdaut. Das dunkle Fleisch hat einen etwas scharfen Beigeschmack, aber ansonsten könnte man es für eine Makrele halten. Ich stelle mir vor, es ist gepökelt geworden. Welch ein Geschenk. Ein zusätzliches Pfund Fleisch. Zwei vollständige Mahlzeiten aus Organen, einschließlich des Rogens. Zum erstenmal seit einem Monat fühle ich mich satt. Diese glückliche Bescherung geschieht zu einem kritischen Zeitpunkt. Ein Umschwung war dringend notwendig. Ich habe das Gefühl, dieser Fisch ist ein gutes Omen, so wie ich nach dem Erlegen und dem Verlust der großen Goldmakrele an ein schlechtes Omen glaubte. Beim letztenmal erwies sich das Omen als richtig. Ich hoffe, es wird auch diesmal so sein, und die Verhältnisse werden sich bessern.

Mittlerweile ist mein Wohngebiet, Duckyville, zu einer angesehenen Vorstadt geworden. Ich bin mit den Fischen so vertraut, daß ich mit jedem einzelnen plaudern und Klatsch und Gerüchte verbreiten kann. Ich erkenne den Rippenstoß einer Goldmakrele, den Stups eines Drückerfisches oder das Schaben eines Hais, so wie man die verschiedenen Nachbarn an ihrem unterschiedlichen Klopfen an der Hintertür erkennt. Oft weiß ich, welcher individuelle Fisch mit dem Schwanz gegen das Floß schlägt oder mit dem Kopf dagegenstößt. Ich weiß, wann die Fische in der Nähe sind, selbst wenn sie nicht klopfen oder klatschen. Ich liebe meine kleinen Freunde und ihre eng begrenzte kleine Stadt. Die Geißel von Politik, Ehrgeiz und Feindseligkeit fehlt völlig; nur schlichtes Leben ohne Geheimnisse und Ängste.

Doch nichtsdestoweniger birgt diese kleine Stadt ein Geheimnis. Ich schaffte es nicht, die Goldmakrelen mit der Angel zu fangen, und sie kamen in Reichweite meines Speers. Die Reichweite meines Speers verkürzte sich, als ich den Spanngummi verlor, doch sie schwammen näher heran und klopften an. Jetzt, wo sich meine Reichweite noch mehr verkürzt hat und meine Kräfte im Schwinden begriffen sind, legen sie sich auf die Seite, direkt unter meiner Speerspitze. Es ist, als würden sie versuchen, mir zu helfen, als hätten sie nichts dagegen, daß sich ihr Fleisch mit meinem vermischt.
Hoch am Himmel Vögel mit langen, dünnen, stark gebogenen Schwingen und zierlich gegabeltem Schwanz. Fregattvögel wagen sich nicht so weit vom Land weg, schlafen nicht auf hoher See und jagen keine Fische; zumindest habe ich das gelesen. Doch die Form des Vogels — spitze, starre Schwingen, schlanker Körper und zierlicher Schwanz — entspricht genau der Beschreibung. Ich bin immer noch sechshundert Meilen weit draußen, und der Vogel scheint genau die gleichen fliegenden Fische sehen zu können, von denen sich die Goldmakrelen ernähren.
Die Nacht kommt, und das Wetter verschlechtert sich weiter. Ich höre das abgedichtete Leck blubbern, als der Bug mit den Wellen steigt und fällt. Ich muß jetzt öfter pumpen, jede halbe Stunde; mir ist klar, daß ich bei einer derartigen Arbeitslast nicht lange durchhalten kann.
Weiße Schaumkronen brechen sich gelegentlich über der Zeltabdeckung und krachen durch die Öffnung auf meinen Kopf. Wasser strömt über mich. Das Floß schwankt auf und ab, also umklammere ich mit einer Hand das Griffband, nur für den Fall, daß die *Ducky* wieder mal einen harten Schlag abbekommt und zusammenklappt. Schlafen ist unmöglich, also warte ich ruhig auf die wärmende Sonne. Plötzlich klatscht es laut auf der Abdeckung, gerade über meinem Kopf. Ich springe auf und schnappe mir den fliegenden Fisch, bevor er eine Chance hat, ins Meer zurückzuschnellen. Als die ersten Sonnenstrahlen zur *Ducky* vordringen, säubere ich meinen herrlichen Fang. Der Kopf eines fliegenden Fisches ist wie ein verkehrt stehendes Dreieck geformt. Riesige Augen schauen nach unten und zur Seite, um Raub-

fische im Blickfeld zu behalten, wenn der Flieger über das Wasser gleitet. Ich schabe die großen, runden Schuppen von dem flachen, indigofarbenen Rücken und dem schlanken, weißen Bauch und entferne dann die langen, durchsichtigen Flügel. Die Schwanzflossen bilden ein V, und die untere ist fast doppelt so lang wie die obere. Fliegende Fische können mehr als hundert Meter dahinsegeln, und mit diesem kleinen Steuerruder können sie die Richtung ändern. Nächtliche Blindflüge lassen manchmal ganze Schwärme gegen ein vorbeifahrendes Schiff knallen; wenn sie auftreffen, klingt es wie Maschinengewehrfeuer. Einige Male bin ich spätabends oder frühmorgens durch einen schmerzhaften, direkten Treffer gegen die Brust oder ins Gesicht aus dem Schlaf geschreckt worden. Das schmackhafte Fleisch der fliegenden Fische ist zart und rötlich weiß.

Beim ersten Tageslicht entdecke ich einen Fregattvogel direkt über mir. So, so, sie verbringen also nie eine Nacht auf See. Der Vogel sitzt fast bewegungslos da, wie gemalt.

Auf die Wärme warte ich vergeblich. Die Sonne hält sich versteckt, während rings um mich sich lärmend die Wellen brechen. Ich würde gern in meinen Schlafsack eingewickelt liegen bleiben, aber eine Welle kracht gegen den Bug, und selbst bei der tobenden See höre ich die zischende Eruption. Der untere Schlauch der *Ducky* wird schlaff, der Boden quillt auf, und ich sitze wieder tief im Wasser. Schöpfen hat keinen Sinn. Der obere Schlauch hat nur ein paar Zentimeter Freibord. Wasser strömt ganz nach Belieben durch mein Territorium.

Der ganze Schaumstoffstöpsel ist aus dem Loch geschossen. Ich muß ihn wieder an Ort und Stelle befestigen und erneut versuchen, den Druck zu mildern, der die geschürzten Lippen des Risses auseinanderzerrt. Da die kürzeste Entfernung zwischen zwei Punkten eine Gerade ist, beschließe ich, die Form des Floßes so zu verwinden, daß es von oben wie ein Krapfen aussieht, aus dem man ein Stück herausgebissen hat. Ich ziehe von einem Verankerungspunkt des Griffbandes zum anderen lange Leinen über den Bug, spanne dann durch Drehung die Leinen, bis sie das Floß in diese verwundene Form zerren. Dann ziehe ich innen eine Leine vom Bug zum Heck und spanne sie, bis sich das Floß in der Mitte zusammenfaltet. Das hebt den Bug weit genug, damit ich den Riß sehen kann. Mit einer Ahle bohre ich kleine Löcher in die Lippen des Risses und den Schaumstoffstöpsel. Ich fädle die Angelschnur durch und binde den Stöpsel fest. Wie die vielen Male zuvor lege ich Wicklungen darum und füge die Leinen für den Außendruck und Pressen hinzu. Als die *Ducky* wieder oben schwimmt, kann ich immer noch das hohe Pfeifen entweichender Luft hören, das durch die Schläuche hallt.

Wieder verbringe ich eine scheußliche Nacht. Böige Wellen von zwei bis drei Metern sind auf dem Vormarsch. Von der Abdeckung her tröpfelt salziges Wasser über mich. Bohrender Schmerz von den Salzwassergeschwüren vermischt sich mit dem pochenden Schmerz, der meine Muskeln durchzuckt.

Um neun Uhr früh knallt das Leck wieder durch. Mein Vorrat an Goldmakrelen hängt bis auf den nassen Floßboden durch, wird ranzig. In der vergangenen Woche habe ich jede Nacht nur vier Stunden oder weniger geschlafen, täglich weniger als zwei Pfund Nahrung zu mir genommen und fast ununterbrochen gearbeitet. Allmählich breitet sich Panik in mir aus.

27. MÄRZ
51. TAG

Du mußt es stoppen! Mußt es wieder abdichten! Ich kann nicht. Die Arme sind zu erschöpft für irgendeine Bewegung. Halt 's Maul. Du mußt. Du hast keine Wahl. Bewegt euch, Arme, bewegt euch! Ich versuche meinen zerschlagenen und durchnäßten Körper wieder in Aktion zu bringen. Ich krieche vor, zurre die Abdichtung erneut fest. Sie knallt durch. Ich wickle noch einmal. Sie knallt durch! Wieder und wieder schmettert die See das Floß nach unten. Wassermassen schlagen auf mich ein, schleudern mich in den Sturzbach, der sich in das Floß ergießt und wieder hinausströmt. Gräßliche Spasmen, stechende, pochende Krämpfe, bohrender Schmerz. Ich ertrag' es nicht, ich schaff' es nicht. Stopp es! *Fester,* du *mußt* die Leinen fester anziehen. Du mußt es versuchen. Die Welt dreht sich. Das ferne Echo von Worten. Vergessene Erinnerungen. Zieh fester, *fester!* Ächzend, stöh-

nend. *Pumpe*. Wie oft? Weiß nicht, kann nicht zählen. Vielleicht dreihundert Mal. Der obere Schlauchring auch, weitere neunzig. Meine Arme werden mir aus den Gelenken gerissen, die Haut wird mir bei lebendigem Leib abgezogen. Eine Woge kracht herein. Meine Welt macht einen Sprung und erbebt. Die Abdichtung knallt durch. Wieder abbinden, *fester*. Es muß halten. Der Destillationsballon hängt leblos über dem Bug. Pump den Schlauch auf. So lange, das dauert jetzt so lange. Zweihundertachtzig. Pause. Okay, pump weiter. Zweihunderteinundachzig ... Sie knallt durch!
Zusammenbruch, kann mich nicht mehr rühren. Mein linker Arm ist wie verdorrt. Mit dem rechten Arm zerre ich ihn auf meine Brust. Die Nacht ist da. Eisige Kälte, aber ich zittere nicht. Ich bin ohne Leben, treibe wie ein nasser Lumpen auf dem Meer. Kann mich nicht mehr bewegen. Erstarrt. Das Ende ist gekommen.
Ich atme schwer, keuche. Ja, ich glaube, ich bin am Ende. Acht Tage lang habe ich versucht, das Leck abzudichten. Nicht noch länger, bitte, nicht noch länger. Der Ozean rollt über mich, schäumt über mich hinweg, schlägt mich, aber ich leiste keinen Widerstand, spüre es kaum. Müde, ich bin so furchtbar müde. Himmel, Nirwana ... Wo sind sie? Kann sie nicht sehen, nicht fühlen. Nur die Dunkelheit. Ist das Illusion oder Wirklichkeit? Ah, Wortspielchen für die Religiösen und Philosophischen. Worte sind nicht real. Stunden? Ja. Einundfünfzig Tage geschafft, und nur wenige Stunden bleiben noch. Ich bin gestolpert, gefallen, bin verloren. Warum, warum, warum? Ewigkeit? Ja, der Ozean rollt weiter. Ich rolle weiter. Nein, ich nicht. Kohlenstoff, Wasser, Energie, Liebe. All das geht weiter. Haut und Knochen von Gott, vom Universum, sie strecken sich, immer in Bewegung. Ich bin verloren, spurlos verschwunden.
Eine gewaltige Energie zerrt an meinem Geist, als würde ich in meinem Körper implodieren. Eine dunkle Grube weitet sich, schließt mich ein. Ich habe Angst, so furchtbare Angst. Tränen quellen aus meinen Augen, ziehen mich von der Leere weg. Vor Wut, Mitleid und Selbstmitleid schluchzend kralle ich mich in den Abhang, versuche hochzukriechen, verliere den Halt, rutsche tiefer. Hysterisches Gejammer,

Klagen, verlorene Hoffnung. Ich taste um mich, will mich an irgend etwas festhalten, aber da ist nichts. Die Finsternis breitet sich aus, schließt sich um mich. Wie viele Augen haben das schon vor mir gesehen? Ich spüre sie, Millionen von Gesichtern sind um mich herum, flüsternd, drängend, rufend: «Komm, es ist Zeit.»

ZWEIMAL ZUR HÖLLE UND ZURÜCK

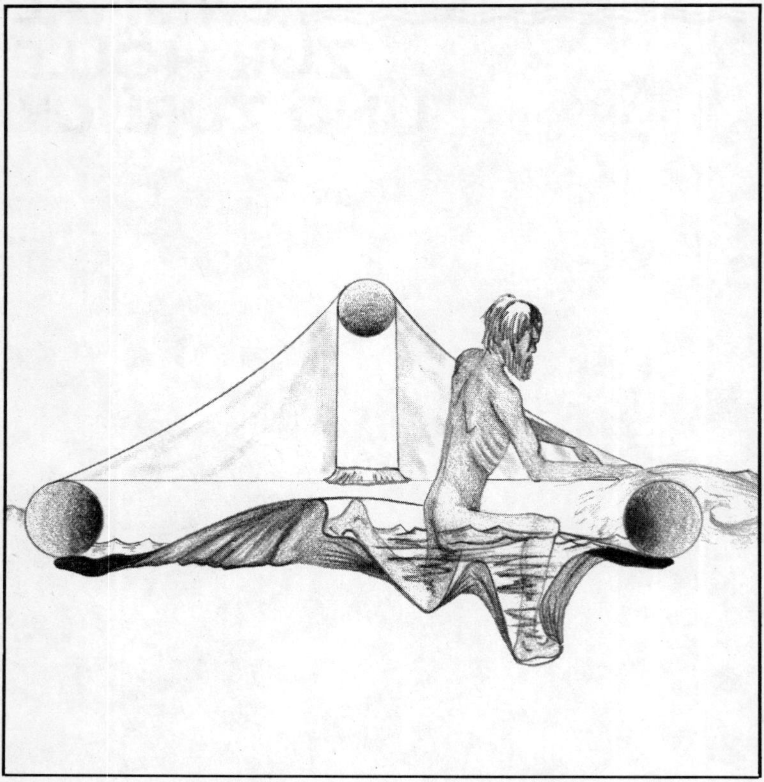

28. MÄRZ
52. TAG

DIE GEISTER GREIFEN aus der Finsternis nach mir und ziehen mich nach unten. Ich falle. Es ist soweit.

«Nein!» schreie ich auf. «Kann nicht! Will nicht!» Darf nicht aufgeben. Tränen strömen über mein Gesicht und vermischen sich mit der um meinen Körper wirbelnden See. Werde sterben, bald schon ... Finde die Antwort. Willst du ... ja! Das ist es, du willst leben. Trotz Agonie und blankem Entsetzen. Krampfhaft zuckend schluchze ich: «Ich will LEBEN, LEBEN LEBEN!»

Kann nicht.

Mußt! Verdammt, mach deine Augen auf. Sie blinzeln, schwer von Müdigkeit. Versuch deinen Blick zu konzentrieren.

Genügt nicht.

Hör mit dem Gemecker auf! Tu es! Greift zu, Arme. DRÜCKT! Jetzt noch mal, DRÜCKT! Gut. Bist schon ein bißchen oben. Werd' jetzt nicht mehr ertrinken. Atmen ist mühsam. Okay, nur ruhig, Junge. Kopf schwankt, Blickfeld verschwimmt. Eine Welle bricht herein. Ganz cool bleiben. Schluß mit dem Gejammer! Zieh den Sack über dich. Tu es! In Ordnung. Jetzt ruh dich aus. Für den Augenblick hast du's geschafft. Du bist okay. Hörst du mich?

Ja.

Okay.

Und jetzt? Das nächste Mal wird es nicht mehr so leicht sein. Halt 's Maul! Du mußt dir was einfallen lassen. Du mußt dich aufwärmen, dich ausruhen, mußt nachdenken. Eine Chance hast du vielleicht noch. Vielleicht nicht mal das. Muß gleich beim erstenmal klappen. Wenn nicht, dann STIRBST DU! *Stirbst du,* Stirbst du, stirbst du. Ja. Es muß klappen.

Geh zurück. Identifiziere das Problem. Setze das ein, was du gelernt hast.

Meine Gedanken wandern, manchmal logisch und zusammenhängend, dann wieder stolpernd wie ein Betrunkener in stammelndem Stumpfsinn. Sterben, spurlos verschwinden ... Die endgültige Frage ... Tod ... Verdammt noch mal, konzentriere dich! Okay. Das alte Problem: Der Stöpsel fliegt raus. Gelegt durch Festnähen. Momentanes Problem: Die Wicklungen halten nicht. Muß sie an Ort und Stelle halten. Was für Ausrüstung hab' ich? Raumfahrerdecke, Signalpistole, nutzloses Feuerzeug, Plastikbeutel. Vielleicht kann ich den Floßboden straff ziehen, indem ich den unteren Schlauch hochzerre und am oberen festmache. Auch nicht viel besser als das, was ich zuvor getan habe, und viel zu kompliziert. Ich muß Löcher in den unteren Schlauch schneiden; aber dann gibt es kein Zurück mehr. Es muß eine einfachere Lösung geben. Was habe ich sonst noch? Erste-Hilfe-Koffer, Bandagen, Schere, Zwirn, Leine. Und das ganze Zeug, das ich bereits verwendet habe — Löffel, Gabel, Radarreflek ... Die Gabel! Natürlich! Was bist du doch für ein verdammter Idiot! «Die Gabel ist's!»
Adrenalin durchflutet meine Adern. Wie durch Zauberei verfüge ich plötzlich über die Kraft, mich zuzudecken, um die verlorene Körperwärme wiederzugewinnen. Ich esse allen erreichbaren Fisch, warte und plane. Die ganze Nacht hindurch liege ich wach und schmiede Pläne. Jedes Detail wird berücksichtigt, jede Eventualität mit all ihren möglichen Folgen bedacht. Ich weiß nicht, ob ich die Nacht überstehen werde, ich kann es lediglich versuchen. Ich rolle mich zusammen, versuche die kalten Stellen des Floßes zu meiden, Stellen, die noch nicht von meinem Körper angewärmt wurden. Endlich machen meine Augen einen Unterschied aus zwischen Schwarz und Grau und dann zwischen Grau und Orange.
Ich werfe meine Decken ab und spüre die kalte Morgenbrise auf meiner Haut. Mit dem Messer schneide ich vorsichtig einen Schlitz in Oberlippe, Schaumstoffzunge und Unterlippe des Risses. Ich breche die Zinken von der Gabel und schiebe den Griff durch die Schlitze, so daß er an beiden Seiten herausschaut wie ein durch die Nase eines Kannibalen gezogener Knochen. Passenderweise hat der Griff zwei

Löcher, gerade bei der oberen und der unteren Lippe. Ich kann jetzt Schnur über den Flicken und durch die Löcher ziehen, um den Griff hübsch in Position zu halten. Die Leine, die ich hinter dem Griff herumwickle, kann nicht mehr herunterrutschen, außer der Griff bricht. Zuerst schlinge ich eine dünne Schnur um den Mittelteil der Lippen und verbinde das fest mit der Zunge. Dann wickle ich die dickere Leine herum, bis die Lippen gespitzt und schließlich auch die äußersten Mundwinkel eingeschlossen sind. Ich weiß, daß die dicke Leine das Leck nicht luftdicht abschließt. Sie hat nur den Zweck, in glatten, nebeneinanderliegenden Wicklungen die Lippen zusammenzuziehen. Zur endgültigen Abdichtung lege ich hinter der dicken Wicklung eine Aderpresse an und ziehe sie stramm. Das dicke Seil wird die Preßverschnürung daran hindern, von den Rändern des Mundes zu rutschen, wenn der Schlauch aufgeblasen wird.

Die Arbeit zieht sich bis in den Nachmittag hinein, weil ich zwischendurch immer wieder ausruhen muß. Als ich fertig bin, beginne ich mit dem Aufpumpen; normalerweise wäre das eine Sache von fünf Minuten, jetzt brauche ich eine halbe Stunde. Nach anderthalb Stunden ist der aufgeblasene Schlauch schon wieder ziemlich schlaff. Ich bin deprimiert, aber solange ich noch ein bißchen Kraft habe, muß ich versuchen, die Sache hinzubekommen. Es gibt keine andere Möglichkeit.

Der Gabelgriff hat die Wicklungen an Ober- und Unterlippe gehalten, aber die beiden seitlichen Ränder haben sich so weit herausgepreßt, daß etwas Luft entweicht. Ich ziehe die Leinen über die Seiten zurück, benütze Warpleinen, Verankerungspunkte am oberen Schlauch und was immer mir sonst noch einfällt. Ich verpasse der Aderpresse noch einige Drehungen und füge eine zweite hinzu. Zeit für einen erneuten Test. Mittlerweile ächze ich lauter als die Pumpe. In der nächsten Stunde schluckt die *Ducky* Luft, hebt sich aus dem Wasser und treibt wie ein befreites Seerosenblatt dahin. Ich breche zusammen, ein menschlicher Schutthaufen.

Zwölf herrliche Stunden vergehen, ehe die *Ducky* wieder gefüttert werden muß. Ihre Lippen haben aufgehört, alle

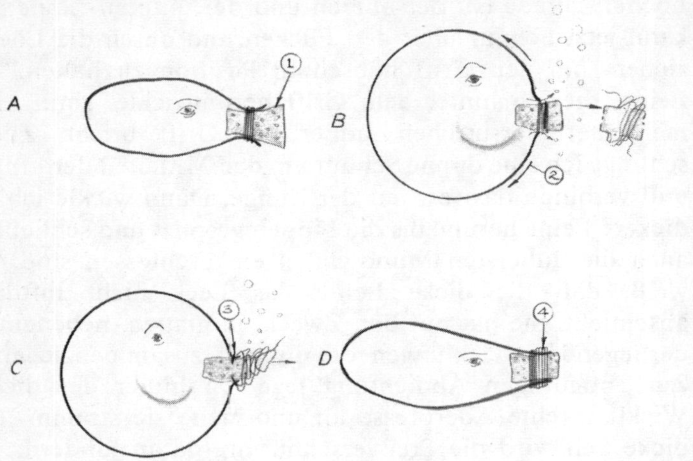

ENTWICKLUNG DES FLICKENS AM UNTEREN SCHLAUCH. (A) Der Riß ist wie ein Mund. Ich schiebe einen Schaumstoffstöpsel (1) in den Mund und umwickle die Lippen. Von oben betrachtet würde man sehen, daß die Mundwinkel von der Wicklung kaum erfaßt werden. (B) Wird der Schlauch aufgeblasen, dann zieht es die Lippen auseinander (2). Sie rutschen unter der Wicklung heraus, Wicklung und Stöpsel fallen heraus und die Luft entweicht erneut aus dem Schlauch. (C) Löcher werden durch Lippen und in den Stöpsel gebohrt und das Ganze an Ort und Stelle «vernäht» (3). In aufgeblasenem Zustand werden die Lippen jedoch erneut auseinandergezogen, die Windungen der dünnen Schnur rutschen übereinander und fallen ab. (D) Ich wickle eine dickere Schnur um die Lippen (4). Das hält die dünnere Schnur weiter innen an Ort und Stelle. Wenn jedoch der Schlauch aufgeblasen wird, geschieht das gleiche wieder. Die Lippen ziehen sich auseinander, und sowohl die dicke als auch die dünne Schnur rutschen vom Stöpsel. Mit zusätzlicher Leine binde ich die dicke Schnur an verschiedenen Stellen des Floßes fest. Die Leinen reichen jedoch nicht aus oder liegen nicht dicht genug beim Flicken, um wirklich effektiv zu sein. Sie verhindern, daß die Schnur vollkommen abrutscht, aber die Ränder der Lippen ziehen sich immer noch aus den Wicklungen heraus, egal wie fest ich sie um den Mund herumzurre. (E) Die Ansicht von oben zeigt die normale Floßform und die von mir verursachte Deformation, um mehr Schlauchmaterial für die um den Stöpsel gerafften Lip-

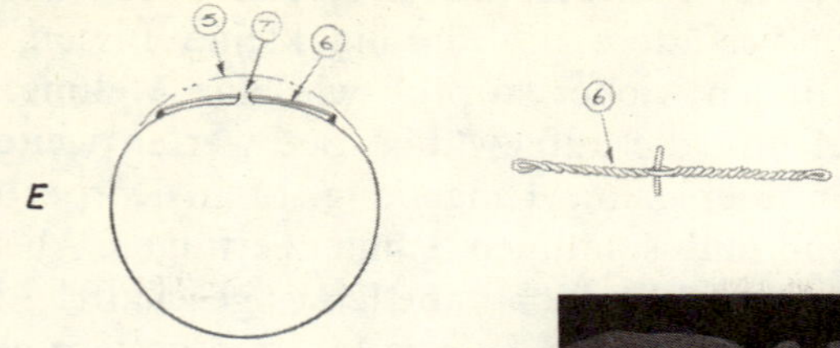

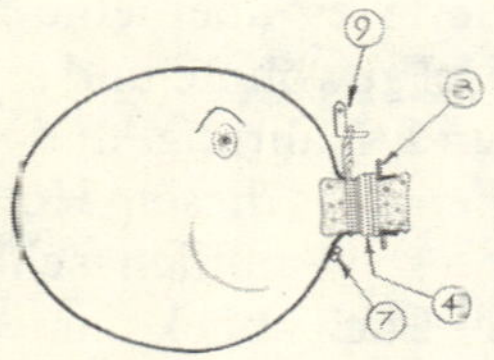

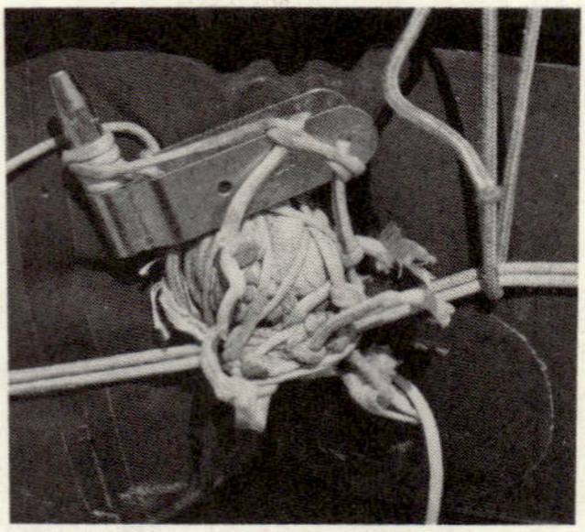

Benjamin Mendlowitz ©1982

pen. Die gepunktete Linie (5) zeigt die normale, runde Form des Schlauches. Durch eine Schlaufe, als lose Spille zusammengedreht (6), werden zwei Verankerungspunkte am Floß zusammengezogen. Dadurch bleibt der Mund leicht gefältelt, selbst wenn der Schlauch wieder aufgeblasen ist (7). (F) Das endgültige Flicksystem. (Zusätzliche, weiter außen liegende Flicken und Leinen zur Dämpfung des Druckes, durch die verschiedene Schnüre mit Verankerungspunkten des Floßes verbunden werden, sind ebenfalls notwendig, um die Reparatur effektiv zu gestalten, werden aber hier aus Gründen der Übersichtlichkeit nicht gezeigt.) Ein Gabelstiel (8) wird durch Oberlippe, Stöpsel und Unterlippe gebohrt. Dadurch wird verhindert, daß die Wicklungen von dem Stöpsel rutschen. Die dicke Schnur (4) wird herumgewickelt, bis alle Ränder des Mundes erfaßt sind. Dann wird darum dünne Schnur festgezurrt, um die Lippen nahtlos gegen den Stöpsel zu pressen. Schließlich wird eine Art «Aderpresse» (9) angelegt, um den größtmöglichen Druck auf den Stöpsel auszuüben. Die Ränder des Mundes werden somit daran gehindert, sich unter den Wicklungen herauszuziehen; der Flicken wird dadurch so festgepreßt, daß der Schlauch die Luft besser hält als der unbeschädigte obere Schlauch.

FOTO DES ENDGÜLTIGEN FLICKENS. Man kann die Verbindungsleinen zu einem nahen Verankerungspunkt und zu der losen Spille (7) sehen. Der metallene Fingerling dient zur Spannung der «Aderpresse» und ist ebenfalls an Ort und Stelle festgezurrt.

paar Stunden die dreihundert Mundvoll Luft wieder herauszuwürgen. Ich verfüttere nur dreißig kleine Bissen, und schon ist ihr Bauch wieder so prall wie eine Melone. Der graue Himmel und die aufgewühlte See werfen weiterhin einen Schatten über meine Umgebung. Mein Körper hungert, dürstet und muß ständigen Schmerz ertragen. Aber ich fühle mich großartig! Endlich habe ich es geschafft!
In der Nacht, in der ich die *Solo* verlor, und gestern abend schien mir der Tod sicher zu sein: Jeden Augenblick konnte er zuschlagen. Am Anfang dauerte es über eine Woche, bevor ich mich an die Rettungsinsel gewöhnte und erkannte, daß ich möglicherweise genügend Nahrung und Wasser zusammenkratzen konnte, um lebend aus diesem Höllenloch herauszukriechen. Diesmal war es wesentlich schlimmer. Nachdem der untere Schlauch ein Loch abbekommen hatte, wurde mein Leben auf dem Floß noch viel furchtbarer, als ich es mir zu Beginn der Fahrt je hätte vorstellen können. Ich fühle mich, als hätte ich den Weg zur Hölle und zurück zweimal gemacht, und die zweite Reise hat länger gedauert, war hoffnungsloser und widerwärtiger. Noch eine werde ich niemals durchstehen. Selbst jetzt frage ich mich, ob ich in der Lage sein werde, genügend Kraft zurückzugewinnen, um weitere drei Wochen oder mehr zu überstehen, genug, um die Inseln zu erreichen. Ich muß mir der Sache sicher sein. Ich muß unangefochten das Kommando über mein Schiff und mich in der Hand behalten, denn es gibt eine ganze Menge zu tun. Ich stehe auf, stelle mich dem Wind und teile dem Sensenmann in deutlichen Worten mit, daß er sich zum Teufel scheren kann!
Ich habe keinen Fisch mehr und nur noch wenig Wasser. Die Nacht senkt sich herab, und die See hämmert schmerzhaft auf mich ein, aber ich kann nicht wach bleiben. Ich ruhe, finde Schlaf, warte auf das Wiederauftauchen der Sonne und kehre langsam, ganz langsam ins Land der Lebenden zurück.
Am dreiundfünfzigsten Tag wischt die Sonne die Wolken beiseite, während der Wind uns weiterschiebt. Die Abdichtung hat sich etwas gelockert, hält aber noch. Ich fühle mich, als wäre ich von einer Lokomotive überrollt worden, bin

aber zuversichtlicher denn je, daß ich es schaffen werde. Selbst wenn die Leckabdichtung versagt, kann ich schnell Ersatz anbringen. Das System funktioniert. Meine Entfernung zu den Inseln beträgt immer noch ungefähr drei Wochen. Mein Körper hat ein neues Tief erreicht, hat keine Chance, sich noch einmal zu erholen; es besteht keinerlei Hoffnung, daß er mit einer weiteren größeren Katastophe fertig werden könnte. Von nun an wird es ein ununterbrochener Kampf sein, mich an dem Faden, der mich mit meiner Welt verbindet, festzuklammern, ihn aber nicht zu zerreißen.

Zu Beginn meiner Reise bestand kaum ein Unterschied zwischen meinem Verstand und dem Rest von mir. Meine Emotionen wurden von fast instinktivem Training geleitet, und mein Körper beklagte sich nicht über die Arbeit. Aber der Unterschied zwischen den einzelnen Teilen meines Ichs wird zunehmend schärfer. Meine Emotionen sind bis zum Zerreißen beansprucht worden. Die kleinsten Banalitäten versetzen mich in Wut oder tiefste Depression oder lösen überwältigendes Mitgefühl mit mir aus, was ganz besonders für meine Fische gilt. Mein Körper ist jetzt so zerschlagen, daß er Mühe hat, den Kommandos meines Verstandes Folge zu leisten. Aber mein Verstand hat entschieden, den Erste-Hilfe-Koffer nicht zu benützen, da er nur klein ist und ich ihn später bei ernsten Verletzungen nötiger habe. Jede derartige Entscheidung meines Verstandes kommt meine restliche Crew immer teurer zu stehen. Ich muß meine Emotionen vergewaltigen, um der Nahrung wegen, die mein Körper braucht, töten zu können. Ich muß meine Arme und Beine zu Tätigkeiten zwingen, um mir selbst ein Gefühl der Hoffnung vermitteln zu können. Ich muß einander widersprechende Forderungen auf einen Nenner bringen, doch ich weiß, daß die anderen Teile von mir sich meinem kalten, harten Rationalismus so gut es geht untergeordnet haben. Allmählich verliere ich die Fähigkeit zu kommandieren, und dann bin ich verloren. Das wird zu einem Problem, das die ständigen Ängste, die mit einem Leben am seidenen Faden verbunden sind, übersteigt. Sorgfältig achte ich auf Anzeichen von Meuterei in meinem Inneren.

Zum erstenmal lege ich meinen Schlafsack zum Trocknen über die Zeltabdeckung des Floßes. Das Wasser hat ihn so schwer gemacht, daß er die Abdeckung niederdrückt. Ich pumpe den Bogenschlauch so fest wie möglich auf. Meine gummiweichen Beine tragen mich gerade die paar Minuten, die es dauert, um den Schlafsack auszubreiten und festzubinden, damit er nicht fortfliegt. In meiner Höhle ist es jetzt dunkler und kühler, was sich vorteilhaft bemerkbar macht, als die Sonne dem Zenit entgegenstrebt. Obwohl die Gischt den Schlafsack gelegentlich näßt, ist er bei Anbruch der Nacht fast trocken. Jeden Abend jedoch saugen sich die salzverkrusteten Nähte mit der Luftfeuchtigkeit voll.
Der Destillationsapparat arbeitet nicht einwandfrei. Der Tuchdocht wird nicht so feucht, wie er sollte. Offensichtlich ist das Ventil verstopft. Ein bewegliches Band zieht sich durch das Ventil und reguliert den Durchfluß. Es hängt fest, und nach einigen schwierigen Manövern mit der Pinzette aus dem Erste-Hilfe-Koffer bekomme ich es frei. Aber wieder und wieder verklemmt sich das Band. Ich binde meine einzige Sicherheitsnadel an einen Bleistift und biege die Spitze gerade. Ich muß sehr vorsichtig sein, um den Ballon nicht zu durchlöchern. Ich manövriere den Dorn nach unten, um das Ventil freizubekommen. Jede Nacht entweicht aus diesem Ballon die Luft. Im Morgengrauen blase ich ihn auf, leere das Salzwasser aus und mache ihn betriebsfertig. Den ganzen Tag über hege und pflege ich ihn, füttere ihn mit Salzwasser, regle das Ventil und achte darauf, daß der Ballon genau richtig aufgeblasen ist. Ich muß den Destillationsapparat ständig hätscheln, und als Gegenleistung versorgt er meinen schwächlichen Körper mit frischer Flüssigkeit.
Die Sonne klettert auf ihren Thron. Silbertropfen wachsen allmählich an der Innenseite des Ballons und tropfen nach unten, hinterlassen dabei schwarze Streifen, während sie das silberne Kondensat aufsammeln. Meine Augen werden schwer. Der monotone Wellengang singt ein einschläferndes Lied und das langsame tropf, tropf, tropf ... Mit einem Ruck reiße ich die Augen auf. Wie lange habe ich geschlafen? Vielleicht eine halbe Stunde. Auch der Destillationsap-

parat ist in sich zusammengesackt. Ich greife nach dem Auffangbeutel. Viel zu voll. Verdammt! Wieder mal mit Salzwasser verschmutzt. Kannst einen weiteren Viertelliter gutes Wasser abschreiben! Von nun an werde ich den Beutel jede Stunde oder noch häufiger leeren. Diese aufgezwungene Betätigung wird mir helfen, wach zu bleiben. In ihrer typischen, unbeholfenen Art und Weise flattern zwei Tropikvögel vorbei, verstecken sich hinter ihren schwarzen Masken und lachen mich aus. Ich finde es nicht sonderlich komisch. Ich baue den Destillationsapparat wieder auf und bringe ihn zum Schwitzen. Ich nage an einem Drückerfischfilet und stelle dabei fest, daß Drückerfische gar nicht so übel schmekken, wenn sie ein bißchen getrocknet sind.

Gestern habe ich wieder mit der Jagd begonnen. Die Hündchen scheinen zu wissen, daß ich mich wieder auf dem Kriegspfad befinde. Als meine Speerspitze sich der Wasseroberfläche nähert, spritzen die Grüppchen auseinander und verteilen sich. Ich kann es in meiner Jagdstellung nicht lange aushalten, aber die Drückerfische unterschätzen mich. Sie müssen wohl angenommen haben, ich würde bei Sonnenuntergang zusammenpacken. Ich halte mich im Schatten und spieße erst einen, dann noch einen auf. Zwei schnalzende Leiber liegen vor mir. Über den ersten bin ich wie ein Werwolf hergefallen, und nachdem ich mir die letzten Restchen Fleisch und Innereien aus dem Bart geklaubt habe, fühle ich mich neu belebt. Den zweiten Fisch zerlege ich beim Schein der Taschenlampe, die ich im Mund halte, auf meinem Brett. Ich werfe das Fleisch in die Kunststoffschachtel und schlafe sofort ein. Ich erwache gegen Mitternacht und entdecke eine unheimliche, Schatten werfende Aura. Die Kunststoffschachtel glüht. Ich nehme den Deckel ab und sehe das tote Fleisch, vom Lichtschein wieder lebendig gemacht. Phosphoreszierendes Plankton, das in Tang und Muscheln nistet, von denen sich die Drückerfische ernähren, muß bis ins Fleisch des Fisches vorgedrungen sein. Das Licht ihrer mikroskopischen Leben erleuchtet meine Welt noch lange nach ihrem Tod.

Heute morgen, nachdem ich die letzten Reste des Drückerfisches verzehrt habe, wird mir wieder mal bewußt, daß ich keine Ahnung habe, woher meine nächste Mahlzeit kommen wird. Wir überholen ein paar große Klumpen Beerentang, die nicht mehr ursprünglich und frisch sind, wie es weiter im Osten der Fall war. Aus den zarten Ästchen schüttle ich winzige Garnelen, einen anderthalb Zentimeter langen Fisch und eine Anzahl von dicken, schwarzen Würmern mit starrenden Stacheln. Die Würmer rühre ich nicht an. Chris hatte diesen Fehler gemacht, als wir nach England segelten, und hatte dann die Hand voller glasartiger Splitter. Ich suche den Tang nach den kleinen Krabben ab, die meinem Zugriff zu entkommen suchen und davonhuschen. Ich sammle sie ein und zerquetsche ihre kleinen Panzer, damit sie nicht lange zu leiden haben und nicht mehr flüchten können.

Ein dickbäuchiger Sargassofisch mit gesprenkelter Haut, ungefähr zweieinhalb Zentimeter lang, fällt ebenfalls aus dem Tang. Ich weiß nicht, daß sie ungenießbar sind, sie kommen mir jedenfalls sehr bitter vor. Sie schmecken gar nicht mal so übel, wenn ich aufpasse, daß ich ihre aufgedunsenen Bäuche nicht mitesse. Und diese kleinen Gelatinekörner, was ist das? Sie haben vier flossenartige Gallertbeine und einen grünlichen, salzig schmeckenden Leib. Die Krabben und Garnelen hebe ich mir zum Nachtisch auf. Manchmal, wenn ich eine Krabbe in den Mund stecke, ohne sie zuvor zu töten, zwicken die winzigen Klauen meine Backe oder Zunge, was mir erst bewußt macht, daß ich ein kleines Leben vernichte.

Am frühen Abend fegen Regenwolken über den Himmel und verstärken meine Hoffnung, daß ich meinen Wasservorrat ergänzen kann. Ein leichter Nieselregen macht auch innen alles naß, da die Zeltabdeckung jetzt so wasserdicht wie ein T-Shirt ist. Gegen Morgen zu werden die Tropfen schwerer und schlagen klatschend zu, anfangs einer, dann eine Pause, dann zwanzig, wie ein defektes Kugellager, erneute Pause, dann eine Stampede harter, runder Kugeln. Ich stürze zu meiner Schachtel und halte sie hinaus. Der Regen hämmert auf den Kunststoff und den Destillationsballon. Ich schaffe es, über einen Viertelliter gutes, klares Wasser aufzufangen; vom Ballon lecke ich die restlichen Tropfen. Mein Durst ist gelöscht, und ich bin wieder zuver-

sichtlich. Gegen Ende des Tages wird mein Wasservorrat wieder vollständig aufgestockt sein.
Als ich mich auf mein Kissen setze und den Schlafsack über meine Beine werfe, entdecke ich eine kleine Flosse, die aus einem Spalt zwischen Ausrüstungssack und Floßschlauch ragt. Der Regen hat mir ein zusätzliches Geschenk gemacht. Ein großer fliegender Fisch hat sich in dem Guß verirrt, ist unbemerkt an mir vorbeigesegelt und im Inneren des Floßes gelandet. Während ich auf die Morgendämmerung warte, rüttelt ein kleiner Hurrikan am Zelt, und ein weiterer Flieger verfängt sich in der Abdeckung. Nachdem ich das schmackhafte Fleisch dieses Fliegers gegessen habe, schiebe ich Kopf und Schwanz, die übriggeblieben sind, zusammen. Sieht gar nicht übel aus, wirklich gar nicht übel. Ich grabe meine Angelausrüstung aus und drücke den Schaft eines großen Dreifachhakens durch den Hinterkopf zum Maul des Fliegers wieder hinaus. Den Schwanz presse ich über die Zacken zweier großer Einzelhaken, die ich miteinander verbinde, und zurre das dann mit kräftigem Segelzwirn am Schaft des Dreifachhakens fest. So, wie sich jetzt der Schwanz direkt an den Kopf anschließt, habe ich eine sehr kurze Gattung von fliegenden Fischen geschaffen. Der Köder wirkt dermaßen überzeugend, daß ich versucht bin, selbst hineinzubeißen.
Goldmakrelen ohne Drahtleine angeln zu wollen ist ein nutzloses Unterfangen, aber mir dämmert, daß sich am Radarreflektor eine Drahtlitze befinden könnte. Während ich das Ölpapier aufrolle, kommen ein Spinnwebnetz von Monelmetall und Aluminiumstreben zum Vorschein. Selbst bis hierher ist das Meer vorgedrungen und hat metallische Geschwüre verursacht. Elektrolytische Korrosion hat klaffende, verkrustete Furunkel in die Aluminiumstreben gefressen. Aber auch ein Stück rostfreier Stahldraht, knappe fünfzig Zentimeter lang, ist vorhanden. In Gedanken notiere ich mir die anderen wertvollen Metallteilchen und Verankerungen und packe den Reflektor wieder weg.
In letzter Zeit sind die Goldmakrelen vor meinem Speer auf der Hut, dafür scheinen sie besonders gefräßig zu sein. Ich werfe ein bißchen Abfall vom Drückerfisch ins Wasser, und sie stürzen sich drauf wie wahnsinnig gewordene Haie. Ich

werfe meinen Köder aus und lasse ihn achtern abtreiben, zehn Meter, zwanzig Meter, dreißig. Ich sehe, wie er sich dicht unter der kristallklaren Oberfläche dahinschlängelt. Ein kurzer Blitz, indigofarben und schneeweiß, zuckt direkt davor vorbei. Der Ruck ist sehr kräftig. Ein Reißen, noch ein Reißen, dann nichts mehr. Ich schaue zu, wie die Goldmakrele davonzieht.
Sie hat nach dem Kopf des Köders geschnappt. Es hat den Anschein, als würden Goldmakrelen ihre Beute mit dem Kopf voran verschlingen, zumindest läßt sich das aus den Überresten schließen, die ich ihren Mägen entnommen habe. Mir ist oft aufgefallen, daß die Goldmakrelen pärchenweise unterwegs sind, ein Männchen und ein Weibchen. Jetzt glaube ich, daß die Pärchenbildung mehr als nur einen Zweck erfüllt. Vielleicht treibt ein Fisch die Beute in den Rachen des Gefährten, der dem Opfer auflauert. Wenn die treibende Goldmakrele den fliegenden Fisch von hinten erwischen kann, um so besser. Aber insgesamt kann ich über das Verhalten der Goldmakrelen nur Vermutungen anstellen, da ich sie nur beobachten kann, wenn sie in meiner Nähe sind, höchstens dreißig Meter entfernt. Wenn ich nur mit ihnen schwimmen könnte, um die Feinheiten ihres Privatlebens zu studieren.
Ich ködere neu mit dem Kopf des zweiten Fliegers. Diesmal laße ich genügend Spielraum, damit er geschluckt werden kann. Bald schon nähert sich eine Goldmakrele. Ich gebe ein paar Fuß Leine zu, locke mit dem winzigen Flieger. Die Goldmakrele schnappt zu. Schluck ihn, tief hinein. Ich reiße an, um den Haken zu versenken. Hab ihn! Die Goldmakrele peitscht vorwärts, als hätte sie den Overdrive eingeschaltet, wirft den Kopf herum und beißt die Leine glatt durch, gerade oberhalb des Drahtes. Dann ist sie verschwunden. Nie werde ich eine Goldmakrele mit der Angel erwischen. Ich muß zum Speer zurückkehren.
Ich schätze, daß ich ungefähr 450 Meilen von Antigua entfernt bin. Vielleicht hundert Meilen mehr, vielleicht weniger. Weitere achtzehn Tage. Hmm. Zu Beginn der Reise waren achtzehn Tage mehr, als ich erwarten konnte; jetzt ist es eine ganz normale Forderung.

Der Köder, den ich aus einem fliegenden Fisch mache, wirkt so überzeugend, daß ich versucht bin, selbst hineinzubeißen.

Je mehr sich meine Ausrüstung aufbraucht und kaputt geht, je mehr die lebende Leiche meines Körpers zerfällt, desto energischer muß ich versuchen, mich auf jede Eventualität vorzubereiten. Nur noch einige Notsignale sind mir geblieben. Die Schiffsrouten habe ich ein gutes Stück hinter mir gelassen. Bis zu den Inseln ist es noch ein weiter Weg. Aber ich bin schon zu dicht dran und habe schon zu viel durchgemacht, um jetzt noch aufzugeben.

Gegen Abend harpuniere ich bei unruhiger See eine weibliche Goldmakrele. Im Verlauf des Handgemenges versinkt die Sonne, und plötzlich umspült Meerwasser meine Knie. Irgendwie hat die Speerspitze den Boden durchbohrt. Der Schlitz ist zu klein, um ihn mit einem Stöpsel abzudichten, also nehme ich mein Messer und vergrößere ihn. Kein Problem. Jetzt ist er so groß, daß ich einen Stöpsel hineinrammen und mit Angelschnur abbinden kann. Na also, nicht mal ein Tropfen dringt durch das Leck, sogar der durchsackende Boden wird etwas straffer gespannt. So hätte ich es mit den anderen Löchern im Boden auch machen sollen; wenn sich die Flicken lösen, dann werde ich es auch tun.

Im Inneren der Goldmakrele befindet sich ein weiterer makrelenartiger Fisch, wenn auch kleiner und bereits stärker verdaut als der letzte. Die Taschenlampe funktioniert nicht, also opfere ich eines meiner beiden Luma-Lichter. Wenn der Leuchtstab gebogen wird, dann vermischen sich zwei Chemikalien und senden ein grünliches Leuchten aus. Vor mir auf dem Brett breitet sich reichlich Nahrung aus: zweimal Leber, ein Säckchen Rogen, zwei verschiedene Fleischsorten und ein Viertelliter Wasser. Ich speise bei grünem Kerzenlicht. Die Dinge stehen gut.

Ein Regenschauer in der Nacht durchweicht alles, aber ich fange nur wenig Wasser auf. Ein Richtung Westen fahrendes Schiff ist zu weit entfernt, um mein vorletztes Fallschirmleuchtsignal zu sehen. Vor einem Monat hätte ich drei oder mehr Signale abgefeuert, aber mitlerweile bin ich wesentlich realistischer geworden. Ich werde auf ein Schiff warten, das sich in besserer Position befindet. Ich kann es mir nicht leisten, noch weitere Leuchtsignale zu verschwenden. Außerdem werde ich immer zuversichtlicher, vielleicht sogar zu

zuversichtlich, daß ich es bis zu den Inseln schaffen werde, falls mich kein Schiff aufnimmt. Die morgendliche Wolkendecke verhindert, daß ich Wasser destillieren kann, aber das berührt mich nicht. Hier haben wir ein Frühstück, passend für King Kong: gewaltige Steaks, ein Viertelpfund Fischeier, Herzen, Augen und zusammengekratztes Fett. Prima!
Ich befinde mich jetzt in recht warmen Gewässern. Selbst wenn ich völlig durchweicht bin, besteht keine Gefahr, daß ich über Nacht an Unterkühlung sterbe. Regen, zumindest ein kleiner Schauer, wird zu einem alltäglichen Ereignis. Die Raumfahrerdecke kann zu anderen Zwecken eingesetzt werden. Ich verwende sie zum Wassersammeln beim hinteren Teil der Abdeckung, rolle die Ränder dachrinnenartig hoch. Oben beim Bogenschlauch der Abdeckung befindet sich eine weite Öffnung, die sich nach unten trichterförmig verengt; die Spitze ziehe ich durch die undichte Beobachtungsluke. Jede Welle, die über die Abdeckung brandet, ebenso wie jeder Regenschauer, ergießt sich nun wie durch einen offenen Wasserhahn ins Innere. Aber der hintere Teil der Abdeckung ist mittlerweile so undicht, daß Wasser von allen Seiten hereinströmt. Dieses Cape bedeckt den größten Teil der Heckseite, die dem Wetter stärker ausgesetzt, aber wasserdurchlässiger ist als die Frontseite. Dadurch wird es hinten wesentlich trockener, obwohl immer noch Regen und Gischt neben und unter dem Cape eindringen. Das Cape fängt ungefähr sechzig bis siebzig Prozent des Wassers auf und leitet es durch den Trichterhahn ab, so daß es wesentlich einfacher aufzufangen ist, als wenn es überall eindringt. Ich kann die Kunststoffschachtel unter den Hahn hängen und sie mit der Kaffeedose ausschöpfen, oder ich kann auch die Dose gleich unter den Hahn stellen.
Ich durchwühle Seetang. Ein Fisch, zu schlank für eine Goldmakrele, aber von gleicher Länge, flitzt am Rande meines Blickfelds davon. Zweimal schon habe ich einen kurzen Blick auf diesen Fisch erhascht. Ein Barracuda? Ein Hai? Es ist nicht so wichtig. Was zählt, ist nur, daß es neue Spezies in meiner Welt gibt. Etwas geht vor sich. Ich kann es fühlen, wie ein Scout, der die Wärme der Asche fühlt und daran erkennt, wann Männer um das Lagerfeuer gesessen haben.

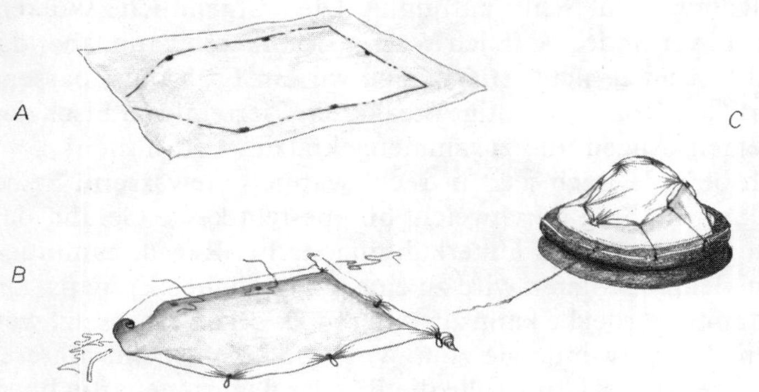

Ich bastle ein Wasserauffang-Cape aus dem Rest der Raumfahrerdecke (einen Teil dieser Decke habe ich vor kurzem zu einem Drachen verarbeitet). (A) Ich lege den Umriß fest und bohre «Knopflöcher» in die Decke, durch die ich Zwirn ziehen kann, um sie zusammenbinden, und die auch gleichzeitig als Verankerungspunkte dienen können. (B) Ich rolle die Seiten zu Dachrinnen hoch, damit das Wasser zu der einen Seite hin abfließt. In diese Verengung binde ich ein Stück Schlauch ein, das als Abflußröhre dient. Diese Verengung und den Abfluß ziehe ich durch die Beobachtungsluke hinten am Floß. So kann ich das Wasser direkt in den Wasserbehälter leiten. In jedes Knopfloch knote ich ein Stück Schnur mit einer Schlaufe, die ich mit je einem Taljereep versehe, das zu der äußeren Handleine läuft. (C) Das Wasserauffang-Cape befindet sich in Position; die Spitze ist durch die Beobachtungsluke gezogen, die Taljereeps breiten es so weit wie möglich aus, wobei die oberste «Dachrinne» am Kamm des Bogenschlauchs entlangführt.

Neue Vögel zeigen ihre Schwingen. In der Ferne kämpfen zwei miteinander. Vielleicht sind es Möwen, mit größerer Wahrscheinlichkeit aber sind es Seeschwalben. Auf einer der Karten in Robertsons Buch ist zu sehen, daß der Zug der Seeschwalben meine ungefähre Position quert.
Manchmal lassen sich von den Südseeinsulanern entwickelte Techniken anwenden, wenn es um die Bestimmung von Land voraus geht. Man sucht nach Wellenformationen, die

vom Strand wieder zurück ins Meer laufen, nach aufsteigenden Kumuluswolken, die über Land von der Thermik in große Höhe getragen werden, nach phosphoreszierenden Linien im nächtlichen Wasser und ähnlichen Dingen. Ich habe noch keine dieser Spuren entdeckt. Die verläßlichste Methode ist, wenn man das Land selbst sieht. Aber es ist immer problematisch, Land aus der Ferne zu sichten. Befinden sich die Wolken direkt über einem, dann scheinen sie sich schnell zu bewegen. Aber wenn sie sich dem Horizont nähern, dann schaut man im schrägen Winkel durch die Atmosphäre, und die Wolken scheinen sich langsamer und langsamer zu bewegen, während sie immer dunkler werden. Kumuluswolken nehmen die illusorische Form hoher Vulkanränder oder flacher Inseln an. Manche bewegen sich so lange nicht von der Stelle, bis man sie für feste Erde zu halten beginnt. Nur durch sehr lange, genaue Beobachtungen kann der Seemann Land von Wolken unterscheiden.
Als ich mich mit Chris den Azoren näherte, sichtete ich eine helle, konische Form zwischen den hohen, flaumigen Kumuluswolken. Mehrere Stunden lang rührte sie sich nicht von der Stelle, wurde allmählich deutlicher, wuchs dann immer weiter nach unten. Wir hatten Faial aus vierzig Meilen Entfernung gesichtet, wobei die tiefergelegenen Inselgebiete noch im weißen Dunst auf Meereshöhe verborgen gewesen waren. Andererseits befand ich mich weniger als eine Meile von mehreren hundert Meter hohen Klippen auf den Kanaren entfernt, als an einem sonst klaren Tag die Sonne ein bißchen Dunst aufleuchten ließ, und schon war die ganze Insel verschwunden. Ich hege die verzweifelte Hoffnung, daß ich meine Geschwindigkeit und die der Strömung unterschätzt habe. Ich habe mich um Zurückhaltung bemüht. Ich halte nach einer stabilen Form am Horizont Ausschau, eine, die sich nicht vom Fleck rührt und langsam grün färbt, aber jede sichtbare Form verwandelt sich nach und nach in ein geflügeltes Pferd oder einen Engel und fliegt davon.
Wir haben Ende März. Werden die Aprilschauer Maiblumen hervorbringen, oder wird sich der 1. April zu einem kosmischen Witz entwickeln? Hast gedacht, du würdest es schaffen, was? April, April!

1. APRIL
56. TAG

Als Test für mein Wasserauffangsystem überschütten mich die Wolken mit einem kleinen Schauer. Ich fange ungefähr einen halben Liter auf, aber als ich es koste, muß ich feststellen, daß es immer noch mit den fauligen orangefarbenen Partikeln der Zeltabdeckung verschmutzt ist. Mein Auffang-Cape ist nicht so wirkungsvoll wie erhofft. Über die Abdeckung fließt immer noch viel Wasser ab. Dieses faulige Wasser dringt durch das gleiche Loch in der Abdeckung wie das saubere Wasser des Sammeltrichters. Vielleicht läßt sich das faulige Wasser trinken, wenn ich es mit gutem Wasser mische. Ich versuche es im Verhältnis fünfzig zu fünfzig. Es schmeckt immer noch so scheußlich, daß ich es nur mit Mühe nicht wieder ausspucke. Wenn ich es vielleicht noch mal mit dem Wasser des Destillationsapparates vermische ...

Die Sonne späht hinter der grauen Wand hervor und bringt das Solar-Gerät zum Arbeiten. Tanzende Tröpfchen spiralen in den Sammelbeutel. Der Ballon sackt weiterhin in sich zusammen. Das Loch muß allmählich eine kritische Größe angenommen haben. Ich muß den Ballon alle zehn bis fünfzehn Minuten aufblasen. Die Produktion scheint gut zu sein, zu gut. Ich versuche die Tatsache zu ignorieren, daß das destillierte Wasser salzig wird. Ich bin fürchterlich durstig. Das Meerwasser selbst ist gar nicht so schlimm. Wenn ich das salzige Destillat mit dem verdorbenen Frischwasser mische, dann sollte dadurch sowohl der salzige als auch der faulige Geschmack abgeschwächt werden. Wenn ich alles miteinander vermischt habe, dann habe ich ein Gebräu, das sich bestens bei einem antiken Stammesritual zur Prüfung der Männlichkeit eignen würde, eine Mixtur aus Wasser, Steinsalz und Kotze. Kipp es weg. Ich will die morgige Wasserproduktion nicht verschmutzen, aber ich kann es mir auch nicht leisten, es wegzukippen. Ich halte mir die Nase zu und schlucke. Die Flüssigkeit brennt leicht, als ich sie runterwürge.

Vor Puerto Rico sichtet das Schiff *Stratus* ein kleines treibendes Boot. *Stratus* gibt die Meldung an die Küstenwache weiter, die um eine Beschreibung des verlassenen Bootes bittet. Die Beschreibung paßt nicht auf die *Solo*. Gegen Ende dieses Tages benachrichtigt die Küstenwache meine Familie, daß die «Suche» nach mir endgültig eingestellt worden ist. Die *Stratus* erwähnen sie gar nicht. Mein Bruder Ed hat meine Eltern täglich angerufen, um zu erfahren, ob irgendeine Nachricht über mich vorliegt. Der Mangel an Informationen aus offiziellen Quellen frustriert ihn. Entweder sagen sie nicht alles, was sie wissen, oder sie führen keine sonderlich intensive Suche durch. Ed verläßt sein Haus auf Hawaii und fliegt nach Boston zu meinen Eltern und meinem Bruder Bob. Sie wollen eine eigene Such- und Rettungsmission in Gang bringen.

Ich kann in der Dunkelheit nicht schlafen. Das verdorbene Wasser rollt in meinen Eingeweiden wie ein schwerer Stein herum. Mein Kopf beginnt zu schmerzen und zu schwitzen. Mein Nacken spannt sich, und ich habe ein Druckgefühl, als würde mir ein Daumen unter den Kiefer gerammt. Übelkeit schwappt über mir zusammen. Mein Puls rast, mein Kopf hämmert. Gegen Mitternacht strömt der Schweiß nur so über meine heiße Haut, und ich werfe mich voller Qual hin und her. Mein Gott, ich habe mich selbst vergiftet!

DIE STRASSE DER ABFÄLLE

JEDES BLÄSCHEN UND jede kleine Welle ist zu weißem Eis erstarrt, das über die Klippe strömt wie der lange, frostige Bart von Old Man Winter. Die Bewegung des Wasserfalls ist zum Erliegen gekommen; er wartet nun auf das Tauwetter des Frühlings. Innerhalb der eisigen Hülle donnert der Wasserfall weiterhin nach unten, spritzt in mein Glas, in dem dunkelblaue Eisscherben klappern. Die funkelnde, schäumende Flüssigkeit wird mir an die Lippen gehalten, aber mein in halber Ohnmacht schwankender Kopf fällt immer wieder zurück. Ich öffne die Augen, damit ich das Bild nicht mehr sehen muß.

Übelkeit würgt mich. Meine Zunge liegt wie eine Kröte in meinem Mund. Ich ertrage es nicht länger. Voller Verzweiflung hole ich einen halben Liter meiner kostbaren Reserve hervor und schraube den Verschluß ab. Ich halte das Wasser für einen Moment im Mund, bevor ich meine geschwollene Zunge nach oben presse, um das Wasser durch meine Kehle zu drücken, damit es die Flammen in meinem Bauch löscht. Noch einen Mund voll. Der Brand flackert. Noch einen Schluck und noch einen. Der Wasserbeutel wird schlaff. Der Feuerteufel ergibt sich. Die Übelkeit ist ertränkt. Ich schlafe.

Am Morgen bin ich schwach, fange aber trotzdem meinen elften Drückerfisch und stärke mich mit seinen Organen und mit Goldmakrelenstreifen. Ich bin wieder einsatzfähig.

2. APRIL
57. TAG

Klebrige Gummilösung hat sich abgesondert und auf der Rückseite der restlichen Klebestreifen zusammengeklumpt. Mit dem Messer kratze ich einen kleinen Ball dieser Gummierung ab und stopfe diesen kleinen Dübel in das Loch des Solar-Ballons. Wie eine Niete drücke ich ihn auf beiden Seiten platt. Zusammen mit dem Bandstreifen, den ich über die klebrige Niete presse, funktioniert die Abdichtung wesentlich besser, verschafft meinen Lungen eine Erholungspause und hält das verdammte Salz im Ozean, wo es hingehört.

Es läßt sich nicht abschätzen, wie lange der Destillationsap-

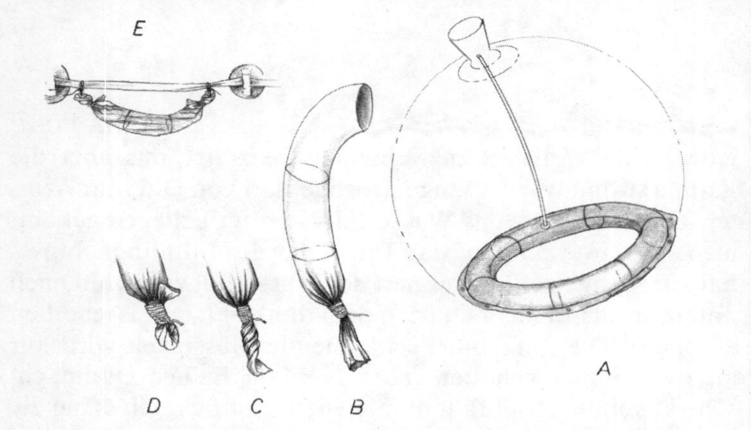

(A) Ich entferne aus dem aufgeschnittenen Destillationsapparat den Ballastring und teile ihn in zwei Hälften, so daß ich ihn durch das offene Ende leicht füllen kann. (B) Ein Ende verschnüre ich ganz fest, aber es leckt immer noch stark, also drehe ich den Zipfel (C), schlage ihn um und umwickle ihn noch einmal (D). Erstaunlicherweise leckt es immer noch, wenn auch sehr viel langsamer. Nachdem der Behälter gefüllt ist, wiederhole ich die Prozedur mit dem anderen Ende und hänge den Behälter (E) horizontal an die innere Handleine. Dadurch werden die Enden hochgehalten, und ein Durchsickern wird verhindert.

parat noch durchhalten wird. Ich sammle besser einen so großen Wasservorrat wie nur möglich. Der Ballastring des aufgeschnittenen Destillationsgerätes ergibt zwei ganz ordentliche Behälter. Ich schneide ihn mittendurch und binde je ein Ende jeder Hälfte ab. Ich kann bequem Wasser in die offenen Enden füllen, die einen Durchmesser von knapp acht Zentimetern haben, und sie dann zuschnüren. Falls nötig, sammle ich in diesen Behältern verdorbenes Regenwasser. Der Abflußtrichter kann als Klistierspritze dienen, um das faulige Wasser zu verabreichen.

Der Wind treibt uns mehr in Richtung Norden. Zeit zur Bestimmung des Breitengrades. Ich binde drei Bleistifte zu einem Dreieck zusammen, bastle mir so einen billigen Sextanten. Sextanten sind hochgestochene Winkelmesser mit Spiegeln, die es dem Navigator erlauben, gleichzeitig den Horizont und einen Stern oder Planeten anzusehen. Frühe Vorgänger des Sextanten waren aus Holz gemacht. Mein Instrument ist noch primitiver, da ich nicht gleichzeitig Horizont und Sterne betrachten kann. Statt dessen muß ich meinen Kopf auf und ab bewegen, zuerst einen Stern über einen Bleistift hinweg anpeilen und dann den Rand der Welt über einen anderen Bleistift, während ich mich bemühe, das Instrument still zu halten. Ich werde heute abend einen Versuch machen.

Oberhalb von Antigua schlagen die Westindischen Inseln einen Bogen nach Westen. Treibe ich oberhalb des achtzehnten Breitengrades dahin, dann muß ich weitere zwanzig oder dreißig Tage durchhalten, bis ich die Bahamas erreicht habe. Guadeloupe ist die östlichste Insel der westindischen Gruppe.

Ich peile den siebzehnten Breitengrad an. Befindet sich ein Navigator auf dem Nordpol, dann steht der Polarstern direkt über seinem Kopf, im neunzig Grad Winkel zum Horizont in allen Richtungen. Der Nordpol liegt auf dem neunzigsten Breitengrad. Am Äquator, bei null Grad Breite, tanzt der Polarstern auf dem Horizont. Der Breitengrad kann also direkt durch den Winkel zwischen Polarstern und Horizont bestimmt werden.

Eine vollkommen andere Sache ist die Bestimmung der Länge. Dafür setzt der Navigator den Bogen mit der Zeit gleich. Jeder einzelne der 360 Grade des Erdumfangs ist in sechzig Bogenminuten unterteilt. Jede Minute entspricht einer nautischen Meile — 1852 Metern. Da sich die Erde alle vierundzwanzig Stunden einmal um die eigene Achse dreht, verlagern sich die Himmelskörper jede Stunde um fünfzehn Längengrade oder jede Minute um fünfzehn Längenminuten. Einige Astronomen in Greenwich, England, begannen die Einteilung des Globusses damit, daß sie die Länge Null durch ihren kleinen Ort laufen ließen. Die Länge kann berechnet werden, indem man die Zeit, zu der ein Himmelskörper über einem steht, mit der Zeit vergleicht, zu der er

Ich «schieße» die Höhe mit meinem Bleistift-Sextanten.

über Greenwich stehen würde. Die Zeitdifferenz wird dann in Bogenminuten umgewandelt, wodurch der Beobachter weiß, wie weit östlich oder westlich er sich von Greenwich befindet.

Captain Cook war einer der ersten, der sich die Erfindung des Chronometers zunutze machte. Bis dahin segelten die Seefahrer gewöhnlich nach Norden oder Süden, bis sie den Breitengrad erreichten, auf dem ihr Bestimmungshafen lag. Dann segelten sie direkt östlich oder westlich weiter. Dieses Längengradsegeln, wie es genannt wird, beruht auf der Höhe des Polarsterns in Verbindung mit der geschätzten Geschwindigkeit und Abdrift, worüber ich genau Buch geführt habe; damit kann ich in diesem öden Terrain ohne Hinweisschilder und Orientierungspunkte meine Position etwas besser bestimmen.

Von der Kompaßrose der Karte nehme ich achtzehn Grad und stelle meine Sextanten auf diesen Winkel ein. Nach Westen, meine kleine *Ducky,* und nach Süden.

Die Goldmakrelen schlagen den ganzen Tag über kräftig zu, reizen meine Geschwüre und bringen mich in Wut. Der Himmel ist wieder klar, der Nachmittag heiß. Der leichte Wind dreht nach Süden und schiebt uns nach Norden. Oh, zum Teufel damit!

Die ganze Nacht über bescheint ein strahlender Mond mindestens hundert Drückerfische und dreißig Goldmakrelen, die ständig gegen die *Ducky* hämmern. Wir treiben nach Norden, dann Nordosten, dann Osten, genau dorthin, wo wir hergekommen sind. Verdammt!

Gegen Morgen zu haben wir die Schleife vollendet und liegen wieder auf altem Kurs. Ich bin glücklich, daß wir uns laut meines Sextanten auf siebzehn Grad Länge befinden, aber ein Grad Abweichung oder mehr ist durchaus im Bereich des Möglichen.

Ein Grad in der falschen Richtung, und meine Reise dauert einen Monat länger. Eine zu knappe Angelegenheit, um sich dabei wohl zu fühlen. Und ein verlorener Tag, der mich im Kreis herumgeführt hat. Aber stetige Fortschritte kann ich nicht erwarten. Achtundfünfzig Tage, doch ich muß noch geduldiger werden.

Blasen gurgeln aus *Duckys* Flicken. Ich muß alle anderthalb Stunden pumpen, um den Schlauch prall zu halten. Ich ziehe die Presse um die Halskrause der Abdichtung

3. APRIL
58. TAG

fest. Die Leine zittert und reißt, aber der Flikken bleibt an Ort und Stelle. Ich lege eine Schlaufe einer stärkeren Schnur darum und ziehe sie fest. Wunderbarerweise hält jetzt der untere Schlauch die Luft besser als der obere.

Eine Anzahl Goldmakrelen stoßen gegen mein Hinterteil. Sie bleiben eine ganze Weile in der Nähe. Gute Gelegenheit, um einen Blattschuß anzubringen. Ich ziele und stoße zu. Daneben. Noch einmal. Treffer. Ein herrliches Weibchen. Ich hebe die Goldmakrele aus dem Wasser, ihr Körper glänzt in der Sonne. Ihr Leib pulsiert. Sie windet ihren Kopf in Richtung Schwanz — linke Seite, rechte Seite, links, rechts, schneller und schneller. Meine gebrechliche Lanze schwingt im gleichen Rhythmus mit. Was für ein wunderbares Tier. Mit einer glatten Bewegung, die mir bereits in Fleisch und Blut übergegangen ist, schwinge ich den Fisch herein und töte ihn. Wieder habe ich mir einen Puffer gegen das Verhungern geschaffen. Wieder stimmt mich der Verlust eines Gefährten traurig. Mehr und mehr spüre ich, daß diese Kreaturen einen Geist ausstrahlen, der den meinen klein und untergeordnet erscheinen läßt. Ich weiß nicht, wie ich es rational erklären soll — vielleicht ist es das. Ich glaube nicht, daß diese Fische so wie wir nachdenken oder überlegen; ihre Intelligenz ist anders geartet. Was ich mir über Wahrheit und Sinn zusammenreime, das finden sie in ihrer unmittelbaren, intensiven Verbindung mit dem Leben selbst — indem sie mit ihren Leibern gewaltige Wogen hinabgleiten, fliegende Fische jagen, am Ende meines Speeres um ihr Leben kämpfen. Ich habe oft gedacht, daß meine Instinkte das Werkzeug waren, das mir das Überleben ermöglicht hat, damit meine «höheren Funktionen» weiterbestehen konnten. Jetzt muß ich feststellen, daß es genau umgekehrt ist. Es ist meine Fähigkeit zum Vernunftdenken, die das Kommando führt und mich überleben läßt, und die Dinge, um derentwillen ich überleben möchte, sind jene, die ich mir instinktiv wünsche: Leben, Gesellschaft, Annehmlichkeiten, Vergnügen. Die

Goldmakrelen haben all das hier und jetzt. Ich wünsche mir sehr, ich könnte zu dem werden, was ich esse.
Als ich auf meinen Speer hinunterschaue, verstärkt sich mein Wunsch, ein Fisch zu sein, der keine Werkzeuge benötigt. Er ist wieder abgebrochen. Ich habe mir wegen des schwachen Buttermessers Sorgen gemacht, doch statt dessen ist die stabile Stahlklinge glatt abgebrochen. Vielleicht betrachte ich gerade meine Mahlzeit. Okay, werd nicht melodramatisch, du hast den Speer oft genug repariert. Doch was soll ich diesmal nehmen? Die Gabel hab' ich bereits eingesetzt. Mein anderes Messer ist zu kompakt, um sich in eine Goldmakrele hineinzubohren. Sonst hab' ich nichts, aus dem ich eine Spitze basteln könnte. Na ja, dann werd' ich mich wohl mit dem Buttermesser allein begnügen müssen. Wenn es bricht, dann zurre ich das Messer mit der starren Klinge dran und jage nur noch Drückerfische. Aber darüber kann ich mir auch noch später Sorgen machen.
Verdorbenes Wasser von der Zeltabdeckung strömt zusammen mit dem klaren, von der Raumfahrerdecke aufgefangenen Wasser durch die Beobachtungsluke, wenn es regnet. Ich schiebe ein Stück Plastikschlauch ziemlich weit unten in den Trichter der Decke und sichere es mit Zwirn. Ein nächtlicher Wolkenbruch läßt das Wasser nur so hereinschießen. Ich lasse das faulige Wasser abfließen, während das klare Wasser von dem Schlauch in die Kunststoffschachtel geleitet wird. Es ist ein gewaltiger Erfolg. Ich fange eineinviertel Liter Wasser auf, immer noch ein klein wenig faulig, aber trinkbar. Wenn mein letzter Solar-Destillationsapparat ganz den Geist aufgibt, dann muß das jetzt nicht mehr unbedingt das Ende für mich bedeuten. Ich sehe die Goldmakrele vor mir, die am Ende meines Speeres um ihr Leben kämpft, sich dreht und windet, dreht und windet. Dabei muß ich an die Kindergeschichte von dem kleinen Zug denken, der sich so furchtbar viel Mühe gibt, den Berg hinaufzudampfen. Ich glaube, ich schaff's, ich glaube, ich schaff's, ich glaube, ich schaff's ... Ich weiß, ich schaff's, ich weiß, ich schaff's, ich weiß, ich schaff's.
Gegen Mittag sichte ich ein weiteres Schiff, unterwegs in nördlicher Richtung, aber zu weit entfernt, um mein Leucht-

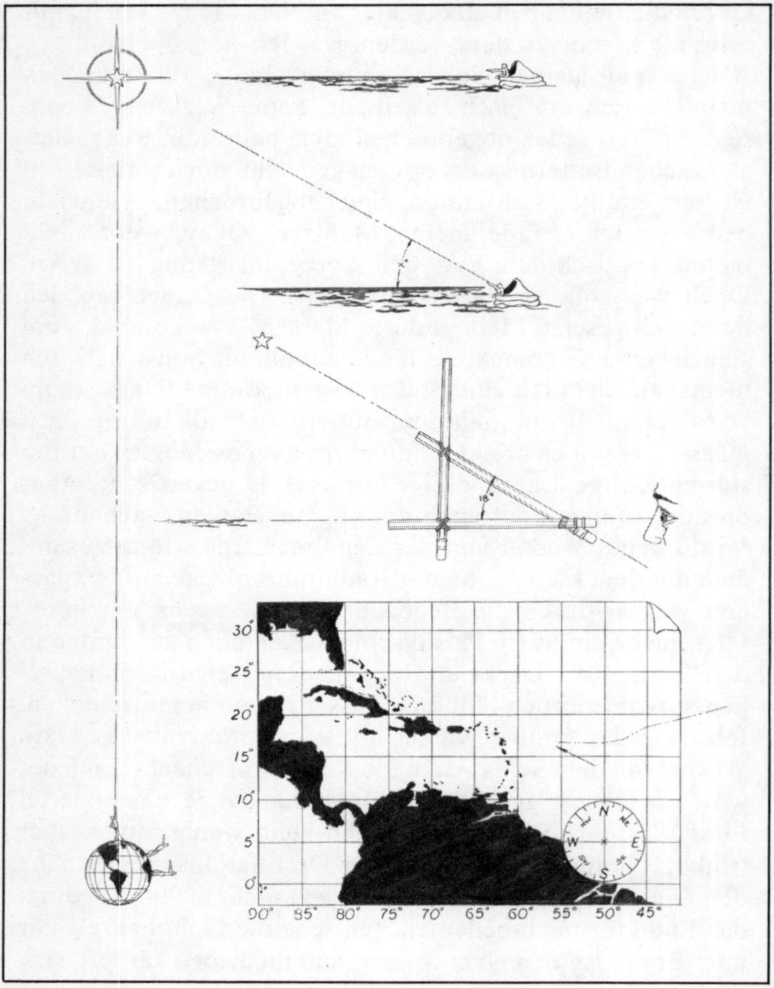

signal sehen zu können. Mittlerweile ist die Signalpistole sowieso nur noch ein einziger Rostklumpen. Das letzte Meteorsignal kann nicht mehr abgefeuert werden. Mit einem VHF-Sprechfunkgerät in der Hand könnte man wahrscheinlich mehr Wirkung erzielen als mit einer Signalpistole. Oft genug habe ich mich mit dem Funker unterhalten, während

GRUNDLAGEN DER NAVIGATION. Meine Ost-West-Position schätzte ich anhand der Driftgeschwindigkeit plus der ungefähren Geschwindigkeit und Richtung der Strömung. Mit Hilfe des Bleistift-Sextanten berechnete ich meinen ungefähren Breitengrad. *Oben links:* Der Polarstern steht direkt über dem Nordpol. (Der magnetische Nordpol ist etwas völlig anderes.) Man sieht, daß der auf dem Pol der Erdkugel stehende Mann direkt zum Polarstern hochschaut, in einem Winkel von 90 Grad zum Horizont. Der Mann am Äquator sieht den Polarstern direkt auf seiner Horizontalebene. Der Mann oben rechts auf dem Floß schaut horizontal auf den Polarstern, also muß er sich am Äquator befinden. Der Mann auf dem Globus, der sich zwischen Äquator und Pol befindet, schaut in einem Winkel von × Grad über den Horizont, um den Polarstern zu sehen. Er befindet sich also auf × Grad Breite, genau wie der Mann in dem zweiten Floß. Ich binde drei Bleistifte zusammen, zwei davon in einem Winkel von 18 Grad, was meiner geschätzten Breite entspricht. Ich benütze die Kompaßrose auf der Karte als Winkelmesser, da sie passend in 360 Grade unterteilt ist. Zuerst muß ich den horizontalen Bleistift auf den Horizont richten. Dann peile ich über den aufsteigenden Bleistift den Polarstern an, während ich bemüht bin, das Instrument ganz ruhig zu halten. Befindet sich der Polarstern nicht in der Verlängerung des Bleistifts, dann verändere ich den Winkel zwischen den beiden Bleistiften so lange, bis er es ist, und messe dann meinen Breitengrad an der Kompaßrose ab. Auf der Karte erkennt man, daß sich die Inselkette oberhalb des 18. Breitengrades nach Westen biegt und oberhalb des 19. Breitengrades scharf abknickt. Drifte ich bis zum 19. Grad, dann wird meine Reise mindestens vier Tage länger dauern, als wenn ich am 18. Grad entlangtreibe. Treibe ich bis auf eine Breite von 19,5 Grad, dann verlängert sich meine Fahrt um Wochen, möglicherweise um Monate. Die unterbrochene Linie deutet meine Route an. Die Strömung verläuft in Richtung des Pfeils, versucht mich nach Norden zu drücken. Es wird sehr knapp werden.

mein Schiff von der Mannschaft nicht entdeckt wurde. Aber egal, vielleicht ist das Schiff ein gutes Zeichen. Position und Richtung deuten mit einiger Wahrscheinlichkeit darauf hin, daß es von Brasilien nach den Vereinigten Staaten unterwegs ist. Vielleicht sind die Routen, die ich eingezeichnet habe, doch korrekt. Innerhalb dieses Gürtels von Brasilien nach

Florida wird der Schiffsverkehr von und nach den Karibischen Inseln, Südamerika und den Vereinigten Staaten stärker sein. Bald werde ich den Kontinent selbst erreicht haben. Bald wird all das hier ein Ende haben.
Nichtsdestoweniger bleibt der Ozean endlos — ein Blau wie von einem Swimmingpool, drei Meilen tief, Tausende von Meilen breit, der einsamste Ort auf Erden. Die Bewegungen der Fische sind immer wieder die gleichen. Die Fregattvögel hängen über meinem Kopf, als baumelten sie an den Fäden eines gewaltigen Mobiles. Ich fühle mich, als würde mit mir eine Szene in einem alten Hollywoodfilm gedreht; der Hintergrund wird langsam vorbeigezogen, um die Illusion von Bewegung zu erzeugen.
Ich träume, ich sei zu Hause. Alles ist ruhig und riecht nach Frühling. Licht filtert durch sprießende Blätter, Frisha, meine Ex-Frau, und ich sitzen auf einer Steinmauer. Wir winken den Nachbarn zu. Ich erzähle ihnen allen, daß ich sterbe. Sie müssen einen Suchtrupp nach mir losschicken.
Mein Bruder Ed und mein Vater haben bei der Küstenwache so viele Informationen wie nur möglich gesammelt. Vom Norfolk-Wetterdienst haben sie Unmengen an Wetterinformationen erhalten. Sie haben Briefe an Kongreßabgeordnete geschickt — an jeden, der vielleicht helfen könnte. Eds Finger schmerzen vom Drehen der Telefonwählscheibe. Seine Zigarettenkippen türmen sich, bis sie sich wie ein Erdrutsch aus dem Aschenbecher auf den Tisch ergießen. Meine Familie studiert Karten und Wetterinformationen, um herauszufinden, wo ich mit größter Wahrscheinlichkeit Schwierigkeiten bekommen habe. Von dem Sturm ausgehend, der am 3. Februar begann, entwerfen sie zwei mögliche Drift-Muster meines Floßes, unter Einbeziehung der beiden in Frage kommenden Segelrouten, die ich eingeschlagen haben könnte. Als Berufstaucher und Seemann kennt mein Bruder das Meer ganz genau. Im Krieg flog mein Vater Such- und Rettungsmissionen. Freunde, professionelle Segler, Segelmacher und nautische Journalisten, von denen viele bereits von Schiffsunglücken betroffen gewesen waren, fügen ihr Wissen und ihre Kenntnisse dieser Gleichung mit vielen Unbekannten hinzu. Mein Bruder Bob und

meine Mutter halten die Rettungsaktion unter Dampf, sorgen für Essen, schreiben Briefe, erledigen Besorgungen. Die Resultate sind bemerkenswert genau. Eine der von ihnen errechneten Positionen ist lediglich hundert Meilen von mir entfernt.

Die Küstenwache will von all dem nichts wissen. Ein so lange überfälliger Seemann ist mit Sicherheit tot. Und selbst wenn eine Suche in Frage käme, dann könnten die von einem Haufen emotional beteiligter Amateure gesammelten Informationen wohl kaum dem Material der Profis von der Küstenwache gleichwertig sein.

Ströme von Briefen ergießen sich weiterhin aus dem Haus meiner Eltern. Die Jacht-Presse hält Augen und Telefonleitungen offen. In Bermuda alarmieren Kumpels von mir die Atlantikschiffahrt, damit Ausschau gehalten wird — diese Mühe hat sich die Küstenwache erspart. Amateurfunker verbreiten die Nachricht von der *Napoleon Solo* über den ganzen unteren Nordatlantik.

Doch Tag um Tag vergeht, und jene, die das Meer kennen, sind sich meiner dürftigen Überlebenschancen nur zu bewußt. Frisha ist in sich gekehrt und verbirgt ihre Ängste hinter ihren Studien von Pflanzen. Meine Familie hat noch nicht gemerkt, daß all ihre Bemühungen nie zu einer Suche führen werden, daß ihre Arbeit sie bestenfalls beschäftigt hält und dafür sorgt, daß ihr Glaube nicht ins Wanken gerät. Und diejenigen, die immer noch glauben, ich sei irgendwo da draußen noch am Leben, werden mit zunehmendem Mitleid betrachtet.

Ich habe von all dem keine Ahnung, ich sehe nur den ewig gleichen leeren Horizont, der sich nun schon seit zwei Monaten vor mir ausbreitet. Meine Glieder und meine Augenlider sind schwer von Müdigkeit. Selbst zur kühlen Tageszeit bricht unter der Crew in meinem Kopf ein erbitterter Streit aus, wenn ich mir aus irgendeinem Grund das Kommando gebe, mich zu bewegen. Alles auf dem Floß ist mit Salz gesättigt, weshalb selbst bei relativ ruhigen Verhältnissen Feuchtigkeit direkt aus der Luft gezogen wird. Diese Salzlösung schmiert sich in jede Wunde. Nur mittags trock-

4. APRIL
59. TAG

net alles und bildet dann die Krusten, die meine Geschwüre aufscheuern. Lediglich in kniender Haltung sind die Schmerzen nicht so groß. Wenn die Sonne direkt über mir steht, breche ich in der wahnsinnigen Hitze zusammen. Es wäre so leicht, einfach nur die Augen zu schließen und loszulassen, so leicht ... Hör auf! An die Arbeit, befehle ich meiner faulen Crew. Arbeitet — oder euer Fell wird als Vogelfutter aufgehängt. Arbeitet, ihr habt ja bis jetzt noch gar nichts getan!

Mit den Resten der starren Klinge verstärke ich das zerbrechliche Buttermesser an meiner Lanze. Ich ziehe die ganze Sache weiter am Schaft zurück, um die Harpune stabiler zu machen, aber die Spitzen wirken zu schwach, um viel Druck aushalten zu können. Zuerst werde ich es mal sanft probieren. Ich spieße nach einem Drückerfisch. Ich kann ihn nicht mit der Spitze durchbohren, schaffe es aber, den armen Fisch an Bord zu schleudern.

Ich habe es jetzt nicht mehr weit, das spüre ich mehr und mehr. Ich weiß, wie sich Kolumbus bei dem Versuch gefühlt haben muß, seine Mannschaft bei der Stange zu halten, als sie jeden langen Tag tiefer in die Vergessenheit hineinsegelten, während er wußte, daß das Land direkt hinter dem Horizont lag, immer nur direkt hinter dem Horizont. Die Brüste der Vögel über mir sind von einem stumpfen Weiß, nicht Rot, aber es müssen immer noch Fregattvögel sein. Zwei weitere Vögel sind hinzugekommen. Zwei Seeschwalben flattern herum. Ein möwenähnlicher, bräunlicher Vogel fliegt über das Wasser.

Ich habe das bohrende Gefühl, daß mich jemand begleitet. Döse ich ein, dann versichert mir mein Begleiter, daß er Wache halten oder irgendwelche Arbeiten erledigen wird. Manchmal erinnere ich mich an Gespräche, vertrauliche Mitteilungen, Ratschläge. Ich weiß, daß es nicht möglich ist, aber das Gefühl hält sich hartnäckig. Die Müdigkeit wird gefährlich. Mein unsichtbarer Begleiter versichert mir, daß ich bis zum 20. April durchhalten kann.

Ich habe keine frische Nahrung mehr. Das Meer ist zu rauh, als daß ich richtig zielen könnte. Harte Fischstreifen sind nach stundenlangem Einweichen soweit, daß man sie kauen kann; außerdem sind sie dann salzig genug, um ein bißchen Geschmack zu haben. Noch vor Sonnenaufgang bin ich beim ersten Tageslicht bereit, ein hartes Stück Trockenfisch im Mund, den Speer in der Hand. Zielen, zustoßen, aufspritzen. Zielen, zustoßen, aufspritzen. Ich bin zu langsam, zu schwach. Nach stundenlanger, zermürbender Geduldsprobe habe ich in fünf Fische Löcher gerissen. Die Sonne geht auf. Meine Arme zittern und scheinen zu schmelzen. Ich sacke auf den nassen Boden meines Floßes. Fehlschlag. Noch ein Versuch am Abend. Fehlschlag. Noch ein Versuch am Morgen, Fehlschlag.

Bei diesen Temperaturen beträgt die Überlebenszeit ohne Wasser kümmerliche drei Tage. Habe ich Kraft für zehn Tage? Ich versuche den Destillationsapparat zu bedienen. Ein weiterer Fisch beißt durch den Auffangbeutel, noch mehr Frischwasser sickert zurück ins Meer. Mutlos, aber ruhig sitze ich daneben.

Tagelang hat sich der Atlantik unfruchtbar gezeigt, aber nun sehe ich einen gewaltigen Klumpen Beerentang durch die Wellen treiben. Als er sich nähert, paddle ich im Hundestil auf ihn zu und zerre den Tang an Bord der *Ducky*. Kleinzeug krabbelt darin herum, eine Angelleine hat sich verheddert.

6. APRIL
61. TAG

Ein weiterer Klumpen taucht vor mir auf. Ich werfe das erste Bündel nach hinten und packe das zweite, dann ein drittes und ein viertes. Der Ozean beginnt sich mit Tang zu bedekken. Hastig wühle ich mich durch die Vegetationsschichten und finde die übliche üppige Kost an zuckenden Garnelen, zappelnden Fischen und klickenden Krabben. Ich werfe den Tang zur späteren Inspektion nach hinten in die *Ducky* und packe den nächsten Klumpen. Vor mir taucht eine schwarze Kruste am Horizont auf.

Wir treiben durch einen Tanggürtel, der sich wie zusammengewehte Herbstblätter auftürmt. Der Beerentang ist mit Abfällen übersät. Sechzig Tage lang hat sich der Ozean ursprünglich und unverdorben gezeigt, eine Welt, die nie mit einem Menschen in Berührung gekommen ist. Schiffe und ein einzelnes Stück Styropor waren die einzigen Anzeichen dafür, daß immer noch menschliche Wesen die Erde bewoh-

nen. Und jetzt ist meine Umgebung plötzlich voll von ihren Exkrementen — *unseren* Exkrementen, rufe ich mir ins Gedächtnis. Alte Flaschen, Körbe, zusammengeklumpte Ölflecken, tanzende Glühbirnen, Feldflaschen, Fetzen von Fischernetzen, Seile, Lattenkisten, Korken und verblaßte Stoffreste. Diese Straße der Abfälle erstreckt sich von Süden nach Norden, soweit mein Auge reicht. Stundenlang watet die *Ducky* durch eine Müll-Fahrbahn nach der anderen. Dieser Highway hat eine Breite von mehreren Meilen.
Die Drückerfische spielen verrückt, flitzen herum und schnappen nach den kleinen Lebewesen, die in diesem Abfall gefangen sind. Auf merkwürdige Weise fühle ich mich neu belebt, entspannt und unbesorgt. Die See blüht auf bei all dem Müll. Krabben und Muscheln im Überfluß. Die Brutstätten der Natur liegen in den unwahrscheinlichsten Gegenden. Für uns ist Müll gleichbedeutend mit Verfall und Tod, aber für die Natur ist es nur ein neuer Beginn.
Ich fülle meinen Mund mit Krabben und Garnelen, die von dieser ozeanischen Müllkippe mitgeschleppt worden sind. Es wirkt wie Ironie, daß diese Verschmutzung als Wegweiser zu meiner Rettung dienen soll. Ich befinde mich auf der öligen Straße nach Oz, und Essen, Unterkunft und Kleidung liegen gleich bei der nächsten Anfahrt. Die neuen Arten von Vögeln und Fischen, die ich gesehen habe, sind deutliche Anzeichen dafür, daß ich recht ordentlich vorangekommen bin. Und diese Straße der Abfälle ist eine Art wichtige Demarkationslinie, eine Reklametafel, die auf größere Strömungsänderungen hinweist.
Die Nacht senkt sich herab, während die *Ducky* und ich weiterhin durch den Schmutz treiben. Am Morgen ist das Wasser von einem helleren Blau und glasklar. Ich bin überzeugt davon, daß ich mich in den flacheren Gewässern des Kontinentalschelfs befinde. Mein Ziel liegt direkt vor mir.

DER HOLLÄNDER

DIE SEE ZEIGT sich in ihrer üblichen Form, fünf, vielleicht sechs Fuß hohe Brecher, die sich wie Bänder in westlicher Richtung entfernen. Der Wind bläst mit stetigen zwanzig bis fünfundzwanzig Knoten — lebhaft, aber nicht gefährlich. Mit jeder Woge hebt sich die *Rubber Ducky* und fällt dann wieder sanft zurück. Schwankend stehe ich da, mein Gehirn mit Bildern vom Essen vollgestopft und von Träumen vom Trinken überschwemmt. Ich kann an nichts anderes als daran denken und an die rollenden Wogen, die sich um mich herum brechen. Ich unterteile den Horizont in sechs Segmente. Ich suche ein Segment mit Blicken ab, während ich, so gut es geht, das Gleichgewicht halte. Dann drehe ich mich vorsichtig, gewöhne mich an die neue Stellung und suche das nächste Segment ab.

8. APRIL
63. TAG

Bei stürmischem Wetter muß ich oft erst den Anstieg zu einem großen Gipfel erwarten, bevor ich einigermaßen weit sehen kann, aber bei diesen Verhältnissen reicht fast jeder Wellenkamm aus. Ungefähr fünf bis acht Meilen entfernt duckt sich ein Schiff. Es macht westnordwestliche Fahrt, könnte vielleicht noch ein bißchen näher kommen. Ich warte auf den richtigen Moment und ziehe ab. Mein letztes Fallschirmsignal zischt himmelwärts und explodiert. Es strahlt bei weitem nicht so hell wie nachts, schaut mehr aus wie ein Stern, der durch einen trüben Himmel blinzelt. Schiff Nummer sieben schleicht verstohlen davon. Es bleiben mir nur noch drei Hand-Leuchtsignale. Jetzt wird ein Schiff mich schon fast rammen müssen, bevor man mich sieht. Meine einzige Hoffnung ist, die Inseln zu erreichen.

Zögernd riskiere ich die endgültige Zerstörung meines Speeres, durchbohre eine weitere Goldmakrele. Mechanisch schneide ich sie auf, teile die dicken Filets in Streifen und hänge sie auf. Es scheint barbarisch. Ich will nicht mehr töten. Bitte laß mich bald landen. Wenn ich weg bin, wie werden sich meine Fische fühlen? Wie werde ich mich ohne meine Fische fühlen?

Jetzt, wo ich einen frischen Fisch habe, werde ich die nächsten paar Tage nicht mehr so hart schuften müssen. Es ist ein kleiner Aufschub, obwohl ich genau weiß, daß ich mich erst nach Beendigung der Reise ausruhen kann. Der Gedanke erscheint fast unglaublich, über wieviel Freizeit ich in der *guten alten Zeit* verfügte, damals, als meine Ausrüstung noch nicht regelmäßig ihren Geist aufgab, als ich noch nicht halb verhungert war. Jetzt beansprucht jede Arbeit mehr Zeit. Gelegentlich frage ich mich, wieviel ein Körper ertragen kann. Selbstmord ziehe ich nicht in Erwägung — nicht nach allem, was ich durchgemacht habe —, aber ich kann verstehen, daß andere das als vernünftigen Ausweg aus dieser Lage betrachten. Für mich ist es stets leichter, weiterzukämpfen. Um mir selbst Mut einzuflößen, rede ich mir ein, daß meine Hölle schlimmer sein könnte, daß es vielleicht noch schlimmer wird und daß ich mich darauf vorbereiten muß. Mein Körper wird mit Sicherheit noch weiter zerfallen. Ich sage mir, daß ich damit fertig werden kann. Im Vergleich zu dem, was andere durchgemacht haben, bin ich noch gut dran. Wieder und wieder hämmere ich mir diese Dinge ein, baue Kraft und Standhaftigkeit auf, doch Teile meines Körpers fühlen sich an, als stünden sie in Flammen; das Feuer von den Geschwüren an meinem Rücken, meinem Hinterteil und meinen Beinen schlägt empor, und die Flammen brechen in meinen Schädel ein. Im nächsten Moment ist all meine Standhaftigkeit zu Asche verbrannt, und Tränen quellen in meinen Augen auf. Sie reichen nicht mal aus, um die Feuersbrunst ein bißchen zu löschen.

Wenn ich vor dem Eingang niederknie, kann ich meine Wunden von ihren salzigen Kissen heben. Die Sonne hämmert auf meinen Kopf, und ich sinke über den Bug. Die tiefen Ausbuchtungen meiner Knie ziehen Goldmakrelen an, die den ganzen Tag um das Floß flitzen. Sie wissen, daß ich mich nicht auf der Jagd befinde. Auch die Drückerfische scheinen zu wissen, wann ich meinen Speer in der Hand habe. Ich ziehe meinen Arm durch das kühle Wasser, so klar wie Glas. Wenn die Goldmakrelen unter mir hervorgleiten, dann sind unsere Augen nur einen Fuß voneinander getrennt. Ich schiebe meine Hand auf sie zu. Ich habe nie gesehen, daß sie einander berühren, aber ich vermute, daß sie es gelegentlich tun, denn sie lassen es zu, daß ich ihre schlüpfrigen Leiber streichle. Kaum berühren meine Finger sie, da flitzen die Goldmakrelen irritiert davon, doch sie kommen immer wieder zurück. Wie leicht wäre es doch, einfach loszulassen und zu sterben, sich in andere Schnipsel des Universums verwandeln zu lassen, von Fischen gefressen zu werden, ein Fisch zu werden. Eine Goldmakrele gleitet hervor, und ich streiche über die zarte Schwanzflosse. Die kokette Kleine kehrt sofort wieder zurück. Aber ich kann nicht einfach loslassen. Mein Stamm sind die Menschen. Es sollte leicht sein, sich den Goldmakrelen oder der See auszuliefern, aber das ist es nicht.

Mit dem Sextanten messe ich meinen Breitengrad. Ungefähr achtzehn Grad. Wie genau ist das? Ich weiß jetzt, daß ich niemals weitere zwanzig Tage durchhalten kann. Befinde ich mich zu weit nördlich, dann bin ich erledigt. Wenn ich dem Wind befehlen könnte, dann würde ich mich nach Süden treiben lassen.

10. APRIL
65. TAG

Am Morgen sind die Goldmakrelen verschwunden. Eine neue Sorte Drückerfisch taucht auf. Sie sind fast schwarz, mit leuchtend blauen Flecken, gespitzten Mäulern und Finnen wie Chiffonkragen, die in leichter Brise wehen. Auf mich wirken sie wie ozeanische Starlets. Ich nenne sie meine kleinen Kokotten.

Unter dem Floß zwei lange Fischtorpedos. Sie sind noch schneller als die alten blauen Goldmakrelen, obwohl sie zu der Gattung der Goldmakrelen gehören müssen. Sie sind kleiner als die blauen Goldmakrelen — fünfzig bis sechzig Zentimeter lang —, und ihre Haut ist grün und braun gesprenkelt, wie Armeetarnung. Einer der beiden Fische ist böse zugerichtet: Rohe, pinkfarbene Haut zeigt sich dort, wo die Tarnfarbe in großen Streifen abgeblättert ist. Ich glaube, er hat die Fischräude.

Winzige schwarze Fische, knappe fünf Zentimeter lang, flitzen in scharfem Kontrast zu dem Topasblau des Atlantiks.

Ihre Leiber schlängeln sich, als wären sie aus weichem Gummi gemacht. *Duckys* langsames Vorankommen wirft kleine Wasserrippen auf, die man scherzhaft als Bugwelle bezeichnen könnte. So wie Tümmler die Druckwellen eines großen Schiffes abreiten, so schlagen diese winzigen schwarzen Fische kleine Bögen durch die Kräuselwellen der *Ducky*. Ich versuche sie mit der Kaffeedose herauszuschöpfen, doch sie sind stets zu schnell.

Seit der langen Schlacht um die Reparatur des unteren Schlauches der *Ducky* bin ich ziemlich erledigt, doch heute abend fühle ich mich etwas kräftiger. Zum erstenmal seit über einer Woche mache ich wieder meine Yoga-Übungen, nachdem ich zuvor mein Kissen und den Schlafsack ausgebreitet habe, um die Schläge der Goldmakrelen zu dämpfen. Die Hämorrhoiden sind wieder aufgebrochen, und mein hohles Hinterteil bietet kaum Schutz. Ich setze mich aufrecht hin, beuge ein abgemagertes Bein, ziehe die Ferse an mich und berühre dann mit dem Kopf das Knie des ausgestreckten Beines, dessen Fuß ich mit beiden Händen umklammere. Ich perfektioniere eine Drehübung, während ich mich am Griffband festhalte. Dann lege ich mich auf den Bauch und hebe den Kopf, als wollte ich Liegestütz machen, halte aber Beine und Hüften am Boden und krümme mein Rückgrat nach hinten. Ich rolle mich herum, lege mich auf den Rükken und ziehe die Beine über den Kopf, bis sie den Boden hinter mir berühren. Mein Körper schwankt herum wie ein Klumpen Seetang in starker Strömung. Ich habe nicht nur Seebeine, sondern auch Seearme und einen Seerücken, vielleicht sogar ein Seegehirn.

Mein Kopf bekommt einen kräftigen Schlag ab. Ich wackle mit dem Kiefer, um zu sehen, ob er locker ist. Die neuen Goldmakrelen mit Tarnfarbe sind sehr kräftig und aggressiv. Den ganzen Tag bombardieren sie das Floß, rammen es mit ihren Kugelköpfen, schlagen mit ihren Peitschenschwänzen dagegen, und zischen dann mit unglaublicher Geschwindigkeit davon. Ich springe zum Eingang und packe den Speer, aber sie sind längst verschwunden. Manchmal erhasche ich noch einen Blick auf ihre Schwanzflossen, wenn sie in die Ferne davonschießen. Manchmal sehe ich sie einige Faden

Mein Arm schießt hinaus. Sofort breitet der Vogel seine Schwingen aus. Meine Finger schließen sich um die strohhalmdünnen Beine.

unter mir vorbeihuschen. Nie scheinen sie sich ruhig wie die großen blauen Goldmakrelen zu bewegen.
Als die Sonne untergeht, höre ich wieder dieses Quietschen und erspähe einige große schwarze Tümmler, die zielbewußt nach Westen streben. Sie kommen mir nicht nahe, aber die graziöse Leichtigkeit, mit der sie durch die atlantische Dünung gleiten, beeindruckt mich tief.
Die Fregattvögel, mittlerweile drei an der Zahl, hängen immer noch erstarrt in der Luft, reiten auf unsichtbaren Wellen des Himmels hoch über dem Wasser. Ich bin erstaunt, daß ihre zierlichen langen Schwingen den Mächten des Meeres Widerstand bieten können. Oft genug stehen sie beim ersten Tageslicht schon über mir, oder sie kommen kurz darauf von Westen her angetrieben. Eine weitere schneeweiße Seeschwalbe zeigt sich; es ist unglaublich, daß dieser winzige Vogel jedes Jahr einen elftausend Meilen langen Flug antritt.
Ein dunkelgrauer Vogel schwingt hin und her, nähert sich aus der Richtung, in die die Wolken segeln, kommt langsam heran. Er fliegt wie eine Krähe. Ich rede mir ein, daß er vom Land kommen muß. Wichtiger noch, das ist ein fliegender Brocken Nahrung. Er kommt noch näher. Ich ducke mich hinter der Abdeckung zusammen. Ich kann ihn jetzt nicht mehr sehen, aber ich höre ihn am Eingang meiner Höhle herumflattern, dann fliegt er wieder davon. Ich warte. Ein Schatten zuckt über die Abdeckung, wird größer, und leichtes Gewicht drückt das Zeltdach ein. Vorsichtig beuge ich mich vor und sehe den Vogel hocken, den Blick nach achtern gerichtet; seine Federn spreizen sich im Wind und liegen dann wieder glatt. Mein Arm schießt vor. Sofort breitet er die Flügel aus. Meine Finger schließen sich um die strohhalmdünnen Beine. Der Vogel kreischt und klatscht mit den Schwingen, um hochzukommen, fährt mit dem Kopf herum und hackt wie verrückt nach meiner Hand. Mit der andern Hand packe ich ihn von hinten am Kragen, reiße ihn von der Zeltabdeckung weg und zu mir herein. Mit einer schnellen Bewegung drehe ich ihm den Hals um. Ein leises Knacken ertönt.
Das wunderschöne Gefieder ist so unverdorben und ge-

pflegt, daß ich mir wie ein Verbrecher vorkomme. Ich weiß nicht, was das für ein Vogel ist. Er hat mit Schwimmhäuten versehene Füße, einen langen, dünnen Schnabel und spitze Flügel mit einer Spannweite von ungefähr einem halben Meter. Bis auf eine hellgraue Kappe ganz oben auf dem Kopf ist er von rußiger Farbe. Die Haut ist sehr zäh, und die Federn stecken fest. Robertson meint, es sei einfacher, einen Vogel zu häuten anstatt zu rupfen, also schneide ich ihm mit dem Messer Flügel und Kopf ab und ziehe ihm die Haut ab. Die Brust liefert den größten Teil des genießbaren Fleisches, aber eine großartige Mahlzeit ist das auch nicht gerade. Das Fleisch ist anders gefasert als beim Fisch, schmeckt aber fast genauso. Hat man sie erst einmal in ihre Organe, Knochen und Muskeln zerlegt, dann stellt man verblüfft fest, wie sehr sich doch die Fische des Meeres, die Vögel der Luft und, so vermute ich, die Säugetiere des Landes ähneln. Im Magen des Vogels befinden sich fünf silberne Sardinen. Hat er sie in Landnähe erbeutet? An den Flügeln ist bis auf Knochen und Federn kaum etwas dran. Sie sind wunderschön. Ich will sie nicht wegwerfen, also hänge ich sie in der Mitte des Bogenschlauches auf.

Gegen Abend kehren die größeren blauen Goldmakrelen en masse zurück. Eine Ansammlung von ungefähr fünfzig Fischen begleitet uns in unsere fünfundsechzigste Nacht. Ab und zu schlägt eine der braun und grün getarnten Goldmakrelen mit der Wucht eines Schmiedehammers zu, worauf mir sofort ein Schuß Adrenalin ins Blut fährt, da ich den Schlag irrtümlich für eine Haiattacke halte. Die kleineren braun-grünen Goldmakrelen nenne ich Tiger. Als hätten ihn die Tiger inspiriert, so versetzt eine der größten männlichen blauen Goldmakrelen dem Floßrand gewaltige Schläge, die das Wasser aufschäumen lassen und die *Ducky* in diese und jene Richtung stoßen. Ich ignoriere das. Am Morgen gelingt mir mein bis jetzt leichtester Fang. Innerhalb von zehn Minuten stoße ich nur zweimal zu, und schon habe ich ein hübsches Weibchen an Bord.

Bei Einbruch der Nacht hat es wieder aufgebrist, und die hochgehenden Wellen prallen vom Heck der *Ducky* ab. Jede Woge, die sich am Floß bricht, schallt wie ein Echo durch die Schläuche; es klingt, als würde direkt neben meinem Ohr eine Schrotflinte abgeschossen. Der Wind packt das Cape zum Auffangen des Regenwassers, läßt es auf und ab flattern, reißt die Knopflöcher auf und versucht es wegzufetzen. Während der Nacht wird das Wetter noch schlimmer. Wäßrige Fäuste prügeln die *Ducky* durch. Ich kauere mich querschiffs zusammen, so weit vorn, wie ich es nur wage, um halbwegs trocken zu bleiben, während ich mich gleichzeitig bemühe, das Heck einigermaßen unten zu halten. Aber auch wenn der vordere Teil der Abdeckung etwas besseren Schutz bietet, so ist Trockenheit doch ein relativer Begriff. Der hintere Teil der Abdeckung ist kaum mehr als ein aufgespannter Lumpen. Wogenkämme stürzen sich darauf, klatschen mir ins Gesicht, das Wasser brennt in meinen Augen und ergießt sich in meinen Schlafsack. Ständig wische ich das Wasser vom Boden, aber in kürzester Zeit ist alles durchweicht.

12. APRIL
67. TAG

Es ist der 12. April, vor langer, langer Zeit mein Hochzeitstag. Frisha hatte als meine Frau kein leichtes Leben. Ich ging mit Fracht oder Passagieren auf einen Trip und ließ sie zurück. Manchmal sahen wir uns monatelang nicht. Trotz meiner beruhigenden Versicherungen hielt sie das Ganze für eine reichlich riskante Angelegenheit. Kurz bevor ich an Bord der *Solo* die Staaten verließ, erzählte sie mir, daß mich auf See mein Schicksal ereilen würde, allerdings nicht auf dieser Reise. Ich frage mich, wie sie jetzt darüber denkt. Ich frage mich, ob sie recht hat. Was tut Frisha jetzt? Während sie Leben aus der Erde sprießen läßt, muß sie mich für tot halten. Eines Tages vielleicht, lange nachdem ich ertrunken und von Fischen aufgefressen worden bin, macht ein Fischer einen Fang, der schließlich auf ihrem Tisch landet. Sie wird Kopf, Schwanz und Knochen auf ihren Komposthaufen werfen und dann mit der Erde vermischen, damit grünes Leben sprießen kann. Die Natur kennt keine Verschwendung.

Ein fliegender Fisch kracht hinter dem Solar-Ballon auf die Abdeckung. Ich habe nicht mehr viel für Fisch übrig, aber jede Abwechslung vom Fleisch der Goldmakrelen erregt meinen Appetit. Meine Eingeweide fühlen sich an, als wären sie direkt aus mir herausgefallen. Egal, wie groß die Fischmenge, sie kann niemals meinen leeren Magen füllen. Ich richte mich auf, packe den Flieger und frage mich dabei, ob er zu Tode erschrocken ist oder sich mit dem Tod abgefunden hat.

Mit jedem Tag wird es schwieriger, die Disziplin aufrechtzuerhalten. Meine verängstigte Mannschaft äußert aufrührerische Zweifel in meinem Kopf. Ihr Sprecher schreit mich an. «Wasser, Captain! Wir brauchen mehr Wasser. Warum willst du uns hier sterben lassen, so dicht vor dem Hafen? Was ist schon ein halber oder ein ganzer Liter? Bald sind wir im Hafen. Einen halben Liter können wir schon erübrigen...»

«Halt 's Maul!» belle ich. «Wir wissen nicht, wie nah' wir sind. Vielleicht müssen wir bis zu den Bahamas durchhalten. Und jetzt wieder an die Arbeit.»

«Aber Captain ...»

«Ihr habt mich gehört. Ihr bleibt auf Notration.»

Sie drängeln sich zusammen, murmeln untereinander, beäugen gierig die Wasserbeutel, die am Schanzkleid der *Ducky* baumeln. Wir sind ganz schön heruntergekommen, fast schon erledigt. Die Beine knicken bereits weg. Der Torso hält sich kaum noch aufrecht, kann kaum noch den Kopf tragen, der so leer wie eine Blechbüchse ist. Nur den Armen ist noch etwas Kraft geblieben. Es ist wirklich ein Jammer. Vielleicht würde ein halber Liter weniger keine Rolle spielen. Nein, ich muß Disziplin bewahren. «An die Arbeit», sage ich. «Ihr schafft es.»

Doch die Forderungen meines Körpers machen mich schwankend, ich fühle mich zwischen meinem Körper, meinem Verstand und meinem Geist so hin und her gezerrt, daß jeden Augenblick etwas reißen kann. Der Solar-Ballon hat ein weiteres Loch abbekommen, und das Destillat ist noch häufiger mit Salzwasser verunreinigt. Ich merke immer seltener, wann der Salzgehalt sich in vernünftigen Grenzen bewegt. Jeden Moment kann ich endgültig verrückt werden. Meuterei würde das Ende bedeuten. Ich weiß, daß es zum Land nicht mehr weit sein kann. Es muß so sein. Ich muß uns alle davon überzeugen.

Seit vier Tagen driften wir über den Küstensockel. Auf einer meiner kleineren Karten ist zu erkennen, daß der Sockel ungefähr 120 Meilen über die Westindischen Inseln hinaus nach Osten reicht. Ich sollte bald die hohen, grünen Hänge einer Insel sehen, wenn mein Sextant korrekt gemessen hat. Ich sollte auf Antigua treffen — ironischerweise mein ursprüngliches Ziel. Aber wer kann das schon mit Sicherheit sagen? Genausogut kann ich Hunderte von Meilen davon entfernt sein. Dieses Bleistiftdreieck kann genausogut ein lächerliches Spielzeug sein. Die Karten können äußerst unpräzise sein. Endlose Stunden bringe ich damit zu, den Horizont nach einer Wolkenformation abzusuchen, die sich nicht bewegt, oder den Himmel nach einem dünnen Wolkenstreifen, der auf ein Flugzeug hindeuten könnte. Nichts. Ich fühle mich wie eine langsam ablaufende Uhr, eine Timex, die einmal zu oft aus einem Flugzeug geworfen wurde, wie es in der Reklame immer zu sehen ist. Vielleicht habe ich meine Geschwindigkeit überschätzt, oder ich treibe diagonal zum Kontinentalschelf. Gäbe es nur eine Möglichkeit, die Strömung zu messen. Ich gehe davon aus, daß ich mich innerhalb von zweihundert Meilen von meiner errechneten Position befinde, aber wenn ich mich nur um lächerliche fünf Meilen pro Tag verschätzt habe, dann kann ich vierhundert Meilen von meiner erhofften Position entfernt sein — weitere acht, vielleicht sogar fünfzehn Tage. «Wasser, Captain. Bitte, Wasser.» Tick, tick, die Uhr tickt langsamer und langsamer. Wann wird sie stehenbleiben? Kann ich sie nochmals bis zum Ende des Monats aufziehen, ohne dabei die Feder zu zerbrechen?

Am nächsten Nachmittag brennt die Sonne in sengender Hitze herunter. Der Destillationsapparat gibt ständig seinen Geist auf und macht insgesamt den Eindruck, als wäre er so ziemlich am Ende. Ich bin halb durchgebraten und spüre, wie ich zu zittern beginne, wie mich Panik überfällt.

«Mehr Wasser, Captain! Wir brauchen mehr Wasser.»

«Nein! Nein! Na ja, vielleicht. Nein! Ihr könnt keins haben. Keinen Tropfen.»

Wie glühende Lava strömt die Hitze nieder. Mein Fleisch fühlt sich an, als hätte es sich in Wüstensand verwandelt. Ich

kann mich nicht aufrecht hinsetzen, ohne daß mein Blick verschwimmt. Alles ist in Nebel getaucht.
«Bitte, Captain, Wasser. Jetzt, bevor es zu spät ist.»
«Okay. Das verdorbene Wasser. Ihr könnt davon trinken, soviel ihr wollt. Aber das klare Wasser wird nicht angerührt. Davon gibt's einen halben Liter täglich. Das ist die Grenze. Die Grenze, bis wir ein Flugzeug oder Land sehen. Einverstanden?»
Ich zögere. «Ja, einverstanden.»
In dem Plastikschlauch mit dem verdorbenen Wasser von der Zeltabdeckung haben sich die orangefarbenen Partikel wie Schlamm auf dem Grund abgesetzt. Ich falte mein T-Shirt dreifach und filtere das Wasser in eine Blechbüchse, wieder und wieder. Das Ergebnis ist ein halber Liter wolkige Flüssigkeit. Sie schmeckt bitter. Mit Müh und Not kann ich sie unten behalten.
Mein Durst wird immer unerträglicher. Nach einer Stunde muß ich noch was trinken, dann noch was. Bald ist der bittere halbe Liter weg. Es ist ein Gefühl, als hätte sich mein gesamter Körper in Asche verwandelt. Ich muß mehr und mehr trinken.
«Nein. Das geht nicht. Erst morgen wieder.»
«Aber wir müssen. Wir haben uns vergiftet und müssen jetzt trinken.»
«Schluß damit!» Ich darf das Kommando nicht aus der Hand geben. Aber meine Augen rollen wild, meine Glieder zittern vor lauter Anstrengung, die Panik zurückzudrängen. Mein Torso kreischt auf. «Nimm es!» Glieder greifen nach dem Wasserbeutel.
«Nein!» Ich rutsche auf den Knien, fast in Tränen ausbrechend. Ich taumle auf die Beine und schaue einen Moment nach achtern. Ich kann nicht ewig so stehen, aber für einen Moment kühlt mich die Brise.
Da, am Himmel — ein Jet! Nicht nur ein Kondensstreifen oder die schwache Andeutung eines Jets, sondern ein Silbervogel, unterwegs nach Brasilien! Schnell, Mann, das Notfunksignal. Die Batterie ist womöglich im Eimer. Na ja, das Lämpchen brennt zumindest, und das Flugzeug kann nicht mehr als zehn Meilen entfernt sein. Ich werde das Notsignal

zwölf Stunden angeschaltet lassen. Der Jet schaut klein aus. Vielleicht ist es kein kommerzielles Flugzeug. Egal, es hätte zu keiner besseren Zeit kommen können. Wir müssen ganz nahe dran sein. Ich löse mein Versprechen ein und spendiere einen halben Liter klares, süßes Wasser. Alle entspannen sich.

Ein gänseähnlicher Vogel, der wie ein Tölpel aussieht, fliegt über mich hinweg. Er hat gleichmäßig braunes Gefieder, bis auf die dunklen Ringe um seine Augen. Gestern segelte eine Raubmöwe vorbei. Sie hat hier nichts zu suchen. Soll ich diesen Vögeln klarmachen, daß sie sich außerhalb ihres vorgeschriebenen Bereiches befinden? Neue Fische, neue Vögel, eine andere Färbung des Wassers, kein Tang mehr. Es paßt alles zusammen. Diese Fahrt *wird* bald vorüber sein. Ich starre den Horizont an, bis mir die Augen tränen.

Die Küstenwache von Miami wird von einem Schiff vor Puerto Rico darüber informiert, daß man ein kleines weißes Boot gesichtet hat, das ohne Mast dahintrieb. Die Küstenwache verlangt, daß das Boot geborgen werden soll. Negativ. Das Boot ist bereits wieder außer Sicht. Das Schiff wird nicht umkehren. Beschreibung? Weiß, Länge zwanzig Fuß, keine Markierungen, niemand an Bord.

Die *Solo* war beige. Um die oberen Seiten zog sich ein breiter, dunkelblauer Streifen. Am Heckspiegel war ihr Name aufgemalt. Sie hatte dunkelblaue Kabinenaufbauten. Auf jeder Seite und an Deck befand sich die Zahl 57, in einer Größe von fünfunddreißig Zentimetern.

Aus irgendeinem Grund werden die Boote miteinander verwechselt. Offiziell heißt es: «Die *Napoleon Solo* wurde ohne einen Menschen an Bord gesichtet.» In Kalifornien fängt ein Amateurfunker die Meldung von der Long Beach Küstenwache auf und informiert jene, die bis jetzt die Ohren offen gehalten haben. Nachrichten schwirren durch die Gegend. Die *Solo* wird nicht länger vermißt.

Mein Bruder verlangt weitere Informationen. Befand sich die Rettungsinsel an Bord? Waren andere Ausrüstungsgegenstände zu sehen? Gab es irgendwelche Anzeichen von Piraterie? Wie war die Position des Wracks? Er will selbst hinausfahren, um die Sache zu überprüfen. Die New Yorker

Küstenwache weiß von der ganzen Angelegenheit nichts. Es erweist sich als unmöglich, von ihr überhaupt irgendwelche Informationen zu erhalten. Die Sache wird immer undurchsichtiger. Während meine Hand durch das Wasser schwingt und meine Hündchen streichelt, sieht mich meine Mutter von Piraten ermordet oder in einer faschistischen Gefängniszelle verrotten.

Ja, die Sache erscheint wirklich komisch. Die Küstenwache beginnt Erklärungen abzugeben. Anfangs heißt es, die Meldung, die *Solo* sei gesichtet worden, stamme von einem Amateurfunker ohne Lizenz — eine Falschmeldung. Dann wird angedeutet, die Callahans selbst könnten die Meldung in Umlauf gebracht haben, um Aktionen in Gang zu bringen. Langsam und methodisch verfolgt meine Familie die Meldung über das Amateurfunknetz zurück nach Deutschland und dann nach Kalifornien und dann weiter von Long Beach nach Miami zu den Löchern im Netz der Küstenwache. Die Wahrheit ist nicht ans Licht gekommen. Die falsche Nachricht wird in Seefahrerkreisen verbreitet und von einem Freund von mir in Bermuda empfangen. Die New Yorker Küstenwache teilt den Callahans mit, daß sie — falls sie die Meldung zurückziehen möchten — selbst dafür sorgen müssen. Das wird schließlich auch erledigt.

Zu diesem Zeitpunkt hat meine Familie alles in ihrer Macht stehende getan, um meine ungefähre Position auszurechnen und eine Suchaktion in Gang zu bringen. Vergeblich haben sie die Streitkräfte zu überreden versucht, während ihrer Routinepatrouillen und Manöver Gebiete zu überfliegen, in denen ich mich mit größter Wahrscheinlichkeit befinden könnte. Es ist ihnen auch nicht gelungen, sich der Hilfe von Spionagesatelliten zu versichern, die aus ihrer Höhe Abfalldosen fotografieren können. In diesem Fall ist das Ziel nicht nur nicht eindeutig definiert, sondern das Suchgebiet hat mindestens einen Durchmesser von 200 Meilen, was 31 400 Quadratmeilen entspricht. Wenn jedes Foto 100 Quadratmeter erfaßt, dann wären viele Millionen Fotos nötig, um das Gebiet zu überprüfen. Jede Richtung, in die sich meine Familie gewandt hat, um eine richtige Suche nach mir anzukurbeln, hat sich als Sackgasse erwiesen.

Es bleibt ihnen kaum noch etwas anderes zu tun, als weiterhin Politiker anzuschreiben und private Kontakte mit Reedereien zu unterhalten. Obwohl viele Leute jetzt der Überzeugung sind, daß ich schon längst nicht mehr am Leben bin, beschließen meine Eltern, die Angelegenheit erst dann ruhen zu lassen, wenn in den nächsten sechs Monaten kein Lebenszeichen von mir erschienen ist. Mein Bruder Ed macht sich bereit, zu seiner Familie nach Hawaii zurückzukehren. Für alle ist es ein Geduldsspiel geworden.

Am 20. April endlich beschließt die Küstenwache, für eine weitere Woche erneut die Meldung zu verbreiten, daß die *Solo* vermißt wird.

16. APRIL
71. TAG

Die letzten paar Tage sind unendlich langsam vergangen, und mein Lebenslichtlein ist deutlich dunkler geworden. Ich bin sehr deprimiert. Vor Tagen schon hätten wir die Inseln erreichen müssen. Wir können doch nicht zwischen ihnen hindurchgetrieben sein, oder? Nein, sie liegen zu eng zusammen. Zumindest eine Insel hätte ich sehen müssen. Und die Vögel nähern sich mir immer noch von Westen her. Wann schalte ich zum letztenmal das Notfunksignal ein? Selbst bei der mittlerweile sicherlich sehr beschränkten Reichweite muß ich bei dem dichten Tagesflugverkehr in der Karibik gehört werden. Aber ich muß warten, bis ich Land gesichtet habe.

Allmählich beginne ich alles in Frage zu stellen — meine Position, meine Sinne, mein Leben selbst. Vielleicht bin ich Prometheus, dazu verflucht, mir jeden Tag die Leber herausreißen und nachts wieder nachwachsen zu lassen. Vielleicht bin ich der Fliegende Holländer, dazu verurteilt, bis in alle Ewigkeit über die Meere zu segeln, ohne Ruh und Rast, während mein eigener Körper verrottet und meine Ausrüstung zerfällt. Ich befinde mich in einem unendlichen Horrorstrudel, werde tiefer und tiefer gewirbelt. Der Gedanke an das, was ich alles tun werde, wenn ich es überstanden habe, erscheint mir wie ein schlechter Scherz. Nie wird es überstanden sein. Es ist schlimmer als der Tod. Wenn ich in den abscheulichsten Winkeln meines Geistes nach einer Vision der wirklichen Hölle suchen müßte, dann wäre das hier genau der Ort dafür.

Der letzte Solar-Destillationsapparat ist nun restlos hinüber, genau wie sein Vorgänger. Das Bodentuch ist verrottet und zerrissen. Ich habe noch meinen Wasservorrat, aber der wird schnell zur Neige gehen. Mein einziger Quell ist jetzt der Regen.

Es gibt aber weitere Anzeichen dafür, daß ich mich dem Land nähere. Die Tiger-Goldmakrelen sind verschwunden. Ein bräunlich gesprenkelter Fisch, fünf bis zehn Pfund schwer, mit dreifach gezackter Schwanzflosse treibt sich seit zwei Tagen in der Nähe der *Rubber Ducky* herum. Ich habe ihn aufzuspießen versucht, bin dabei aber zu ungeduldig gewesen. Ich habe überhastet zugestoßen, ihn nur angekratzt und fortgejagt. Am Himmel zeigen sich weitere der rußfarbenen Vögel, und die Fregattvögel taumeln nach wie vor über meinem Kopf dahin. Ich habe zwei der schneeweißen Seeschwalben erwischt, die zu kurzer Rast gelandet waren und statt dessen gleich in den ewigen Schlaf hinübergegangen sind. Ich habe ein weiteres Schiff gesehen, aber nachts und sehr weit entfernt. Doch aus irgendeinem Grund lindern all diese Veränderungen meine anhaltende Depression nicht. Ich bin der Holländer. Wie im Schlaf erhebe ich mich. Keine Zeit zum Entspannen, nur Streß. Arbeite härter. Tu mehr. Muß das ewig so weitergehen?

18. APRIL
73. TAG

Wieder nehme ich meine Fischfangposition ein. Meine schmerzenden Arme greifen nach den paar Gramm Plastik und Aluminium; das Buttermesser ist wie der Steinkeil eines Höhlenmenschen befestigt, zweifellos aber bei weitem nicht so effektiv. Jetzt kann ich in dieser Stellung nur noch eine Minute oder so verharren, nicht länger. Die Goldmakrelen streifen meine Knie, während ich mein ganzes Gewicht erst auf das eine, dann auf das andere Knie stütze. Sie wenden mir ihre Seiten zu, als wollten sie mir mein Ziel zeigen, dann schwingen sie nach links oder rechts weg oder tauchen hinunter. Gelegentlich wackeln sie so dicht an der Oberfläche mit den Köpfen, daß das Wasser aufschäumt. Vielleicht steigt einer aus dem Wasser und spricht zu mir wie der Fisch im Märchen. Oft warte ich einen Sekundenbruchteil zu lange, und schon verschmelzen die wenigen Quadratzentimeter meiner Zielscheibe wieder mit dem dunklen Wasser, das jetzt gerade mit dem Sonnenaufgang heller wird. Diesmal lande ich einen Treffer, die Schlacht beginnt, und ich siege. Die älteren, vornehmen Fische halten sich wie Generäle hinter den Linien, zu klug, um sich ebenfalls in das Scharmützel zu stürzen.

Wolken fegen über meine Welt, graue, schmierige Fetzen, zu dürftig für einen richtigen Regenguß, aber das leichte Nieseln und die feuchte Luft verhindern zusammen mit der vom Wind gepeitschten Gischt, daß meine Fischstreifen ordentlich trocknen. Doch vorübergehend erlaubt mir mein Nahrungsvorrat, meine Energie auf die Entwicklung neuer Wasserauffangsysteme zu konzentrieren. Das erste System ist mehr als simpel. Von meinem Speerschaft aus spanne ich ein Stück Plastik von dem aufgeschnittenen Ballon. Ich kann es, eine Ecke mit den Zähnen fassend, hinaushalten, weg von der schützenden Zeltabdeckung. Dann setze ich den kaputten Ballon auf den Bug. Ich hämmere ihn zu einer flachen, runden Platte zurecht und biege die Ränder wie einen Pizzateig hoch. Selbst bei leichtem Nieselregen kann ich sehen, daß die beiden Sachen funktionieren. Ein feiner Nebel sammelt sich zu Tropfen, aus denen kleine Rinnsale werden, die sich in gefältelte Plastiktäler ergießen, aus denen ich sie schlürfen kann. Ich muß mich schnell von dem einen System dem andern zuwenden und das Wasser einsammeln, bevor es durch Wellen oder die Abdeckung verschmutzt wird. Ich bin so weit westlich, daß sich die Wolken zusammenzuballen beginnen, und gelegentlich sehe ich eine «schwarze Kuh», wie manche Matrosen stürmische Kumuluswolken bezeichnen, die weit entfernt grast und ihren Regen breitgefächert zur Erde schickt.

Ich halte mich an die Routine, die ich nun schon seit zweieinhalb Monaten befolge. Jedesmal, wenn ich nachts erwache, halte ich Umschau. Tagsüber erhebe ich mich jede halbe Stunde und suche den Horizont sorgfältig nach allen Richtungen ab. Ich habe das mittlerweile mehr als zweitausend Mal getan. Instinktiv weiß ich, wie die Wellen rollen, wenn sich eine ducken und die Aussicht auf zusätzliche hundert Meter oder eine halbe Meile freigeben wird. Heute mittag dampft ein Frachter von achtern auf uns zu, etwas nördlich von uns. Die Handleuchtsignale sind bei Tageslicht fast unsichtbar, also zünde ich ein orangefarbenes Rauchsignal. Der dichte, orange Qualm breitet seine Arme aus und läßt sich vom Wind dicht über die Wasseroberfläche tragen. Nach knapp hundert Fuß hat er sich zu einem Dunst verdünnt, schwächer als der Rauch in einem überfüllten Pub. Einige Meilen querab schneidet das Schiff durch den Atlantik und dampft ungerührt Richtung Westen weiter. Es *muß* auf einen Inselhafen zuhalten.

Den ganzen restlichen Tag und den Morgen des 19. April hindurch arbeite ich an einem komplizierten Wasserauffangsystem. Unter Verwendung meines letzten defekten Destillationsapparates und des Aluminiums vom Radarreflektor bastle ich der *Rubber Ducky* ein Häubchen, das ich am höchsten Punkt des Bogenschlauches sichere. Ein halbkreisförmiger Aluminiumring, der nach achtern schaut, hält das Gesicht der Haube offen. Ein Zügel justiert den Winkel des Gesichts, das ich fast vertikal halte, und der Wind bläst die Haube nach vorn wie einen leeren Beutel. Ich füge eine Art Trichterschlauch hinzu, der nach innen führt und Behälter auffüllt, während ich mich um die anderen Wasserfänger kümmere.

19. APRIL
74. TAG

Stundenlang beobachte ich, wie weiße, flauschige Kumuluswolken vom Horizont aufsteigen und langsam vorüberziehen. Manchmal verbinden sie sich miteinander und bilden dann dichte Herden, die in langen Reihen dahingaloppieren. Diejenigen, die über dem Atlantik lange genug gegrast haben, um dick und muskelbepackt zu werden, türmen sich mit flachen, schwarzen Bäuchen wildschäumend auf. Wenn sie nicht mehr an sich halten können, dann peitscht der Regen in schwarzen Bahnen gegen die See. Ich kaue an getrockneten Goldmakrelenstücken und warte darauf, meine neuen Erfindungen zu testen.

Aber anscheinend weicht die Bahn der Regenschauer von meinem Pfad ab. Manchmal zieht eine lange Wolkenbank dicht an mir vorbei. Ich beobachte die faserigen Ränder, die über mir dahinwirbeln, und spüre ein paar Tropfen oder

Unter Verwendung der Aluminiumbeschichtung des Radarreflektors und des Plastiks des letzten defekten Destillationsapparates baue ich einen komplizierten Wassersammler — eine Haube, die ganz oben auf dem höchsten Punkt des Bogenschlauchs sitzt. Ich biege und binde das Aluminium zu einem Halbkreis zusammen, der unten in eine Art Achse mündet. Alle Ecken und Kanten sind gut gepolstert, um eine Beschädigung der Zeltabdeckung oder des Bogenschlauchs zu verhindern. Dieser Rahmen hält die gegen den Wind gerichtete Haube offen. Der Plastikballon wird an dem Rahmen befestigt und bläht sich im Wind wie ein kleines Segel. In den Boden der Haube habe ich ein Stück Aluminiumröhre eingepaßt und nach innen geführt, so daß ich bei Regen emsig Behälter füllen kann. Die Leinen vom Heck halten die Haube aufrecht, aber ich kann den Winkel verändern, so daß die offene Haube direkt gegen den Regen gerichtet ist. Mittlerweile muß ich mich damit abfinden, daß das Wasserauffang-Cape sich langsam auflöst. Die rostige Gasflasche habe ich hochgezogen und an der äußeren Handleine festgemacht. Jeden Tag stehe ich stundenlang da und halte Wache, starre voraus, immer in der Hoffnung, daß die Wolkenformationen endlich Land enthüllen.

einige flüchtige Spritzer. Es reicht gerade aus, um mir zu zeigen, daß meine neuen Wasserauffangsysteme sehr wirkungsvoll sind. Ich bin überzeugt davon, daß ich mehr als einen Liter, vielleicht sogar eine Gallone auffangen werde, wenn ich nur direkt in die Bahn eines einzigen kräftigen Schauers gelangen würde. Es ist eine Sache, ein Werkzeug zu haben, jedoch eine ganz andere, es auch einsetzen zu können. Meine Blicke wandern vom Horizont zum Himmel. Ich habe es so satt, stets und ständig auf etwas warten zu müssen.
Fünfundsiebzig Tage — 20. April. Nieselregen und salzige Gischt haben meine Goldmakrelenstreifen eher aufgeweicht als getrocknet. Ich stelle verblüfft fest, daß die Trockenstreifen von einer meiner ersten Goldmakrelen immer noch genießbar scheinen. Nur ein leichter, weißlicher Schleier durchzieht das bernsteinfarbene, hölzerne Innere.
Am Spätnachmittag beobachte ich eine Stunde lang eine Wolkenherde, die von Osten her angaloppiert kommt. Ihre Richtung liegt etwas südlich von meinem Kurs. Während sie sich aufbauschen und vorwärtsstürmen, halte ich mich bereit; ich muß häufig schlucken, obwohl ich keine Spucke mehr im Mund habe. Ich versuche den Wolken meinen Wunsch einzuhämmern, mich zu überrennen, aber sie ignorieren mich und segeln donnernd und blitzend ungefähr eine Meile an mir vorbei.
Vier voneinander getrennte schwere Regenschauer gehen nieder, so dicht, daß sie den blauen Himmel dahinter auslöschen. Ich schaue zu, wie Tonnen klaren Wassers wie himmlische Wasserfälle niederstürzen. Wäre mein jetziger Standort nur um eine einzige Meile versetzt, dann müßte ich mich nicht mit Schlückchen, mit einem Mundvoll begnügen, sondern könnte einen Überfluß an Wasser in mich hineinstürzen. Könnte die *Ducky* nur segeln anstatt watscheln! Ich habe die Gelegenheit verpaßt. Meine Sammelbecken sind knochentrocken und flattern im Wind.

20. APRIL
75. TAG

TOD

Der Abendhimmel meines fünfundsiebzigsten Tages ist mit nach Westen segelnden Wolken verschmiert. Es nieselt leicht, kaum mehr als ein feuchter Nebel, aber bei jedem Tropfen salzloser Flüssigkeit bin ich einsatzbereit. Zwei Stunden lang schwinge ich meine Plastikeimer durch die Luft und sammle dreiviertel Liter ein. Meine Auffangsysteme *sind* leistungsfähig.

Solange die Wellen nicht zu hoch sind, mache ich mir keine Sorgen, daß ich kentern könnte; ich rolle mich zusammen und schlafe gegen den Bug gedrückt. Zurzeit dauert es sehr lange, den Schmerz auszulöschen und einzuschlafen. Und wenn ich einschlafe, dann nur für eine Stunde oder weniger, bis mich der scharfe Schmerz einer Wunde oder eines Geschwürs wieder weckt.

Ich erhebe mich, um das schwarze Wasser abzusuchen, gelegentlich durchbrochen von den phosphoreszierenden Linien einer sich brechenden Welle oder einem hochschnellenden Fisch. Ein sanftes Leuchten zeichnet sich südlich von meiner Richtung ab. Und dort im Norden noch eins. Eine Fischerflotte? Sie bewegen sich nicht. Mein Gott, das sind keine Schiffe! Was ich da entdeckt habe, ist der nächtliche Lichtring von Land! Stehend erhasche ich einen Lichtblitz von der Seite. Ein Leuchtfeuer schwingt über dem Horizont einen breiten Lichtstrahl, wie ein Schlagholz, das einen Rhythmus trommelt — Blitz, Pause, Blitz-Blitz, Pause; Blitz, Pause, Blitz-Blitz. «Land ahoi!» Ich tanze auf und ab, werfe meine Arme durch die Gegend, als würde ich einen unsichtbaren Gefährten umarmen. Ich kann es nicht glauben!

Das schreit geradezu nach einer richtigen Feier! Her mit den Drinks! Mit großen, gierigen Schlucken stürze ich einen Liter Wasser hinunter. Ich taumle und fühle mich so beschwingt, als wäre es purer Alkohol gewesen. Wieder und wieder starre ich hinüber, um mir zu bestätigen, daß es sich um keine Illusion handelt. Ich zwicke mich. Au! Ja, und ich habe das Wasser an die Lippen gesetzt und mir durch die

Kehle laufen lassen, etwas, wovon ich schon längst nicht mehr geträumt habe. Nein, es ist kein Traum. Es ist Wirklichkeit, wirkliche Wirklichkeit! Ich hüpfe wie ein Idiot herum. Eine echte Party.

Okay, beruhige dich jetzt. Noch bist du nicht zu Hause. Welcher Leuchtturm ist das? Antigua kann es kaum sein. Bist du nördlich oder südlich? Die *Ducky* zielt auf den leeren Korridor zwischen den beiden Lichtscheinen, die ich sehe. Wenn ich näher komme, kann ich vielleicht paddeln. Oder ich binde die Paddel wie ein Kielschwert an die Schlauchringe der *Ducky*. Wenn ich nicht direkt auf Land treffe, dann wird das Notfunksignal mit Sicherheit Hilfe bringen. Wenn die Sonne aufgeht, werde ich ein letztesmal den Schalter umlegen.

Ich kann kaum schlafen, döse aber ab und zu für ein halbes Stündchen ein. Jedesmal, wenn ich erwache, schaue ich mich um; ich brauche die Bestätigung, daß es sich bei all dem nicht um den letzten, kunstvoll ausgearbeiteten Traum handelt. Ein weiteres Leuchten taucht genau vor mir auf. Der Morgen, so hoffe ich, wird knapp über dem Horizont den Rand einer Insel enthüllen, nahe genug, um sie vor Einbruch der Nacht zu erreichen. Eine Landung bei Tageslicht wird schon gefährlich genug sein. Wenn ich die Insel morgen nacht erreiche ... Nun, eins nach dem anderen. Ruh dich jetzt erst mal aus.

Der Morgen dämmert über dem sechsundsiebzigsten Tag
herauf. Ich traue meinen Augen nicht, deren Blick auf ein
üppiges Panorama trifft. Alles ist grün. Nach
21. APRIL Monaten, in denen ich kaum etwas anderes als
76. TAG blauen Himmel, blauen Fisch und blaues
Meer gesehen habe, ist das leuchtende, kräftige Grün überwältigend. Es ist nicht nur der Rand einer Insel, der vor mir liegt, wie ich es erwartet hatte. Im Süden ragt eine bergige Insel, so üppig wie der Garten Eden, aus dem Meer bis hoch in die Wolken. Im Norden befindet sich eine weitere Insel mit einem hohen Gipfel. Direkt vor mir liegt eine abgeplattete Insel — nicht als vager Umriß, sondern in vollen, lebendigen Farben. Ich bin vielleicht noch fünf bis zehn Meilen draußen und treibe mitten auf die Insel

zu. Die nördliche Hälfte besteht aus senkrechten Klippen, gegen die sich der Atlantik schäumend wirft. Im Süden fällt das Land sanft zu einem langen Strand ab; oberhalb davon ducken sich einige weiße Gebäude, wahrscheinlich Wohnhäuser.

So nahe ich auch bin, in Sicherheit befinde ich mich noch nicht. Eine Landung muß notgedrungen zu einer kniffligen Sache werden. Wenn ich auf das Nordufer treffe, dann laufe ich Gefahr, an den scharfen Korallenklippen zerschmettert zu werden. Im Süden muß ich über die breiten Riffs, bevor ich an den Strand komme. Selbst wenn ich es so weit schaffe, ohne in Fetzen gerissen zu werden, bezweifle ich, ob ich laufen oder auch nur kriechen kann, um Hilfe zu holen. So oder so, diese Reise wird heute ein Ende finden, womöglich am späten Nachmittag.

Ich schalte das Notfunksignal ein und öffne erstmals den Arzneikoffer. Wie bei allen anderen Vorräten habe ich ihn für den absoluten Notfall aufgehoben. Ich hole etwas Creme heraus, schmiere sie über meine Geschwüre und bastle aus der Dreiecksbandage eine Binde. Ich versuche die *Ducky* zu zwingen, um die Südseite der Insel herumzusegeln, damit ich nicht inmitten der Brecher auf der Luvseite landen muß. Wenn die *Ducky* nicht mitspielt, peile ich den Strand an. Ich brauche allen Schutz, den ich nur auftreiben kann. Ich wickle das Schaumstoffkissen um meinen Oberkörper, das mich über Wasser halten und als Puffer gegen die Korallen dienen wird. Ich schneide die Zeltabdeckung der *Rubber Ducky* heraus, damit ich mich im Inneren nicht verfangen kann, und umwickle meine Arme und meine Beine mit dem Stoff.

Ich versuche die *Ducky* heil an Land zu bringen, aber der untere Schlauch wird sicherlich in Fetzen gerissen werden. Alles muß gesichert sein. Ich wühle herum, werfe all den Ramsch über Bord, den ich nicht mehr brauchen werde, und schaffe in meinen Seesäcken Platz für den Erste-Hilfe-Koffer und andere notwendige Gegenstände. Ich nage an einigen Fischstreifen, aber sie schmecken wie Talgklumpen. Ich kann ohne weitere Nahrung überleben. Meine Hündchen stupfen mich an. Ja, meine Freunde, ich werde euch bald

verlassen. Auf welch getrennten Pfaden werden wir weiterreisen? Ich schleudere die restlichen ranzigen Fischstäbchen fort und hebe mir nur einige getrocknete, bernsteinfarbene Streifen als Souvenir auf. Ach ja, noch einen halben Liter Wasser, um mich für die Landung zu stärken.
Durch die vorbeirauschenden Wellen dringt ein neues Geräusch: RRrrr ... RRrr ... Es wird lauter. Ein Motor! Ich schiebe mich auf die Knie. Ein paar hundert Meter entfernt taucht, von der Insel kommend, ein schnittiger weißer Bug auf, bohrt sich in eine Welle und kracht dann klatschend runter. Das Boot klettert und fällt, kommt näher und näher. Es ist klein, vielleicht sechs Meter lang, aus roh behauenem, weißgestrichenem Holz, mit einem grünen Streifen um den Schandeckel. Drei ungläubige schwarze Gesichter spähen zu mir herüber. Ich springe auf die Füße, winke ihnen zu und brülle: «Hallo!» Sie winken zurück. Diesmal bin ich eindeutig gesehen worden. Ich bin gerettet! Ich kann es nicht glauben, ich kann es einfach nicht glauben ... Es ist fast vorbei. Kein Queren des Riffs mehr, kein banges Warten auf ein Flugzeug. Zwei der Männer sind von einer goldenen Mahagonifarbe, der Dritte ist schwarz. Der Mann am Ruder trägt einen Strohhut mit breiter Krempe, die rauf und runter klatscht. Sein T-Shirt flattert hinter ihm her, als er vor mir beidreht und zum Halten kommt. Die drei sind ungefähr in meinem Alter; sie scheinen total perplex zu sein, während sie lauthals in einer fremden Sprache aufeinander einschnattern. Es ist fast drei Monate her, seit ich eine andere menschliche Stimme gehört habe.
«Hablar español?» brülle ich.
«Nein, nein!» Was sagen sie?
«Parlez-vous français?» Ich kann ihre Antwort nicht verstehen. Sie reden alle gleichzeitig. Ich deute auf die Inseln. «Was für Inseln?»
«Aahh.» Das scheinen sie verstanden zu haben. «Guadeloupe, Guadeloupe.» Französisch. Aber es hat nicht die geringste Ähnlichkeit mit irgendeinem Französisch, das ich je gehört habe. Es ist Kreolisch, erfahre ich später, ein atemberaubend schnelles Pidgin-Französisch. Nach wenigen Minuten habe ich herausgebracht, daß der Schwärzeste von

ihnen Englisch spricht, im Calypsorhythmus und mit schwerem karibischem Akzent. Wahrscheinlich hätte ich momentan auch Schwierigkeiten, einen Nachbarn aus New England zu verstehen, aber nach und nach reime ich mir alles zusammen.
Wir sitzen, nur wenige Meter voneinander entfernt, in unseren winzigen Booten und steigen und fallen mit den Wellen. Für einige Augenblicke schweigen wir, wissen nicht, was wir sagen sollen, und starren einander an. Schließlich fragen sie mich: «Was machst du, Mann? Was willst du?»
«Ich bin seit sechsundsiebzig Tagen auf See.» Sie wenden sich einander zu, schnattern laut. Vielleicht glauben sie, ich wäre mit der *Rubber Ducky III* von Europa aus gestartet, als eine Art Bravourstück. «Habt Ihr irgendwelche Früchte?» frage ich.
«Nein, wir haben nichts dabei.» Sie sind verwirrt und wissen nicht recht, was sie tun sollen; schließlich fragt der Ebenholzschwarze: «Du willst jetzt auf die Insel?»
Ja, o ja, denke ich, antworte aber nicht sofort. Ihr Boot rollt auf mich zu und wieder weg; sie haben noch keine Fische gefangen. Die Gegenwart, die Vergangenheit und die unmittelbare Zukunft scheinen plötzlich auf unerklärliche Weise ineinanderzugreifen. Ich weiß, daß mein Kampf vorüber ist. Die Tür zu meiner Rettung ist von diesen Fischern zufällig aufgestoßen worden. Sie bieten mir das größte denkbare Geschenk: das Leben selbst. Ich habe das Gefühl, als hätte ich mit einem äußerst anspruchsvollen Puzzlespiel gekämpft: Nachdem ich lange nach dem Schlüsselmosaiksteinchen gesucht habe, ist es mir jetzt in die Hände gefallen. Zum erstenmal seit zweieinhalb Monaten sind meine Gefühle, mein Körper und mein Geist aus einem Guß.
Die Fregattvögel hängen hoch über mir, angezogen von den Goldmakrelen und den fliegenden Fischen, von denen sie sich ernähren. Diese Fischer haben die Vögel gesehen und kamen her, weil sie wußten, daß es hier Fische gibt. Statt dessen fanden sie mich; nein, nicht *statt dessen,* sie fanden mich *und* ihre Fische. Goldmakrelen. Sie haben für mich gesorgt, waren meine Freunde. Aber sie hätten mich auch beinahe umgebracht, und jetzt haben sie für meine Rettung

gesorgt. Ich werde den Händen der Fischer übergeben, meinen Brüdern zur See. Sie verlassen sich auf die See, genau wie ich es auch getan habe. Ihre Ausrüstung ähnelt der meinen. Ihre Kleidung ist genauso schlicht. Vielleicht sind ihre Leben ebenso ärmlich. Das Puzzle ist fast fertig. Es ist an der Zeit, das letzte fehlende Stück einzusetzen.

«Nein, ich bin okay. Ich habe genügend Wasser. Ich kann warten. Fischt nur. Fischt!» Ich schreie, als würde ich eine Offenbarung verkünden. «Viel Fisch, großer Fisch, der beste Fisch im Meer!» Sie schauen sich an, reden aufeinander ein. Ich dränge sie: «Massenhaft Fisch hier, ihr *müßt* fischen!» Einer beugt sich über den Motor und zerrt ruckartig an der Starterleine. Das Boot macht einen Satz nach vorn. Sie ködern ihre 15-Zentimeter-Haken mit silbrigen Fischen, die wie fliegende Fische ohne Flügel aussehen. Mehrere Leinen werden über Bord geworfen, und unter kreolischem Geschrei und wirbelnden Armen wird die Maschine gestoppt. Einer ruckt an einer Leine, und eine gewaltige Goldmakrele springt in weitem Bogen durch die Luft und landet klatschend im Boot. Sie donnern wieder los, stoppen erneut nach knapp zweihundert Metern und ziehen zwei weitere fette Fische an Bord. Ihr Geschrei verstummt nie. Ihr schrilles Kreolisch wird immer wirrer, als hätte die überschüssige Energie ihrer Fischfangraserei einen Kurzschluß erzeugt. Wieder und wieder geben sie Gas, und das Boot schießt vorwärts. Wie im Rausch machen sie ihre Köder fest, werfen die Haken aus, reißen an ihren Leinen und stoppen. Die Heckwelle hebt und tätschelt das Hinterteil des Bootes. Noch mehr Fische werden aus dem Meer gezogen.

Ganz ruhig öffne ich meine Wasserdosen. Zweieinhalb Liter meines sorgfältig gehüteten Reichtums fließen durch meine Kehle. Ich beobachte die friedlich unter mir schwimmenden Goldmakrelen. Ja, hier müssen wir uns trennen, meine Freunde. Ihr macht nicht den Eindruck, als fühltet ihr euch verraten. Vielleicht habt ihr nichts dagegen, diese armen Männer ein bißchen reicher zu machen. Nie wieder werden sie solch einen Fang machen. Was für Geheimnisse kennt ihr, über die ich nicht einmal Vermutungen anstellen kann? Ich frage mich, weshalb ich zufällig meine Harpune in den

Sack mit der Notausrüstung packte, weshalb die *Solo* sich lange genug über Wasser hielt, damit ich meine Ausrüstung bergen konnte. Warum kamen die Goldmakrelen näher, als ich Probleme bekam? Warum machten sie es mir zunehmend leichter, als ich und meine Waffe immer gebrechlicher wurden, bis sie zum Schluß auf der Seite lagen, direkt unter meiner Speerspitze? Warum haben sie mich mit so viel Nahrung versorgt, daß ich tausendachthundert Seemeilen durchstehen konnte? Ich weiß, es sind nur Fische, und ich bin nur ein Mensch.

Wir tun, was wir tun müssen; wir tun nur das, was die Natur uns in diesem Leben zugesteht. Doch manchmal ist der Stoff des Lebens zu solch einem phantastischen Muster gewebt. Ich brauchte ein Wunder, und meine Fische schenkten es mir. Das und noch viel mehr. Sie haben mir gezeigt, daß überall um mich herum Wunder schwimmen und fliegen und laufen, daß sie vom Himmel regnen und in Wogen davonrollen. Ich blicke mich in der wunderbaren Arena des Lebens um. Die Goldmakrelen scheinen den Fischern fast in die Arme zu springen. Nie habe ich mich so demütig gefühlt, oder so friedvoll, frei und entspannt.

Winzige Buchstaben an der Bordwand des Bootes verraten mir den Namen, *Clemence*. Es dröhnt in die eine Richtung, dann in die andere, umkreist die *Rubber Ducky* wieder und wieder. Pro Minute ziehen die Männer einen Fisch an Bord. Sie kurven häufig vorbei, um zu sehen, ob mit mir alles in Ordnung ist. Ich winke ihnen zu. Sie fahren ganz nahe vorbei, und einer von ihnen hält mir ein Bündel braunes Papier hin, als die *Clemence* vorübergleitet. Ich wickle das Geschenk aus und halte einen großartigen Preis in Händen: einen kleinen Berg Kokosschnipsel, von grobem, braunem Zucker zusammengebacken, mit einem Klecks roten Zuckers als Haube. Rot! Selbst Farben nehmen eine wunderbare Bedeutung an.

«Coco sucré», brüllt einer, als sie davonrauschen, um die Jagd fortzusetzen. Mein Lächeln — mein Gott, welch ein merkwürdiges Gefühl zu lächeln — fühlt sich an, als wäre es um meinen ganzen Kopf gewickelt. Zucker und Frucht zur gleichen Zeit. Ich pelle einen Splitter Kokosnuß ab und lege

ihn auf meine wässernde Zunge. Sorgfältig löse ich Span um Span von dem *Coco sucré,* wie ein Bildhauer, der an einem Granitblock arbeitet, aber ich esse alles auf, bis auf die letzte kleine Faser.

Langsam werden die Goldmakrelen weniger, die Bewegungen der Fischer langsamer. Ab und zu kommt eines meiner Hündchen vorbei, als wollte es mir Goodbye sagen, bevor es hinter dem Angelhaken herschießt. Die Sonne steigt hoch und höher, und ich bin sehr müde. Hört jetzt auf zu fischen. Fahren wir an Land. Innerhalb einer halben Stunde hänge ich über dem Bug, versuche mich einigermaßen kühl zu halten und bei Bewußtsein zu bleiben. Endlich ist das Massaker vorbei. Meine Reise geht zu Ende.

LEBEN

Die Fischer drehen vor der *Ducky* bei. Ich schwinge meinen Sack mit der Ausrüstung zu ihnen herüber. Dann greifen hilfreiche Hände nach mir, und ich klettere zu ihnen an Bord. Ich gleite auf den Boden des Bootes und sitze zwischen Dutzenden von Goldmakrelen und einigen wenigen Königsmakrelen und Barracudas. Ich erkenne meine Hündchen wieder. Da ist einer, den ich aus dem Meer gezogen habe – «Na, ist es das, was du willst, dämlicher Fisch?» –, bloß um ihn zu verscheuchen. Da ist einer, der meine Angelleine direkt über dem Draht durchgebissen hat. Und da ist das hübsche Weibchen, das sich kokett am Floß gerieben hat, immer rechts von der Stelle, wo ich mit dem Speer in Stellung lag. Die älteren Fische, die das Kommando führten, sind nirgendwo zu sehen.

Ich rutsche auf den harten Holzbohlen herum, bis ich auf meinem Hinterteil ein bißchen Fleisch gefunden habe, das mich weicher sitzen läßt. Die Männer zerren meine Rettungsinsel über ihren Bug, werfen das Ruder herum und starten die Maschine. Beinahe wäre ich nach hinten umgekippt, als wir losschießen. Die *Ducky* hebt sich, droht abzurutschen. Die Fischer stoppen die *Clemence,* und ich zeige ihnen, wo sie die Stöpsel und Abdichtungen der *Ducky* rausziehen müssen. Literweise ergießt sich Meerwasser aus dem offenen Ventil des unteren Schlauches, während die *Ducky* wie eine riesige schwarze Amöbe über dem Bug zusammensackt. Auch sie hat eine Ruhepause verdient.

Wieder geht's im Inselstil los, die fünfundvierzig PS starke Evinrude-Maschine auf Vollgas. Ein merkwürdiges Gefühl, so schnell voranzukommen. Wir schneiden durch die Wellen, teilen das Wasser und drängen es zu beiden Seiten des Bootes weg. Vom Atlantik in die Karibik meißeln wir eine wäßrige Linie. Wenn das Boot rollt, dann tobt das Meer nur wenige Zentimeter vom Bordrand entfernt. Ich hoffe, die Jungs wissen, was sie tun.

Die *Clemence* ist schlicht und anspruchslos. Das Notsegel besteht aus einem Stück Leinwand, um ein geschältes Baumstämmchen gewickelt. Ein Stahlblatt, unten mit Tuch und Klebstreifen umhüllt, ist zwischen Planken und Spanten des Bootes geschoben worden. Der Reservetank besteht aus einer Fünfzig-Liter-Plastikkanne. Wenn der Sprit ausgeht, dann wird der Verschluß der Kanne mit einem rostigen Stück Eisen gelöst. Der Captain, Jules Paquet, nimmt einen Schlauch in den Mund und saugt Treibstoff aus dem Reservekanister. Er reißt sich das Ende aus dem Mund und steckt es in den Tank des Motors, während er einen Mundvoll Sprit über Bord spuckt. Für einige weitere Minuten donnern wir dahin, bevor die Maschine den Geist aufgibt. Captain Jules zerrt die Abdeckung von dem Evinrude und beginnt daran herumzufummeln.

Jules' Bruder, Jean-Louis, sitzt neben mir. Die Brüder haben scharfgeschnittene Nasen und tanzende Augen. Sie schauen wie Ägypter aus. Jean-Louis' Haare sind kurz geschnitten, aber Jules trägt einen dichten Haarbusch, der seinen Kopf wie einen Heiligenschein umgibt. Jean-Louis' Lächeln wird mittschiffs von der kleinen schwarzen Höhle eines fehlenden Zahns unterbrochen. Mein eigenes Lächeln wird vielleicht nie mehr verschwinden.

Paulinus Williams sitzt hinter mir. Seine breiten, runden Muskeln glänzen wie poliertes Eisen. Seine Haut ist so schwarz, daß man im Schatten seine Züge kaum erkennen kann. Seine Zähne blitzen, wenn er mich auf englisch anspricht, während die anderen beiden in rhythmischem Kreolisch die Motorprobleme diskutieren. Paulinus beruhigt mich. «Ist nicht weit, vielleicht eine Stunde.»

Die *Clemence* erwacht wieder zum Leben. Ich erkundige mich bei Paulinus, wie die bergige Insel vor unserem Bug heißt und die flache dahinter.

«Die Insel dort ist Guadeloupe. Die hier ist Marie Galante. Hat den Namen vom Schiff von Kolumbus.»

Also habe ich es fast bis Guadeloupe geschafft. Ich lande auf der winzigen, östlichen Insel der Kette, kaum groß genug, um auf meiner Karte zu erscheinen.

Paulinus überschreit das Dröhnen des Motors. «Du hast viel

Glück. Wir fischen nicht östlich von Marie Galante. Nur heute. Wir fuhren herum und sahen die Vögel, sehr weit weg. Sie fliegen weit raus aufs Meer. Wir fischen nicht so weit draußen. Aber heute haben wir beschloßen, wir fahren raus. Wir kommen näher, wir sehen was. Wir denken, vielleicht ist es ein Faß. Wir fahren hin, vielleicht sind Goldmakrelen hier. Wir sind da — und es ist kein Faß. Du bist es.»

Als wir Marie Galante nach Norden zu umrunden, steuert Jules die *Clemence* dicht an den Strand, so daß sie die Brandung hinabgleitet, die gegen die uralten Korallenklippen donnert, um sogleich wieder von der Gegenströmung hinausgetragen zu werden. Die Wogen klatschen himmelwärts gegen die Klippen, die aus Milliarden winziger Korallentierchen bestehen. Die Wände sind voll tiefer Höhlen, in denen Neptuns Klopfen an der Tür von Mutter Erde widerhallt. Vor meinem geistigen Auge sehe ich, wie die *Ducky* und ich gegen die Klippen geworfen werden, wie ich einen kleinen, sicheren Halt suche, und wie ich dann heruntergerissen und über die rasiermesserscharfen Felsen geschleift werde.

Ich stimme eines meiner Lieblingslieder an: «Summertime». Jetzt wird das Leben leicht und einfach. Ich denke an meine springenden Fische. Und auf der Insel wird das Zuckerrohr in die Höhe wachsen. Ich fühle mich frei — frei genug, um meine Schwingen auszubreiten und nach dem Himmel zu greifen. Meine Stimme dröhnt laut, geht aber in dem Röhren der *Clemence* unter, die die Wogen hinabschießt. Jean-Louis lächelt mir zu und sagt, ich singe gut. Wahrscheinlich stimmt das nicht, aber nie habe ich mich so in Einklang mit den Worten gefühlt. O yeah, das leichte, bequeme Leben!

Das Parfüm von Blumen und Gras weht von der Insel herüber und dringt mir in die Nase. Ich fühle mich, als würde ich zum erstenmal Farben sehen, Geräusche hören, zum erstenmal Land riechen. Zum zweitenmal tauche ich aus dem Mutterleib auf. Die schrecklichen Erinnerungen an meine Reise mögen mich für immer verfolgen, aber die Ekstase eines neuen Lebens und die Freundlichkeit dieser Männer dämpfen und lindern sie bereits. Sechsundsiebzig Tage lang schwankte ich an der Kante des Lebens herum, hatte Angst, loszulassen, hatte Angst, daß sich meine eige-

nen Atome, meine Energie und mein Wesen meinem Zugriff entwinden und vom Universum nach Belieben verwandelt werden könnten. Steven Callahan, spurlos verschwunden.
Eine eigenartige Formation, wie ein Amphitheater, ragt vor uns auf. Hoya Grande. Das Dach einer großen Höhle stürzte ein, ließ unter offenem Himmel einen hohen, schlanken Korallenturm stehen; an einer Seite besteht auch eine bogenförmige Öffnung zum Atlantik hin.
Wir umrunden die Insel und fahren an der westlichen Leeküste weiter. Das Meer liegt flach wie ein Brett da, der Tag ist warm und sprüht nur so von Licht und Farbe. Ein langer Strand kommt in Sicht. Buschige Bäume und Palmen spenden kleinen Hütten und Häusern, die sich darunter zusammendrängen, Schatten. Das ist das Dorf St. Louis. Unter einem von Pfosten getragenen Dach ohne Seitenwände hat sich eine Anzahl Menschen versammelt. Schnell werden sie auf uns aufmerksam. Die Unterhaltung stoppt, manche legen den Fisch zurück, um den sie gerade gefeilscht haben. Was ist das für ein großer schwarzer Klumpen, der über dem Bug der *Clemence* hängt? Und wer ist dieser dürre, bärtige Weiße, fast so dunkel gebrannt wie Jules oder Jean-Louis, mit dem sonnengebleichten Haar und den hellen Augenbrauen? Einige bewegen sich auf die Stelle zu, wo wir landen werden, zuerst langsam, dann immer schneller.
Ein letztesmal blicke ich auf die Goldmakrelen hinab. Zwölf von ihnen, zwölf Drückerfische, vier fliegende Fische, drei Vögel und einige Pfund Muscheln, Krabben und gemischte Meeresbeute haben mich am Leben gehalten. Neun Schiffe haben mich nicht gesehen. Ein Dutzend Haie hat mich auf die Probe gestellt. Jetzt ist es vorbei, endlich und endgültig vorbei. Meine Gefühle sind so wirr wie in der Nacht, in der ich die *Solo* verlor. Es ist so lange her, daß ich Grund zum Glücklichsein hatte, daß ich gar nicht mehr weiß, wie ich damit umgehen soll. Die *Clemence* dreht bei und scharrt über den Sand. Ich flüstere meinen Fischen zu: «Danke, meine Freunde. Danke und Goodbye.»
Nach und nach kommen immer mehr Leute an den Strand. Kichernde Kinder rennen auf uns zu und bleiben dann mit großen Augen stehen. Die Fischer schreien mir zu, ich solle

ruhig sitzenbleiben, aber ich schiebe mich vor und schwinge ein Bein über die Bordwand. Schnell rutsche ich weiter vor, damit ich in seichtes Wasser gelange — es wäre ziemlich albern, jetzt umzufallen und zwei Meter vom Ufer entfernt zu ertrinken — und sinke mit den Füßen auf den Grund. Ich weiß, daß dies hier weicher, weißer Sand ist, aber mir erscheint es wie eine Betonstraße, die von einem größeren Erdbeben geschüttelt wird. Wie Flipperkugeln scheinen meine Augen herumzuhüpfen. Ich mache einen Schritt nach vorn und lasse die *Clemence* los. In meinem Kopf dreht sich alles. Der Grund springt hoch und knallt gegen meine Knie. Als mein Kopf nach unten schwingt, um im nächsten Moment auf den Strand zu krachen, packen zwei kräftige junge Männer je einen Arm von mir und reißen mich wieder auf die Beine. Sie heben mich hoch, so daß meine Füße kaum noch den Boden berühren, und tragen mich weg. Ich führe lediglich die Bewegungen des Gehens aus. Wir kommen an kleinen Wellblechhäusern vorbei, reich verziert und in leuchtenden Farben gestrichen. Fischernetze liegen überall herum. Hühner rennen gackernd aus dem Weg. Unter einem schattigen Baum hindurch gelangen wir auf schwarzes Pflaster. Mittlerweile haben wir ein umfangreiches Gefolge. An der ersten Ecke stoßen wir auf ein großes, gelbes Gebäude mit Flaggen und Emblemen. Auf einer schattigen Veranda setzen mich die Insulaner auf einen metallenen Klappstuhl. In einem Gemisch aus Kreolisch und Französisch reden alle gleichzeitig. Endlich verstehen sie meinen Namen und fangen an zu telefonieren. Für einen Moment werde ich in Ruhe gelassen.

Hundert Menschen drängen sich dicht an die Veranda. Ich schaue sie an, ohne es wirklich glauben zu können. Es ist vorbei. Es trifft mich wie eine Tonne Ziegelsteine. Vor mir habe ich weitaufgerissene Augen, neugierige Augen, besorgte Augen, weinende Augen. Meine eigenen Augen füllen sich mit Tränen, die ich zu unterdrücken suche. Ich greife durch das Gewirr von Armen nach dem eiskalten Ingwerbier, das mir entgegengereckt wird. Diese Menschen kennen mich nicht. Wir haben nicht mal eine gemeinsame Sprache. Woher sollen sie je wissen, was jeder Schritt durch meine

Hölle für mich bedeutet hat? Und doch habe ich das überwältigende Gefühl, daß wir zueinander gehören, daß wir in diesem Augenblick das Leben aus der gleichen Perspektive sehen. In ihren Augen spiegelt sich mein eigenes Schicksal wider. Unsere Lebenspfade mögen voneinander getrennt sein, aber das Wesen unserer Leben ist eine Einheit.

Ich kann den Strand nicht mehr sehen. Dort liegen meine Freunde in der *Clemence*. Nie werde ich vergessen, wie sie in die Arme der Fischer segelten, die Farbe und die Kraft ihres glitzernden Fluges. Ich frage mich, ob jenseits des Strandes in dem klaren, blauen Wasser zwei der älteren, smaragdgrünen Fische nach einer neuen Schulklasse Ausschau halten, mit der sie schwimmen und der sie die Geschichte erzählen können, auf welch schlichte Weise der Fisch dem Menschen die komplizierten Geheimnisse beibrachte, die jeder Augenblick des Lebens mit sich bringt.

EIN MANN ALLEIN

Ein Volkswagen-Kombi fährt vor der Veranda vor. Der Dorfpolizist und einige andere Männer helfen mir hinein, und wir rasen los, zur Luvseite der Insel hinüber. Alle sind sie freundlich und redselig. Ich habe nicht den blassesten Schimmer, was sie sagen. Ein Mann deutet mir an, ich solle mein Ingwerbier trinken. Ich kann ihm kaum klarmachen, daß ich in den letzten zwölf Stunden mehr getrunken habe als auf dem Floß in einer Woche, also gestikuliere ich und sage: «Langsam, langsam.» Er nickt. Abgesehen davon liebe ich es, die kalte, nasse Flasche in der Hand zu halten.

Marie Galante ist ziemlich flach. Wir kommen an weiten Zuckerrohrfeldern vorbei. Auf Ochsenkarren türmt sich das geschnittene Rohr. Ich kann es nicht fassen, wie empfindlich ich auf die Gerüche der Vegetation, der Blumen, des Autos reagiere. Es ist, als wären meine Nervenenden an einen Verstärker angeschlossen. Die grünen Felder, die pink- und orangefarbenen Blumen am Straßenrand, all das vibriert förmlich vor Farbe. Wie eine Flutwelle überspülen mich all die Reize.

Wir kommen in die Stadt und biegen auf den Parkplatz des Grand-Bourg-Hospitals ein. Aus einem weißen Hohlziegelbau kommen schwarze Krankenschwestern in weißer Uniform gehuscht, betrachten mich eingehend und verschwinden wieder. Einige bilden Grüppchen und unterhalten sich. Andere strecken die Köpfe aus den geöffneten Fenstern und schauen zu. Ein weißer Arzt steigt die Treppen herab und nähert sich dem kleinen Lieferwagen. Er spricht Englisch. «Ich bin Dr. Dellanoy. Was fehlt Ihnen?»

Wie beantwortet man das genau? «Ich bin hungrig», erkläre ich ihm. Für eine Weile scheint niemand zu wissen, was sie mit mir anfangen sollen. Offensichtlich bin ich kein Notfall. Ich erkläre Dr. Dellanoy, daß ich sechsundsiebzig Tage schiffbrüchig auf dem Meer getrieben bin und daß ich dehydriert, halb verhungert und schwach, ansonsten aber ganz in Ordnung bin. Er beschließt, mich aufzunehmen, und ruft nach einer Tragbahre. Das erscheint mir überflüssig, aber man nötigt mich auf die Bahre. Als wir einen Stock höher kommen, haben die Träger Schwierigkeiten, um die Ecken der engen Korridore zu kommen, und ich überrede sie, mich laufen zu lassen. Ich habe derart effektive Seebeine entwikkelt, daß der solide Fußboden zu schwanken scheint. Die Männer geleiten mich durch einen Säulengang in ein Zimmer, setzen mich auf ein Bett und stellen meinen Sack am Fuß des Bettes ab. Ein alter Mann richtet sich im gegenüberliegenden Bett auf; ein intravenöser Schlauch hängt an seinem Arm. Wir lächeln uns an.

Dr. Dellanoy tritt ein, und wir sprechen über meine Verfassung. Mein Blutdruck ist in Ordnung. Ich habe ungefähr zwanzig Kilo verloren (genau vierundvierzig Pfund), ein knappes Drittel meines Gewichts. «Wir werden Sie intravenös ernähren und einige Antibiotika hinzugeben, damit diese Geschwüre schneller heilen», teilt er mir mit. «Jemand in Ihrer Verfassung wird eine ganze Weile nicht in der Lage sein, was zu essen, das ist klar . . .»

«Moment mal!» unterbreche ich ihn entsetzt. «Was soll das?»

«Ihr Magen ist geschrumpft. Es könnte gefährlich werden, wenn Sie in nächster Zeit feste Nahrung zu sich nehmen.»

Hastig, fast verzweifelt erkläre ich ihm, daß ich vielleicht ein bißchen mager bin, aber nach bestem Wissen und Gewissen so regelmäßig gegessen habe, wie es mir möglich war. Ich würde ihm gern einige Fischstreifen anbieten, aber die sind auf dem Floß, wo immer die arme *Ducky* sich jetzt auch befinden mag. Außerdem gefällt mir die Vorstellung von Nadeln, Spritzen und absoluter Ruhe nicht. «Läßt es sich nicht einrichten, daß ich meinen Mund benütze?»

«Na schön. Wir werden sehen, wie es anschlägt. Ich gebe Ihnen noch einige Antibiotika», sagt er und verläßt das Zimmer.

Eine weiße Krankenschwester erscheint. Sie ist rundlich und unglaublich fröhlich, mit rosigen Backen und einer zirpenden französischen Stimme. Sie rümpft die Nase, als sie mir mein T-Shirt und die selbstgebastelte Binde herunterzieht;

mit spitzen Fingern trägt sie die Sachen in die Ecke und läßt sie fallen. Merkwürdig, ich rieche gar nichts, mit Ausnahme von ihr — sie riecht sauber. Sie stellt ein Porzellanbecken mit lauwarmem Wasser vor mir ab und beginnt mich zu waschen. Meine Geschwüre reagieren empfindlich auf den Lappen und ihre festen, sicheren Bewegungen, aber sie geht so sanft wie nur irgend möglich zu Werke, und als sie mich trocken tupft, fühle ich mich ungemein erleichtert. Ihre fröhliche Stimme schweigt keine Sekunde. Andere Krankenschwestern tauchen auf und verschwinden wieder, plaudern oder versuchen mit meiner Betreuerin, dem alten Mann oder mir zu plaudern. Noch nie habe ich so ein munteres Krankenhaus erlebt.
Seit meiner Landung am Strand hat sich meine innere Anspannung allmählich gelegt. Nach zweieinhalb Monaten spüre ich endlich einmal weder Ängste noch Befürchtungen. Es gibt nichts zu tun, nichts, was ich mir wünsche. Es gibt nur totale Ruhe und Entspannung. Mir ist, als würde ich schweben. Mein blonder Engel beendet seine Arbeit und rauscht hinaus.
Ich lege mich zurück in die Laken, saubere, trockene Laken. Ich kann mich nicht entsinnen, mich je zuvor so gefühlt zu haben, obwohl ich mir vorstellen kann, daß es vielleicht bei meiner Geburt ähnlich gewesen sein mag. Ich bin so hilflos wie ein Baby, und jede Empfindung ist so stark, daß ich stets das Gefühl habe, ich würde zum ersten Mal sehen, riechen und berühren. Es *gibt* den Himmel auf Erden.
Kurz darauf bringt ein junger Mann ein mit Speisen beladenes Tablett. Er gießt mir ein großes Glas Wasser ein. Einen Moment lang starre ich all das ungläubig an. Ein Glas Wasser. Solch eine schlichte Sache, ein schlichter Schatz? Auf dem Tablett liegt ein großes Stück französisches Brot, gefüllter Kürbis, Gemüse, das ich nicht kenne, Roastbeef, Schinken, Yamswurzel, und in einer Ecke — es ist nicht zu fassen — ein Stück gepökelter Fisch! Beinahe wäre ich in Lachen ausgebrochen, aber ich esse alles bis zum letzten Krümel auf. Jetzt werde *ich* von allen ungläubig angestarrt, die hereinkommen und das leere Tablett sehen.
Ich bekomme Antibiotika, starke Beruhigungsmittel und die

Anweisung zu schlafen. Ach ja, schlafen. Ich könnte tagelang schlafen . . .
Uniformierte Männer platzen plötzlich in das Zimmer und bombardieren mich mit Fragen. Ihre Uniformen schauen anders aus als die der Polizeibeamten, die mich ins Krankenhaus gebracht haben; es stellt sich heraus, daß sie zur Gendarmerie gehören. Wir sind gerade mittendrin in einem langen Gespräch, da erhalte ich einen Telefonanruf. Ein Sanitäter rollt mich durch den Säulengang in ein Arztbüro, wo eines der wenigen Telefone des Krankenhauses steht. Der Anruf kommt von Mr. Dwyer, dem U.S.-Konsul in Martinique, der mich auf den Inseln herzlich willkommen heißt, mir versichert, daß ich wegen meines fehlenden Passes keinerlei Schwierigkeiten bekommen werde, und mir ansonsten jede nur denkbare Hilfe anbietet. Die Nachricht hat sich schnell verbreitet. Selbst während ich noch spreche, begeben sich meine Gedanken auf schläfrige Wanderschaft. Doch in meinem Zimmer warten weitere Offizielle, müssen weitere Fragen beantwortet werden. Endlich verschwinden sie alle, und ich habe meine Ruhe. Der alte Mann mir gegenüber lächelt. In der Küche unter uns höre ich Geschirr klappern. Eine leichte Brise streicht über mein Gesicht. Ein Spiritualsong, von einem herrlichen Bariton gesungen, hallt aus der Küche durch das ganze Krankenhaus. Ich treibe ins Land der Träume hinüber.
Nach einigen Stunden erwache ich, fühle mich ruhig und ausgeruht. Ein Zivilist kommt schüchtern herein und setzt sich an mein Bett. Auch er sieht beinahe wie ein Ägypter aus. Er hat ein breites Lächeln und spricht einige Worte Englisch. Ich kriege mit, daß sein Name Mathias ist, daß er eine Radiostation besitzt und ein Hotel leitet. Wenn ich mag, kann ich in dem Hotel wohnen. Er fragt, was ich bei mir habe, und als er den Seesack und mein zerlumptes, stinkendes T-Shirt sieht, erklärt er mir, ich solle hier warten — als hätte ich vor, woanders hinzugehen —, und verschwindet für eine Stunde.
Ich ziehe mich in sitzende Position hoch, greife nach dem Gestell am Fuße meines Bettes und stehe schließlich auf meinen Füßen. Mein Zimmergenosse schaut zu, wie ich her-

umschwanke und mich bemühe, das Einknicken meiner Knie zu verhindern. Wir plaudern angeregt miteinander, obwohl keiner viel von dem versteht, was der andere sagt.
Mathias kehrt zurück und breitet eine stattliche Menge farbenfroher Kleidungsstücke vor mir aus: blaue Hosen, grellrote Shorts, Sandalen und ein neues T-Shirt mit aufgedruckter Karte von Marie Galante. Auch eine Flasche Kölnisch Wasser ist dabei. Vielleicht stinke ich tatsächlich. Die Großzügigkeit dieser Menschen berührt mich tief. Vor meinem Zimmer stehen einige Insulaner, die mich besuchen wollen. Sie warten geduldig, sitzen auf Bänken oder lehnen am Geländer des Säulenganges. Ich kenne niemanden auf dieser Insel, fühle mich aber wie der lange verschollene Bruder, der heimgekehrt ist.
Ich stehe mehrmals auf, klammere mich am Bettgestell fest, bis ich mich einigermaßen sicher fühle. Mein nächster Ausflug führt zur Tür, die stets offen steht. Mit zwei Schritten hüpfe und stolpere ich hin. Dann taste ich mich am Geländer den offenen Gang entlang, spüre die Brise, lausche dem Rauschen der Palmwedel und sauge die süßen Düfte ein. Für jeden Schritt brauche ich eine Minute, aber ich hab's nicht eilig. Die Krankenschwestern beobachten mich, greifen aber nicht ein. Welch ein Glück, daß ich mich nicht in einem pedantischen, antiseptischen, verknöcherten amerikanischen Krankenhaus befinde. Mit Zeichensprache, einigen Worten Französisch und Englisch und einer nicht greifbaren Geisteshaltung kann ich mich recht gut mit den Patienten und Besuchern verständigen. Ich kann es gar nicht fassen, wie entspannt und gut gelaunt die meisten von ihnen sind.
Am frühen Abend frischen die Passatwinde etwas auf und bringen Abkühlung mit sich. Ich bin angezogen und trotz meiner Müdigkeit begierig, in die Stadt zu kommen. Die Narkoseärztin des Krankenhauses, Michelle Monternot, hat von meiner Ankunft gehört, und obwohl wir uns noch nicht kennengelernt haben, hat sie mich heute abend in ihr Haus zum Dinner eingeladen. Mathias erscheint, gefolgt von zwei jungen Franzosen und einer Französin, die sich als André Monternot, der Mann der Narkoseärztin, und Michel mit Freundin Nanou vorstellen. Sie schleppen einen riesigen

Picknickkorb an, nur für den Fall, daß ich sie nicht zum Dinner begleiten kann, aber ich kann es kaum erwarten, daß es losgeht. Ich bin überzeugt davon, daß ich eine Strecke von dreißig Metern schaffe, und so marschieren wir zum Wagen von Mathias. Ich taumle wie ein Betrunkener herum, und ich muß mich auch wie einer anhören, denn ich kann nicht aufhören, hysterisch zu lachen. Ich glaube, ich bin einfach nur davon beschwipst, am Leben zu sein.

Zuerst gehen wir in Mathias' Hotel, wo ich einige Telefongespräche führe. Ich kriege eine Leitung zu meinem Elternhaus. Mein Bruder Ed nimmt den Hörer ab. «Was machst *du* denn dort?» frage ich. «Versuche herauszufinden, wo zum Teufel du gesteckt hast», erwidert er scherzhaft. Es hat den Anschein, als wäre die Nachricht bereits bis zu meinen Eltern gedrungen. Tatsächlich wußten sie noch vor den örtlichen Behörden von meiner Ankunft. Mathias war unter der Menge, als ich vom Strand hochgetragen wurde, und er schickte sofort eine Botschaft über CB-Funk an seinen Freund Freddie in Guadeloupe. Freddie besitzt einen Verstärker und gab die Nachricht weiter. Ein Mann namens Maurice Briand fischte vor der Küste von Florida, als er das Signal empfing. Er war noch keine ganze Stunde an Land, da rief er auch schon meine Eltern an. Tagelang wollte ich nicht glauben, daß dies mit CB-Funk möglich war, ohne Einsatz von richtigen Funkgeräten, aber es erwies sich als wahr. Egal, meine Eltern sind jedenfalls ausgegangen, um mir Kleidung zu kaufen und Vorbereitungen für eine Fahrt zu der Insel zu treffen. Aber ich fühle mich jetzt schon ganz überwältigt und habe so eine Ahnung, daß es in den nächsten Tagen recht hektisch zugehen wird. Außerdem möchte ich in besserer Verfassung sein, wenn sie ankommen. Also bitte ich meinen Bruder, sie zu überreden, ihre Reise etwas zu verschieben. Kein Grund zur Panik mehr, ich bin jetzt sicher und geborgen. Ich habe keine Ahnung, was sie alles durchgemacht haben, um mich zu finden. Mein Bruder sitzt ein bißchen in der Klemme und sagt mir, er würde tun, was er könne, obwohl er genau weiß, daß sie sich noch heute abend in die nächste Maschine setzen würden, falls das möglich wäre.

Morgen werde ich in Mathias' Hotel, Le Salut, ziehen. Heute abend werde ich bei den Monternots festlich bewirtet. Es stellt sich heraus, daß Michel der Zollbeamte der Insel ist. Wir scherzen über meine schlampige Methode, ein Floß nach Marie Galante zu schmuggeln. Es endet damit, daß ich im Haus der Monternots schlafe. Als ich morgens erwache, werfe ich einen Blick in den Spiegel. Mein Gott! Wer ist das? Das Gesicht vor mir scheint direkt aus *Robinson Crusoe* entsprungen zu sein. Langes, strähniges, ausgebleichtes Haar, tiefliegende Augen, straffgespannte, braune Haut, zottiger Bart. Michelle Monternot gibt mir eine Zahnbürste; ein merkwürdiges Gefühl in meinem Mund. Noch merkwürdiger ist, daß meine Zähne nicht verkrustet und verschmutzt, sondern bemerkenswert sauber sind. Ich frage mich, was mein Zahnarzt wohl dazu sagen würde.
André fährt mich ins Krankenhaus, um meine Sachen zu holen. Beim Betreten meines Zimmers rieche ich den Gestank von totem Fisch. Mein Seesack stinkt wirklich. Jemand hat mein T-Shirt mitgenommen, zweifellos nur bis zur nächsten Mülltonne. Eine Krankenschwester mißt erneut meinen Blutdruck. Ich melde mich ab und marschiere durch das Tor hinaus in die Welt; ich fühle mich wie ein freier Mann nach langer Gefangenschaft.
Mathias bringt mich zurück zu seinem Hotel und stellt mich seiner Freundin Marie vor, die recht gut Englisch spricht. Während meines Aufenthaltes erweisen sie sich als freundliche Gastgeber, die sich auch nicht von den riesigen Portionen aus der Fassung bringen lassen, die ich von ihrem köstliche kreolischen Essen verzehre. Jedermann ist verblüfft, wieviel ich in mich hineinstopfen kann.
Am dreiundzwanzigsten kommen meine Eltern mit der Abendmaschine an. Nach einem Jahr sind wir wieder vereint; meine Mutter ist in Tränen aufgelöst, mein Vater unerschütterlich, und ich bestehe nur aus einem riesengroßen Lächeln. So viel ist in einem kurzen Jahr passiert. Doch für sie bin ich, wenn auch ein gutes Stück magerer, immer noch der gleiche, der heimgekehrte Sohn.
Ich bin ehrlich überrascht von dem Theater, das alle um mich machen. Innerhalb von vierundzwanzig Stunden gebe

ich englischen, kanadischen und amerikanischen Reportern Telefoninterviews. Telegramme kommen angeflattert. Und ich werde von den französischen und amerikanischen Küstenwachen und nochmals von der Polizei befragt, dann wird ein Foto von mir und dem liebenswürdigen Polizeichef gemacht. CBS schickt ein Aufnahmeteam von Florida herunter. Der *National Inquirer* bietet mir einen Exklusiv-Vertrag an. Ich lehne es ab, ihnen auch nur ein Interview zu geben, aber das kann sie nicht aufhalten. Sie erfinden eine Märchengeschichte, wie ich geradewegs in die «glühenden, bernsteinfarbenen Augen» eines Wales blickte, der «brüllte, wie nur die See brüllen kann», und der wieder und wieder gegen mein Boot peitschte. Bis jetzt war es mir noch nie vergönnt, einen Wal mit bernsteinfarbenen Augen zu Gesicht zu bekommen, und ich habe auch noch nie einen auch nur leise krächzen hören.

Wenn ich ein paar Minuten für mich habe, versuche ich meine Spaziergänge auszudehnen. Nach wenigen Tagen schaffe ich hundert Meter. Meine Beine beginnen aufzuquellen, als hätte ich Elefantiasis. Ein ortsansässiger Arzt, Dr. Lachet, kommt jeden Tag vorbei und untersucht mich. Ich habe Glück, denn Dr. Lachet hat von Afrika her eine Menge Erfahrungen mit Hungerkrankheiten, deshalb weiß er, womit zu rechnen ist. Er macht einige Tests. Ich habe einen sehr hohen Sodiumspiegel, einen niedrigen Kaliumspiegel und bin ziemlich blutarm. Mein Körper scheidet Flüssigkeit nicht einwandfrei aus, die sich dann in meinen Beinen ablagert. Ich bekomme Pillen.

Ich nehme ausgedehnte, gemütliche Mahlzeiten zu mir und unternehme Inselausflüge. Alles erregt mich dermaßen, daß es mir schwerfällt, nachts zu schlafen. Bei Morgengrauen bin ich bereits wieder wach und kann es kaum erwarten, auf die Welt loszustürmen. Anstatt mich ordentlich auszuruhen, werde ich immer müder und launischer. Die Leute versuchen mir zu helfen, das ist mir klar, aber ich merke mehr und mehr, daß mir meine Unabhängigkeit aus den Händen zu gleiten beginnt. Der Druck und die Anspannung geht mir auf die Nerven, und bald werde ich mit meinen Launen allen anderen auf die Nerven gehen.

Edgar Callahan

Mit meinen Rettern:
Paulinus Williams und Jules und Jean-Louis Paquet.

Edgar Callahan

Mit Eingeborenen von Marie Galante an dem Strand, an dem ich in St. Louis landete, ungefähr eine Woche nach meiner Ankunft.

Meine Eltern versuchen mich zu überreden, daß ich mit ihnen heimfliege und dort meine Rekonvaleszentenzeit verbringe. Ich sage ihnen, daß ich nicht kann und daß ich kein Patient sein will. Ich will hier meine Kraft wiederfinden, mit irgendeinem Boot nach Antigua trampen, um meine Post abzuholen, und dann zurück nach Maine fliegen.

Die nächsten paar Tage bringe ich damit zu, die Menschen von Marie Galante kennenzulernen. Bar und Restaurant vom Hotel Le Salut sind zur Straße hin offen. Oft schauen die Leute auf ein Schwätzchen herein. Alle paar Tage kommen die Fischer vorbei, die mich entdeckt haben. In Wirklichkeit leben sie auf Guadeloupe. An dem Tag, an dem sie mich anschleppten, brachten sie ihre Fische noch heim und verkauften sie spätabends. Ich würde gern mal mit der *Clemence* rausfahren, vielleicht mit ihnen zusammen fischen, aber es klappt nie. Meine Spaziergänge werden länger. Wohin ich komme, halten mich die Insulaner an. Sie laden mich in ihre Häuser ein oder drängeln sich auf der Straße um mich. Diejenigen, mit denen ich mich verständigen kann, machen Witze über meine todsichere Fischdiät. Ich schaue den Kindern zu, die aus den Leitungshähnen am Gehsteig Wasser in Trommeln füllen und sie dann, mit den Füßen anschiebend, nach Hause rollen. Ich fühle mich hier wohl, zu Hause. Die Menschen von Marie Galante haben mich adoptiert.

Einige Leute haben angefangen, mich Super-Fischer oder Superman zu nennen. Ich versuche ihnen zu erklären, daß ich während meiner schiffbrüchigen Zeit nicht deswegen ums Überleben kämpfte, weil ich ein Held bin, sondern weil es für mich das Nächstliegende und Einfachste war, einfacher als sterben. Eines Tages beehrt mich der örtliche Medizinmann mit seinem Besuch. Mit hervorquellenden Augen starrt er mir ins Gesicht. Er singt einen Haufen Worte, schüttelt ein paar Sachen herum und schaut mich neugierig an. Nachdem er gegangen ist, erzählt mir Mathias, wer das war und daß er einen Zauber ausgesprochen hat, um meine Genesung zu beschleunigen.

Am nächsten Tag bekomme ich unglaubliche Magenkrämpfe, hohes Fieber und beginne einen langen Kampf gegen den Durchfall. Eine Weile glaube ich, daß ich mich selbst hinters Licht geführt habe, daß ich trotz allem sterben werde. Ich bitte Mathias, dem Medizinmann nichts von meiner «Genesung» zu erzählen. Die kreolische Küche ist ausgezeichnet, aber sehr scharf und würzig. Dr. Lachet und Dr. Dellanoy sind beide der Meinung, daß ich für eine Weile auf die ganz scharfen Sachen verzichten müßte. Ein klassischer Fall von zu bald zu viel. Vier oder fünf Tage geht es mir ziemlich dreckig, aber dann bin ich langsam überm Berg, was ich nur den Ärzten, meinen Eltern, Mathias und Marie zu verdanken habe.

Endlich habe ich mich so weit erholt, daß ich wieder laufen kann. Seit zehn Tagen bin ich auf der Insel. Ich merke immer deutlicher, daß es für mich Zeit zum Aufbruch ist. Ich habe mehrere Seeleute kennengelernt. Nick Keig, von dem ich gehört, den ich aber nie persönlich getroffen habe, läuft mit der *Three Legs of Mann IV* ein und erklärt sich einverstanden, mich nach Guadeloupe mitzunehmen. Meine Eltern akzeptieren meine Entscheidung mit viel Verständnis. Sie helfen mir beim Packen, geben mir Geld, laden mich zu Festessen ein und machen keinen Versuch, mich zurückzuhalten. Als alles bereit ist, humple ich zu dem Zementpier hinunter, neben den Strand, an dem die *Clemence* mich und die *Ducky* an Land setzte, steige in das wartende Gummiboot und werde zu der *Three Legs* hinausgeschaukelt. Ich winke meinen vielen Freunden auf der Insel ein letztes Goodbye zu. Ich weiß, daß ich wieder ins wirkliche Leben entlassen worden bin. Die Mannschaft an Bord der *Three Legs* setzt Segel, der Bug wendet sich Guadeloupe zu, und ich beobachte, wie meine neue Heimat in der Ferne versinkt.

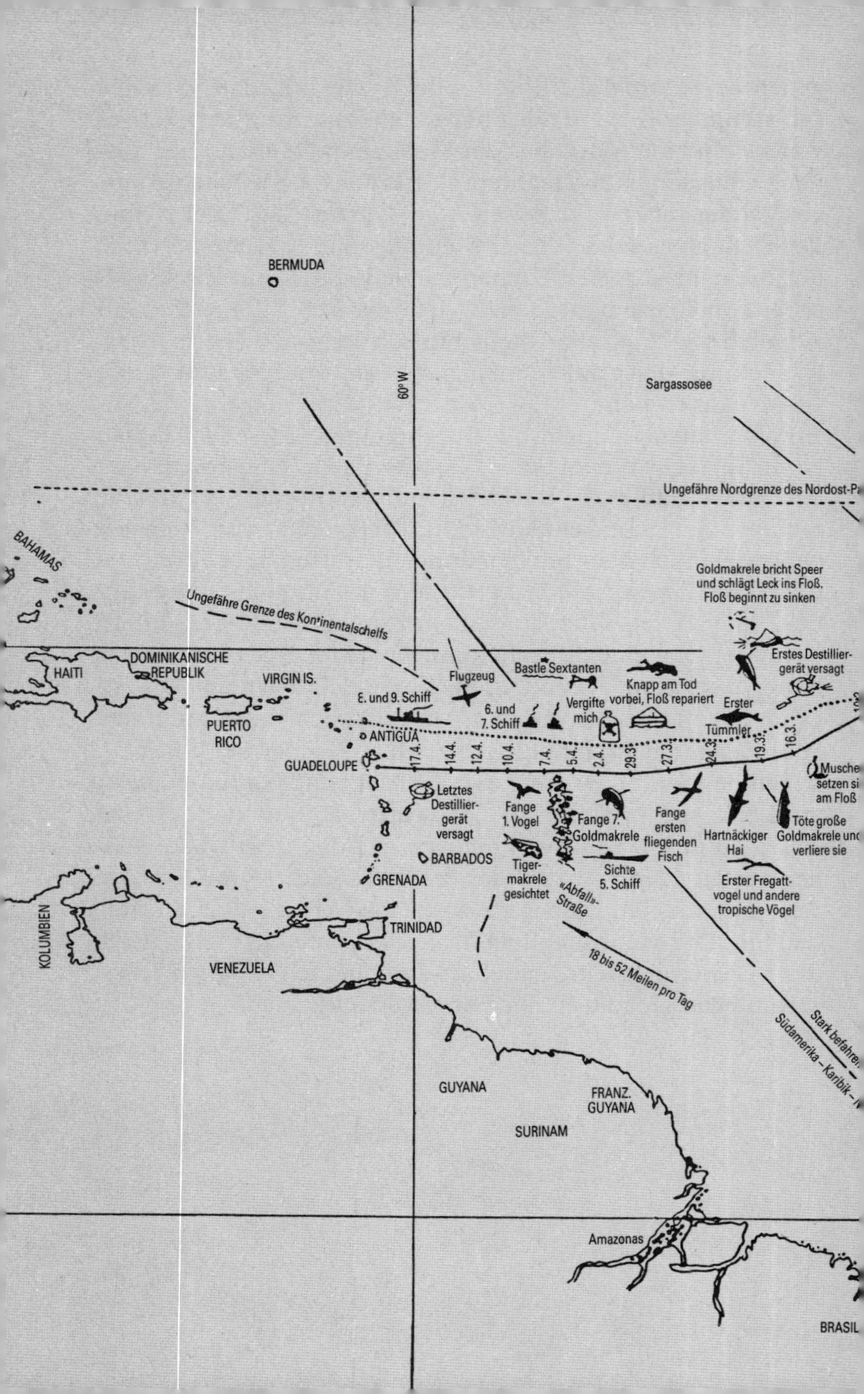

BERMUDA
60° W
Sargassosee
Ungefähre Nordgrenze des Nordost-Pa
BAHAMAS
Ungefähre Grenze des Kontinentalschelfs
Goldmakrele bricht Speer und schlägt Leck ins Floß. Floß beginnt zu sinken
Erstes Destilliergerät versagt
HAITI
DOMINIKANISCHE REPUBLIK
VIRGIN IS.
Flugzeug
Bastle Sextanten
Knapp am Tod vorbei, Floß repariert
8. und 9. Schiff
6. und 7. Schiff
Vergifte mich
Erster Tümmler
PUERTO RICO
ANTIGUA
GUADELOUPE
17.4.
14.4.
12.4.
10.4.
7.4.
5.4.
2.4.
29.3.
27.3.
24.3.
19.3.
16.3.
Muschel setzen si am Floß
Letztes Destilliergerät versagt
Fange 1. Vogel
Fange 7. Goldmakrele
Fange ersten fliegenden Fisch
Hartnäckiger Hai
Töte große Goldmakrele und verliere sie
BARBADOS
Tigermakrele gesichtet
Sichte 5. Schiff
Erster Fregattvogel und andere tropische Vögel
GRENADA
«Abfall»-Straße
TRINIDAD
KOLUMBIEN
VENEZUELA
18 bis 52 Meilen pro Tag
Stark befahren
Südamerika – Karibik –
GUYANA
FRANZ. GUYANA
SURINAM
Amazonas
BRASIL

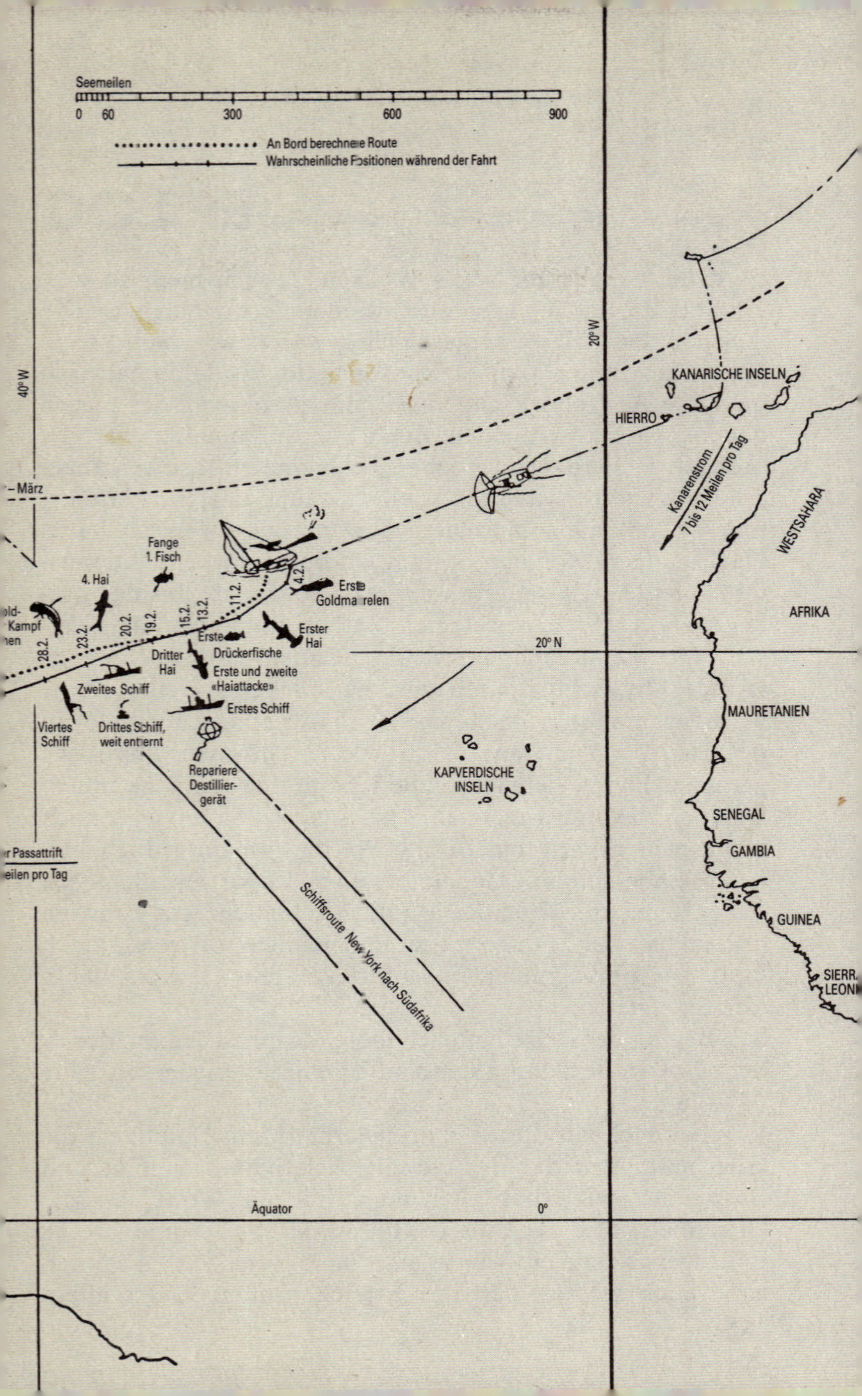
Seemeilen
0 60 300 600 900
An Bord berechnete Route
Wahrscheinliche Positionen während der Fahrt
40° W
20° W
–März
KANARISCHE INSELN
HIERRO
Kanarenstrom
7 bis 12 Meilen pro Tag
WESTSAHARA
AFRIKA
20° N
Fange
1. Fisch
4. Hai
Erste
Goldmakrelen
Erster
Hai
Erste
Drückerfische
Erste und zweite
«Haiattacke»
Dritter
Hai
Zweites Schiff
Erstes Schiff
Viertes
Schiff
Drittes Schiff,
weit entfernt
Repariere
Destilliergerät
4.2.
11.2.
13.2.
15.2.
19.2.
20.2.
23.2.
28.2.
Kampf
KAPVERDISCHE
INSELN
MAURETANIEN
SENEGAL
GAMBIA
GUINEA
Passattrift
eilen pro Tag
Schiffsroute New York nach Südafrika
Äquator
0°

EPILOG

Es dauerte ungefähr sechs Wochen, bis ich mich so weit erholt hatte, daß ich körperlich wieder einsatzfähig war. Die meisten der Salzwassergeschwüre waren abgeheilt, noch bevor ich Marie Galante verlassen hatte. Bis dahin hatte ich ungefähr fünfzehn Pfund zugenommen, obwohl das meiste davon Wasser in meinen Beinen und Bauchfett war. Es brauchte weitere sechs Wochen, bis meine Füße soweit abgeschwollen waren, daß ich wieder Schuhe anziehen konnte, und bis ich mein Normalgewicht zurückgewonnen hatte. Nach einigen Monaten begann ich unter starkem Haarausfall zu leiden. Es dauerte weitere zwei Monate, bis das wieder aufhörte. Viele der kleinen Narben an meinem Bein verschwanden erst nach einem Jahr. Jetzt sind nur noch einige wenige physische Spuren zurückgeblieben — eine kleine Narbensammlung, ein blinder Fleck in meinem Blickfeld, an der Stelle, wo ich mir das Stück Polypropylen ins Auge gerammt habe. Vielleicht habe ich auch langfristige innere Schäden davongetragen, aber bis jetzt hat sich davon noch nichts bemerkbar gemacht. Das Erlebnis scheint jedoch meinen Metabolismus verändert zu haben. Zuvor verdrückte ich in der Regel drei gewaltige Mahlzeiten täglich. Jetzt kann ich höchstens zwei Mahlzeiten zu mir nehmen, oft genug auch bloß eine plus einen kleinen Snack. Mein Gewicht bleibt trotzdem gleich.

Seit Beginn der Reise hatte ich lediglich einen Traum, der zu dem Floß in Beziehung stand, und keinerlei wiederkehrende Alpträume.

Was habe ich auf dieser Fahrt gelernt? Mein Glaube an die Gleichgültigkeit der See, an die Relativität von Gut und Böse, die Relativität aller menschlichen Werte, an die Gleichheit aller Kreaturen Gottes und an meine eigene Bedeutungslosigkeit wurde nur noch verstärkt. Aber ich habe auch gelernt, daß das Erreichen eines Zieles allein nicht genügt; man muß es teilen können, damit es lohnend wird. Zusätzlich habe ich erkannt, daß im Leben Paradoxa weitverbreitet sind und daß es einen häufig in die Klemme bringt, wenn man Entscheidungen treffen muß, obwohl normalerweise Entscheidungen nicht von derart weitreichender Bedeutung sind wie in einer Situation, wo es ums nackte Überleben geht. Und was vielleicht noch wichtiger ist: Jetzt, wo ich Hunger und Durst, Entbehrungen und Verzweiflung aus erster Hand kennengelernt habe, entwickle ich ein neues Mitgefühl für die Millionen auf dieser Erde, die nie etwas anderes kennengelernt haben.

Das Ereignis hat tief in mir ein Verlustgefühl und eine lauernde Furcht zurückgelassen, aber ich habe mich entschieden, aus dieser Krisensituation zu lernen, anstatt mich von ihr überwältigen zu lassen. Jeder von uns hat Glück, wenn er sich in seinem Leben nur einer ernsten Krise zu stellen hat. In den Momenten, in denen ich mich einsam und allein und verzweifelt fühle, finde ich Trost in der schweigenden Gesellschaft jener Menschen, die größere und schwerere Prüfungen durchgestanden und überlebt haben.

Anmerkungen und Dank des Autors

Dies ist eine wahre Geschichte. Drei Jahre sind nun seit dem Ereignis vergangen. Einige Aspekte der Reisen waren damals wichtiger und hinterließen stärkere Eindrücke, als es heute der Fall ist. Beispielsweise zählt das Wetter für Seefahrer zu den mächtigsten Kräften, so wie für andere auch, die unmittelbar in der Natur arbeiten — Bauern, Taucher, Bergsteiger. An Land fällt ein Tiefdrucksystem, das uns mit Regenschauern und Winden von fünfzig Kilometern pro Stunde überschüttet, kaum ins Gewicht. Wir ziehen lediglich einen Regenmantel an und springen von unserem Haus zum Auto und von dort ins Büro. Auf See verstärken sich die Auswirkungen des Wetters ungemein. Winde in einer Stärke von fünfunddreißig Knoten können im Atlantik gefährliche Wellen verursachen: Beispielsweise in Untiefen und Gebieten mit starken Strömungen habe ich gesehen, wie sich bis zu acht Meter hohe Brecher auftürmten. Selbst für verhältnismäßig große Schiffe wie Trawler können solche Bedingungen gefährlich werden. Die Begegnung mit einer bösartigen Einzelgängerwoge führt in solchen Momenten fast immer zur Katastrophe. Selbst leichte Wetterveränderungen machen sich sofort bemerkbar: Das Schiff holt über, die Temperaturen fallen, der Kaffee schwappt aus der Tasse. Auch das Erreichen einer Ruhezone hat seine Folgen: Die Segel werden schlaff, die Takelage schlägt herum, die Temperaturen schnellen von 10 auf über 30 Grad hoch. Je kleiner das Schiff, desto empfindlicher reagiert es auf solche Witterungsumschläge. Unglücklicherweise kann ich mich jetzt nicht mehr an alle Wetternuancen während meiner Zeit an Bord des Flosses erinnern. Das gleiche gilt für einige andere Details der Reise. Oft genug habe ich sehr lebendige Erinnerungen — beispielsweise, wie sich der Ozean an einem

bestimmten Tag angefühlt hat —, aber ich weiß nicht mehr genau, welcher Tag das war. Die hier erzählten Ereignisse wurden anhand der sehr detaillierten Logbücher rekonstruiert, die ich führte. In ihnen sind jedoch nicht immer Routineangelegenheiten in allen Einzelheiten verzeichnet. Ich habe versucht, das umfassende Grundgefühl eines jeden Ereignisses einzufangen, aber ich bin überzeugt davon, daß die Beschreibungen oft nicht ausreichen, um die Realität der Geschehnisse zu vermitteln.
Meine Textanmerkungen, die sich mit den Rettungsoperationen meiner Familie und der Küstenwache befassen, stammen aus verschiedenen Quellen. Die meisten dieser Anmerkungen sind durch das Rettungs-Logbuch der Küstenwache, offizielle Briefe oder das Rettungs-Logbuch meiner Familie gegengeprüft worden. Einige weitere Ausführungen stammen ausschließlich aus Familienquellen, sind jedoch von dritter Seite bestätigt worden.
Einige Dinge sind im Laufe der Zeit klarer geworden, und meine Perspektive der Ereignisse vor drei Jahren hat sich ausgeweitet, seit ich zum «Landleben» zurückgekehrt bin. Doch beim Schreiben dieses Buches wollte ich meine Erlebnisse so erzählen, wie ich sie damals empfunden habe, und nicht aus meiner heutigen Perspektive heraus. Damals schien der Ablauf der Ereignisse zusammenhängend. Als ich mein Buch in groben Zügen vorbereitete, teilte ich die Aufzeichnungen in meinem Logbuch in zwei Kategorien ein: tatsächliche Ereignisse und Phantasievorstellungen. Unter Ereignisse schrieb ich die Details der Schiffe nieder, die ich sah, die Fische, die ich fing, die Haie, denen ich begegnete, und so fort. Unter Phantasievorstellungen schrieb ich meine Gefühle und Gedanken zu diesen Ereignissen nieder. Daraus entwickelte ich Kapitel, die den unterschiedlichen Stadien der Reise entsprechen, wie ich sie damals empfand. Natürlich kann ich keineswegs vollständig sicher sein, daß all meine Schlußfolgerungen genau meinen damaligen Empfindungen und nicht irgendwelchen neuen Einsichten entsprechen.
Eine Sache, mit der ich fertig werden mußte, war das Problem, daß meine Erfahrungen niemals wirklich genau por-

trätiert werden können. Die Wahrheit meiner Geschichte ähnelt einem perfekten Modell, das in der Realität nur unzulänglich nachgebildet werden kann. Nach meiner Rückkehr schrieben viele Leute über meine Geschichte. Einige verbanden es mit christlichem Dogma, andere mit romantischem Abenteuer, wieder andere flüchteten sich in Hollywoodübertreibungen. Ich hatte nichts dagegen. Doch selbst meine eigene Wiedergabe ist lediglich eine unzulängliche Darstellung dessen, was ich wirklich erlebt habe.

In mancher Beziehung ist das durchaus positiv. Könnte ich das wahre Entsetzen vermitteln, das ich damals empfand, dann würde niemand diese Geschichte lesen wollen. Ich habe nicht extra in jeder Zeile zum Ausdruck gebracht, daß ich Schmerzen hatte oder verzweifelt war. In meiner Geschichte diskutiere ich die Dinge rational und mache sogar Scherze. Ich rede über mich, als wären mein Körper und meine Emotionen von meinem Verstand getrennt, aber natürlich war das nie vollständig möglich, und kein Teil von mir war frei von Schmerz und Verzweiflung. Außerdem wäre es ein langweiliger Lesestoff, hätte ich ständig auf die Schrecklichkeit der Situation hingewiesen. Die Erfahrung selbst war damals zu furchtbar, um langweilig werden zu können; doch der Leser sollte nicht vergessen, daß viele der Erlebnisse sich wiederholen und auch noch in ihren leichteren, reflektiven und instruktiven Momenten schrecklich waren.

Eine der häufigsten Fragen, die mir gestellt werden, lautet: «Segelst du nach all dem auch heute noch?» Meine Antwort ist schlicht: «Was sollte ich sonst tun?» Nachdem ich ein Jahrzehnt lang mit nichts weiterem als Booten zu tun gehabt hatte, kann ich mir jetzt nicht plötzlich eine Karriere als Astrophysiker oder als Penner vorstellen. Die See ist mein Arbeitsplatz, meine Spielwiese und mein Zuhause. Sie hat mir den Weg zu mehr Fächern geebnet, als ich je beherrschen könnte. Ozeanographie, Aerodynamik, Astronomie und Problemlösungen mit gesundem Menschenverstand sind wesentliche Bestandteile des Segelns; Hydrodynamik, Physik, Ingenieurwesen und intuitive Extrapolation sind wesentlich für Bootskonstruktionen; handwerkliches Können, Metallurgie, Forstwirtschaft und Kunststofftechnologie sind Bestandteile des Bootsbaues. Ich bin ein Hans-Dampf-in-allen-Gassen, der eine Leidenschaft für Forschung hat. Wo sonst kann ich einen Platz finden, wo es sich als nützlich erweist, wenn man von sehr vielen Dingen überall nur ein wenig weiß? Wo sonst liegt eine derartig gewaltige Grenze, ein derartiger Grenzbereich in so bequemer Reichweite?

Eine große Anzahl von Leuten spielten bei der Entstehung dieses Buches eine Rolle, entweder direkt oder indirekt. Zunächst einmal all jene, die mir das Segeln beibrachten und die Fähigkeiten, die es mir ermöglichten, mein Abenteuer zu überleben: Besonders dankbar bin ich meinen Eltern und der Pfadfinderorganisation, vor allem Arthur Adams. Meine Ex-Frau, Frisha Hugessen, stand meinen Projekten sehr tolerant gegenüber und unterstützte sie, einschließlich des Baus der *Napoleon Solo,* während Chris Latchem mir behilflich war, meine Ziele zu erreichen und Techniken zur Überwindung praktischer Probleme zu entwickeln.
Dank gebührt Dougal Robertson für sein ausgezeichnetes Überlebens-Handbuch, *Sea Survival,* das bedauerlicherweise vergriffen ist. Die Robertsons, die Baileys und andere Segler vor mir leisteten mir durch ihre Bücher Gesellschaft und versorgten mich nicht nur mit wesentlichen praktischen Ratschlägen, sondern auch mit der nötigen Inspiration, um alles durchzusetzen.
Möglicherweise wäre ich nie heil an Land gekommen, hätte ich nicht rechtzeitig die Gebrüder Paquet und Paulinus Williams getroffen. Sie und die anderen Leute von Marie Galante waren sehr freundlich und hilfsbereit während des letzten Teils meiner Reise und meiner anschließenden Genesung.
Kathy Massimini ließ mir unglaubliche moralische Unterstützung und lektoralen Rat beim Schreiben des Buches zukommen. Wahrscheinlich benötigt jeder Autor einen Menschen wie Kathy, der ihm über die schweren Zeiten hinweghilft und bei der Sache hält, aber ich halte es für ausgeschlossen, daß es viele Leute gibt, die soviel Vertrauen, Toleranz und Einsicht aufbringen.

Harry Foster, mein Lektor bei Houghton Mifflin, setzte großes Vertrauen in mich und leitete mich mit fester Hand und geduldigem Ohr.

Außerdem möchte ich all den Menschen danken, die sich in irgendeiner Form an Rettungsoperationen beteiligten und Informationen und Nachrichten über mich und die *Napoleon Solo* weitergaben, auch nachdem die offiziellen Kanäle geschlossen waren. Ergänzend dazu ließen sie meiner Familie große moralische Unterstützung zukommen. Zu den vielen, denen ich danken möchte, gehören die Amateur- und CB-Funker, William Wanklyn, Francis Carter, die Belegschaft des *Sail*-Magazins, Hood Sailmakers, Oscar Fabian Gonzales, die Steggalls, Beth Pollock, Hayden Brown, das Personal von *Cruising World,* der verstorbene Phil Weld, Mathias Achoun, sein Freund Freddie und Maurice Briand. Und viele, viele andere. Außerdem muß ich meiner Familie für ihre Anstrengungen bei der Suche nach mir danken, wie auch dafür, daß sie die Hoffnung nie aufgab.

Schließlich möchte ich noch der See meine Dankbarkeit aussprechen. Sie hat mir eine ganze Menge über das Leben beigebracht. Obwohl die See mein größter Feind war, so war sie gleichzeitig doch auch mein bester Verbündeter. Rein verstandesmäßig weiß ich, daß es der See gleichgültig ist, was geschieht, doch ihr Reichtum und ihre Fülle haben mir erlaubt zu überleben. Indem sie mir ihre Goldmakrelen schenkte, schenkte sie mir sozusagen ihre eigenen Kinder, damit ich leben konnte.

Ich hoffe sehr, daß ich mich in meinem restlichen Leben all der mir erbrachten Opfer würdig erweisen werde.